브뤼노 라투르의

과학인문학 편지

인간과 자연, 과학과 정치에 관한 가장 도발적인 생각

브뤼노 라투르의

과학인문학 편지

브뤼노 라투르 지음 | 이세진 옮김 | 김환석 감수

사월의책

브뤼노 라투르의

과학인문학 편지

1판 1쇄 발행 2012년 11월 5일
2판 1쇄 발행 2023년 2월 20일

지은이 브뤼노 라투르
옮긴이 이세진
감수자 김환석
펴낸이 안희곤
펴낸곳 사월의책

편집 박동수
디자인 이원우

등록번호 2009년 8월 20일 제2012-000118호
주소 경기도 고양시 일산서구 중앙로 1388 동관 B113호
전화 031)912-9491 | 팩스 031)913-9491
이메일 aprilbooks@aprilbooks.net
홈페이지 www.aprilbooks.net
블로그 blog.naver.com/aprilbooks

ISBN 979-11-92092-10-2 03100

* 책값은 뒤표지에 있습니다.

D.H.에게

차 례

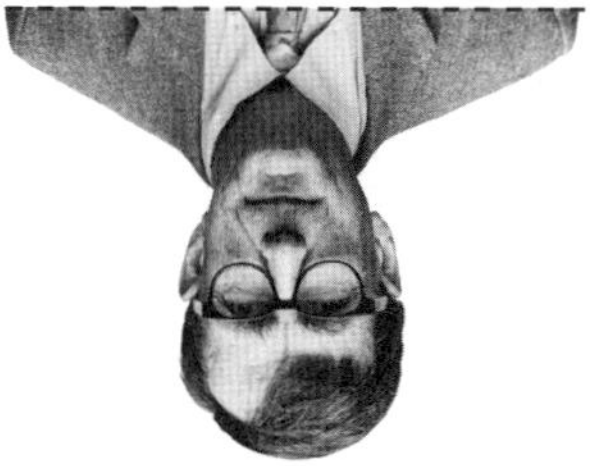

라투르는 누구이며 왜 중요한가?

김환석(국민대 사회학과 명예교수)

이 책을 쓴 브뤼노 라투르는 프랑스의 유명한 정치대학 시앙스포Sciences Po.에서 조직사회학센터 교수이자 연구부 총장을 역임한 학자이다(2022년 75세를 일기로 타계했다). 그는 1947년 프랑스 부르고뉴 지방의 한 포도주 농장('루이 라투르'가 상표) 가문에서 태어났다. 1960년대 말 부르고뉴 대학에서 철학과 신학을 공부했고 1975년 투르 대학에서 철학박사 학위를 받았다. 이렇게 그가 프랑스의 엘리트 양성기관인 에콜 노르말(고등사범학교)이 아닌 지방의 대학에서 교육을 받은 것은, 그로 하여금 당시 프랑스의 지배적인 사상적 조류(특히 마르크스주의와 구조주의)와 거리를 두고 자신의 독특한 사상세계를 만들어나갈 수 있는 바탕이 되었다고 라투르는 나중에 인터뷰에서 술회한 바 있다.

그가 인류학을 접하게 된 것은 대학에서가 아니라 1970년대 초 군복무를 위해서 갔던 서아프리카의 코트디부아르에 머물 때였다. 그가 복무했던 ORSTROM(개발과 협력을 위한 프랑스과학연구소)은 과학기술의 교육과 이전을 통해 개도국의 경제발전을 돕는 기구였는데, 당시 이 기구의 코트디부아르 사무소장이 인류학자였던 마르크 오제Marc Augé였던 것이다. 거기서 라투르는 인류학과 민족지 방법론에 대해 배웠을 뿐 아니라 과학기술에 대해서도 처음 관심을 가지게 되었다. 그리하여 1970년대 중반부터 그는 과학기술에 대한 인류학적 연구를 본격적으로 착수하게 되었는데, 그가 민족지 연구의 현장으로 택한 곳은 아프리카가 아니라 생물학 연구로 유명한 미국 캘리포니아의 소크 연구소였다. 라투르는 동향 출신 과학자인 로저 기유맹Roger Guillemin의 실험실에서 거의 2년 동안(1975~76) 세밀한 참여관찰 연구를 수행한다. 이 연구의 결과는 나중에 영국의 과학사회학자 스티브 울가Steve Woolgar와의 공저로서 1979년『실험실 생활: 과학적 사실의 사회적 구성』이라는 제목으로 발간되어 학계의 큰 주목을 받았다.

미국에서 프랑스로 돌아온 후 라투르는 엔지니어 양성기관으로 유명한 파리의 국립고등광업학교에 속해 있는 혁신사회학센터CSI의 교수가 되었다. 여기서 그는 과학사회학을 연구하고 있던 미셸 칼롱Michel Callon을 만나 긴밀하게 협력하게 되었고, 이 둘 사이의 지적 교류를 통해 마침내 1980년대 초부터 '행위자-연결망 이론'(Actor-Network Theory, 약칭 ANT)은 기본틀을 갖추기 시작하였다. 그리고 영국에서 원래 과학지식사회학을 연구하고 있던 존 로John Law가 조금 뒤에 여기에 동참하여 ANT 정립에 박차를 가함으로써, 결국 이 세 사람이 함께 오늘날 ANT의 선구자로 불리게 된 것이다. ANT의 핵심적 개념은 '번역'translation인데, 이것은 우리의 일상 용법에서처럼 하나의 언어에서 다른 언어로의 번역을 말하는 것이 아니다. 과학과 기술이 만들어지는 것은 여러 이질적인 요소들이 소수의 강력한 대표들(대개 과학자와 엔지니어)에 의해 긴밀한 연결망으로 서로 결합되는 과정을 통해서인데 ANT에서는 이를 '번역'이라 부른다. ANT의 특징은 이 '번역'의 과정에서 과학자나 엔지니어 같은 인간 행위자 못지않게 세균, 동물, 실험기구, 기계 등 비인간 사물도 실험의 성패를 좌우하는 중요한 행위자의 역할을 한다고 보는 것이다. 이것을 잘 보여주는 사례로서 라투르는 파스퇴르의 탄저병 백신개발을 분석한 바 있다.

1990년대가 되자 라투르는 ANT의 철학적 측면에 대해 연구하기 시작하였고 그 결과는 『우리는 결코 근대인이었던 적이 없다』(1991)라는 책으로 나타났다. 이 책에서 그는 서구의 근대주의가 지닌 모순을 폭로하고 그것이 과학기술적 산물('하이브리드'로 지칭)의 무한증식을 낳아서 결국 오늘날의 생태 위기가 초래되었다고 주장하였다. 이 위기를 해결하기 위해서는 근대주의에서처럼 머리로는 사물/인간, 자연/사회의 이분법적 존재론을 믿으면서 실제로는 하이브리드를 무한정 만들어낼 것이 아니라, 그러한 이분법 대신에 하이브리드들을 온당하게 자리매김할 수 있는 새로운 존재론과 행위원칙을 세울 필요가 있다고 제안하며 이를 '비근대주의'라고 불렀다. 아울러 그는 탈근대주의는 이분법적 존재론을 극복한 것이 아니라 '실망한 근대주의'에 불과하다고 평가절하하면서, 자신의 비근대주의가 탈근대주의와 혼동되는 것을 경계하였다.

라투르의 이러한 철학적 작업은 그의 후속 연구들에도 계속되었다. 『판도라의 희망』(1999)은 그의 과학철학을 집약해서 제시한 책이고, 『자연의 정치』(1999)는 생태 위기에 대한 그의 정치철학을 더욱 발전시킨 책이다. 그러나 2000년대에 들어와 그는 철학적 탐구에만 머무르지 않고 ANT가 경험적 학문인 사회학의 새로운 모델을 제공할 수 있는 가능성에 대해서도 적극적으로 자신의 견해를 피력하고 있다. 『사회적인 것의 재조립』(2005)에서 그는 기존의 사회학이 인간들의 관계만을 연구하는 '사회적인 것의 사회학' sociology of the social으로서 이미 그 근대주의적 한계가 명백해졌다고 주장한다. 그 대신에 ANT가 제시하는 것은 인간-비인간의 결합들로 이루어지는 이 세계의 진정한 현실을 추적하여 분석하는 '결합의 사회학' sociology of associations이며, 여기에 기존 사회학의 한계를 돌파할 새로운 활로가 있다는 것이다.

라투르는 그간 25년 동안을 몸담고 있던 국립고등광업대학의 혁신사회학센터를 떠나 2006년에 시앙스포의 교수로 옮겨 갔다. 이것은 그가 사회과학이 보조적 역할에 머물던 엔지니어 교육기관으로부터 프랑스 사회과학의 핵심 센터 중 하나로 여겨지는 기관으로 활동 무대를 옮겼다는 것을 뜻한다. 이는 단지 라투르가 그동안 쌓은 학문적 업적을 인정받아 높은 명예를 누리게 되었다는 의미뿐 아니라, 그의 주장이 주류 사회과학계로부터도 점점 주목을 받고 또 크게 영향을 미칠 가능성이 생겼음을 시사하는 것이라 보인다. 라투르의 학문적 출발점과 본령은 그 자신이 강조하다시피 과학기술학(Science and Technology Studies, 약칭 STS)—과학기술에 대해 철학적, 역사학적, 사회학적, 인류학적 접근들을 통해 연구하는 학제적 분야—으로서, 그동안 라투르의 업적은 주류 사회과학계와 거리가 있었던 것이 사실이다. 그러나 오늘날 라투르의 연구와 ANT는 과학기술학 분야뿐 아니라 점점 더 사회학, 인류학, 지리학, 경영학, 사회의학, 심리학 등에까지 널리 확산되고 영향을 미치고 있다. 라투르가 주류 사회과학계에 영향을 미치기 시작한 것은 아직 초기이므로 앞으로 어떤 변화를 가져올지 주목해야 하며, 또 이런 점에서 그의 업적과 사상이 지닌 복합적인 성격이 올바로 소개되고 평가될 필요가 있다.

라투르의 연구는 과학, 기술, 예술, 법, 종교, 정치 등 매우 다양한 분야에 걸쳐 있어 사실 그의 사상을 처음 접하는 사람에게 쉬운 요약이나 안내를 제공하기는 쉽지 않다. 다행히 최근에 그의 사상을 비교적 쉽게 정리한 소개서들이 하나둘 등장하고 있어 독자들에게 희망을 주고 있다. 내가 먼저 접한 소개서는 덴마크의 두 연구자가 공저한 책『브뤼노 라투르: 하이브리드 세계의 하이브리드 사상』(2011)이다. 이 책은 라투르의 업적을 '과학인류학', '근대성의 철학', '정치생태학', '결합의 사회학'의 네 가지로 분류하면서 각각의 주요 내용을 잘 요약해서 소개하고 있으며, 2017년에『처음 읽는 브뤼노 라투르』(황장진 옮김, 사월의책 펴냄)라는 제목으로 국내에 번역 출판된 바 있다. 내가 다음으로 접한 소개서는 라투르 자신이 쓴 『브뤼노 라투르의 과학인문학 편지』(*Cogitamus: Six lettres sur les humanités scientifiques*, 2010)이다. 자신의 강의를 듣지 못한 독일인 학생에게 여섯 편의 편지를 통해 자신의 사상을 압축적으로 소개하는 형식을 띤 이 책은, 라투르 자신이 썼다는 장점이 있을뿐더러 분량이 짧아 독자들이 부담 없이 읽을 수 있어서 더욱 좋다. 다행히 이 책이 이번에 우리말로 번역돼 나와서 국내의 독자들도 라투르의 사상을 쉽게 접할 수 있는 반가운 기회를 맞이한 것 같다. 그동안 라투르의 사상을 이해하고 싶었으나 쉬운 소개서가 없어서 감히 용기를 내지 못했던 사람들도 이 번역서의 출간으로 이제 큰 도움을 받게 되지 않을까 기대된다. 더 나아가서 라투르의 사상과 접목하여 새로운 눈으로 현실을 바라보게 된 많은 사람이 어떤 새로운 '행위자-연결망'들을 만들어내어 현실에 어떤 변화를 가져올지 그것도 자못 기대된다.

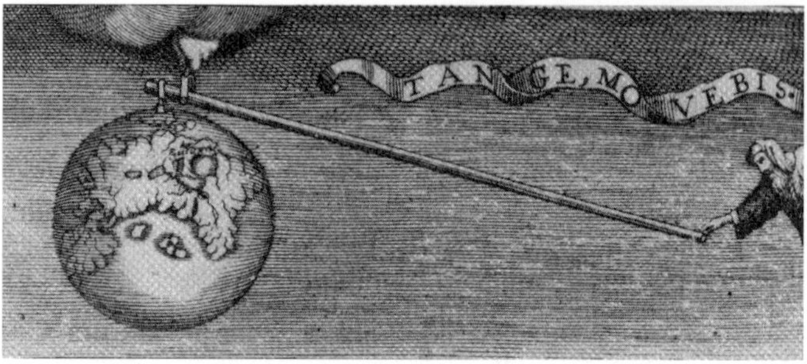

피에르 바리뇽의 『신新역학 설계』(1687)에 삽입된 작자미상의 판화.

첫 번째 편지

아르키메데스의 지렛대

우리는 모순에 빠지게 마련이고 그 모순에서 성급히 벗어나려고 아등바등해서는 안 됩니다. '두 입장을 동시에' 받아들여야만 합니다. "과학은 과학에 어울리지 않는 모든 일과 분리되어야 합니다"라고 외치고 볼 일이 아니라는 거지요. 과학인문학의 첫 번째 정의를 원한다면 어느 한 막이 아니라 '희곡 전체'를 고려하는 법을 배우는 것이라고 하겠습니다.

친애하는 학생에게,

학생의 질문에 곧장 답하지 못해서 미안합니다. 아니, 어쩌면 학생의 혼란에 대해서라고 해야 할까요. 학생도 그랬겠지만 나 역시 코펜하겐 기후변화회의를 둘러싼 야단법석에 정신이 하나도 없었습니다. 그 회의는 지구상의 모든 생명이 달려 있는 매우 중요한 일이라는 인상을 주었지요. 하지만 우리가 지속적으로 힘을 모으기에는 회의의 의제들이 지나치게 광범위하고 요원하며 막연하다는 느낌도 어렴풋이 들었습니다. 우리가 버젓이 지켜보는 가운데 세계가 몰락하고 있다는 일부 생태주의자의 암담한 예측과, 이 난관을 벗어나려면 마음을 차분히 하고 과학과 기술의 발전을 믿어야 한다며 우리를 안심시키는 말 중에서 어느 쪽을 택해야 할지는 나도 모르겠습니다. 종말론과 눈부신 미래, 그 둘 중 하나를 선택해야만 할까요? 나는 오히려 한 발짝 물러나 이토록 모순적인 감정들이 어디서 비롯되는가를 살펴보아야 한다고 생각합니다. 학생에게 내가 이러이러한 강의를 하고 있다고 알리기로 작정한 이유가 바로 여기에 있습니다. 학생이 이 강의에 등록하지 않은 줄은 알지만, 원한다면 내 강의를 어렵지 않게 따라잡을 수 있도록 도입부를 요약해줄 수 있습니다.

그렇지만 이 강의 전체가 시사 현안에 대한 학생들의 주의 깊은 독해에 바탕을 두고 있다는 것은 알아두세요. 내가 하는 일은 그저 학생들이 현재 일어나는 많고 많은 사건들 중에서 우리의 흥미를 끄는 것들을 집어낼 수 있게끔 역사학, 철학, 사회학에서 끌어낸 몇 가지 개념을 던져주는 것뿐입니다. 마치 한 편의 다큐멘터리 영화를 '음성은 끄고' 화면만 계속 틀어주는 것과 비슷하다고 할까요. 그다음에 그 개념들을 바탕으로 자료를 수집하고, 견해를 정립하고, 논평을 작성하는 것은 학생 자신의 몫이지요. 나는 학생들의 지식에 대해서는 평가하지 않고 단지 내가 제안한 몇 가지 도구를 끌어들이는 자세만 봅니다. 학생의 개인적 연구에 도움이 되게끔 말이지요.

이런 식의 진행이 학생에게 잘 맞을지 모르겠습니다. 어쨌든 이 주제가 학생의 관심을 끈다면 내 강의를 듣는 다른 학생들처럼 해볼 것을 권합니다. 학생 마음대로 쓸 수 있는 '일지'journal de bord*를 만들어서 가급적 규칙적으로 자료, 사건, 학생이 찾은 사례를 기록하고 나중에 강의에서 실마리를 얻는 대로 논평도 달아보세요. 내가 이 편지에서 쓰려는 내용은 '일지'를 꾸준히 쓰기 위한 팁에 지나지 않습니다. 게다가 나 역시 그런 일지를 쓰고 있으니 자료를 손쉽게 비교해볼 수도 있을 겁니다. 이런 식으로 진행해도 괜찮겠습니까? 나도 가급적이면 학생의 새로운 발상에 논평을

* 항해나 비행에서 쓰이는 일지라는 뜻(이하 모든 각주는 옮긴이의 주).

달고, 학생이 제기하는 반론에 대응하며, 이 강의에 도입한 개념들을 명확히 설명하고자 노력하겠습니다(미리 말해두자면, 다소 그때그때 급조한 개념들이지만요). 필요하다면 우리는 웹사이트나 새로운 디지털 통신수단 중 하나를 사용할 수도 있을 겁니다. 사람들은 이러한 수단이 교육을 근본적으로 변화시킬 거라고들 하지요. 과연 그런 것들이 교사와 학생의 직접적인 관계와 가르침을 정말로 대체할지는 두고 봅시다.

과학기술의 자율성을 다시 생각하기

아, 아직 학생에게 강의의 진정한 주제가 무엇인지조차 말하지 않았군요. 그게 한마디로 정의하기가 좀 난감하다 보니 그렇습니다. 학생은 경제학, 고대 그리스어, 통계학, 농학 강의를 들은 적이 있는지요. 그렇다면 설명하기가 좀 더 쉬울 텐데요. 그러한 학문을 가르치거나 강의를 듣는 사람들은 수백 명, 수천 명이나 있습니다. 거기에는 이러저러한 학습법이 있고, 학생은 교재, 연습서, 참고서 등을 이용할 수도 있습니다. 그런데 안타깝게도 나는 사실상 존재하지 않는 분야를 가르치고 있습니다. 거의 나 혼자서만 이러한 방식으로 정의를 내릴 수 있다고 할까요. 일단 내가 있고 그 외에도 수십 명의 동료가 있지만 거의 다 내가 아는 사람들이지요!☞* 이 영역은 한편으로는 매

---

* 독자가 필요에 따라 맨 뒤에 있는 '더 읽을거리'를 참조하라는 표시.

우 광범위해서 아주 오랜 옛날부터 존재했다고 할 수 있지만, 다른 한편으로는 고작 열 개가 조금 넘을까 말까 하는 개념들에 근거해 있을 만큼 제한되어 있습니다. 학생들이 이 강의에서 곧잘 떨어져 나가는 이유도 광범위한 차원과 제한된 차원 모두에 겁을 먹기 때문입니다. 학생들은 내가 이 영역을 좀 더 분명하게 정의해주었으면 좋겠다고 생각할 겁니다.

이 강의가 '과학과 기술'에 대한 것이라고 말하면 학생이 바로 거부감을 느끼고 도망가지 않을까 걱정이 되는군요. "과학과 기술에 대해서 공부하자"는 말로 학생들의 사기를 꺾는다면 그거야말로 최악이지요. 과학교육이 제대로 이루어지지 못했기 때문에 모든 학생들이 안 좋은 기억을 갖고 있다는 점을 인정해야 합니다. 적어도 프랑스에서는 그렇습니다. 학생은 독일인이니 어쩌면 좀 더 운이 좋았을지도 모르겠군요. 가장 서글픈 사실은 내 학생들 중에서 상당수가 과학 전공자라는 겁니다. 사람들 말마따나 그들은 '수학의 귀재들'인데도 대개 한 가지 생각밖에 없습니다. 최대한 빨리 과학에서 도망치고 싶다는 생각 말이지요. 게다가 기술은 그들에게 더욱더 혐오스럽게 보이는 모양입니다. "그것만 빼고 다 좋아요"라는 식이지요.

그런데 나는 분명히 특정한 과학이나 기술을 가르치지는 않지만(그럴 주제도 못될 겁니다) 과학과 기술을 역사, 문화, 문학, 경제, 정치와의 '관계 속에서' 가르칩니다. 따라서 내가 말하는 '과학기술'은 학생들이 겁내는 과학기술, 미디어가 대중에게 제시하는 과학기술과 거의 아무 상관도 없습니다. 물론 과학자들이 이따금 '과학 정신'이니 '합리적 세계관'이니 하는 것에 대한 선량한 대중의 열의를 진작시키기 위해서 상찬하는 과학기술과도 상관이 없고요. 바로 이게 내 강의의 난점입니다. 강의를 끝까지 따라가 봐야만 강의 주제가 무엇인가를 파악할 수 있지요! 그래서 시작과 끝 사이에서 열심히 해보겠다는 의지가 사라져버릴 위험이 있어요…. 학생, 아직 거기 있습니까? 아니면 벌써 떨어져나갔나요?

좋아요. 학생이 동의한다면 바로 이 첫 번째 어려움을 다루는 데서 출발할 수 있을 겁니다. 과학과 기술은 지나치게 '자율적' autonome으로 보이기 때문에 사랑받기도 하고 미움받기도 합니다. 대부분의 사람들은 과학기술에 관심을 가져봤자 쓸데없다고 생각합니다. 과학기술은 보통사람들이 많은 관심을 갖는 일상생활, 문화, 가치, 인간성, 정치적 열망 등과 관계가 없어 보이기 때문이지요. 과학기술은 자율적이 되어버린 나머지 아예 낯선 것이 되고 말았습니다. 문과대, 법대, 인문대, 심지어 사회과학대 출신의 교양깨나 있다는 사람들조차 과학기술에는 관심이 없는 듯합니다. 그들은 기껏해야 과학기술에 감탄이나 할 뿐이지요. 그것도 멀찌감치 떨어져서 말입니다…. 한편, 과학과 기술에 자신의 모든 가치를 거는 다른 이들은 전혀 다른 모습을 보입니다. 그들은 말합니다. "다행스럽게도 과학은 정치의 관심사, 분쟁, 이데올로기, 종교와 완전히 분리되어 있습니다. 과학의 권위는 다른 것들에 휘둘리지 않고 자율적입니다. 바로 여기에 과학의 가장 중요한 미덕이 있습니다. 과학기술은 자율적이기 때문에 참이거나(과학의 경우) 효과적입니다(기술의 경우)."

언뜻 보아 얘기는 끝난 것 같습니다. 과학기술은 자율적이라고 결론이 난 것 같지요. 어떤 이들은 "불행히도"라고 말하고, 또 어떤 이들은 "다행스럽게도"라고 말한다는 차이는 있지만요. 그다음에는 프랑스에서 흔히 말하듯 한쪽에는 '문과형'이, 다른 한쪽에는 '이과형'이 모입니다. 이게 일반적인 상황입니다. 대략적인 상황은 이렇습니다. 자, 그런데 내 강의의 목표는 바로 이 과학기술의 자율성이라는 관념을 전면적으로 재검토하는 것입니다. 그럴 거라고 짐작했겠지요? 그렇습니다. 특히 학생도 나처럼 일지를 꾸준히 쓰기 시작했다면 짐작했을 겁니다(명심하세요, 자료의 출처를 신경 써서 꼼꼼하게 적어두는 것을 잊으면 안 됩니다). 처음에는 아무 걱정 말고 내가 아주 막연하게 정의한 주제와 관련이 있어 보이는 것들을 차분하게 스크랩하세요. 과학, 기술, 그 밖의 삶의 모습들과 어떤 관계가 있다고 느낀 대목에 밑줄을 치는 것으로 충분합니다. 곧바로 그 자료들로 명석한 논평을 만들려고 하지는 마세요. 자, 이를테면 나는 최근에 이런 자료를 모아보았습니다. 신문기사를 스크랩하고 그 아래에 몇 가지 생각을 대충 적어보았는데요.

▶ 2009년 7월 31일자 『르 피가로』, 「**신종 인플루엔자 A(H1N1), 정치적 문제가 되다**」.

의학과 바이러스학의 문제는 대단히 기술적인 문제지요. 이

기사를 쓴 기자는 과학이 자율적이며 정치화되어서는 안 된다는 것을 모르나 봅니다. 우리가 주의를 기울여야 할 주제가 바로 이런 종류의 것입니다. 과학과 정치의 관계는 우리에게 주어지는 공식적 설명보다 훨씬 까다롭습니다.

▶ 2009년 8월 28일자『르 몽드』에서 세계야생생물기금WWF의 광고를 봅니다. 이 광고는 **"야생동식물종의 무역거래를 금지하는 국제협약에 참다랑어가 등재되는 것을 지지한다"**는 사르코지 대통령의 말을 인용하고 있습니다.

초밥을 즐기는 이들에게는 적잖은 걱정거리가 될 것 같습니다. 나서기 좋아하는 우리 대통령이 그들이 가장 좋아하는 생선의 어획기술에 간섭하게 될 테니까요. 물고기들이 정치의 구정물에서 헤엄치게 되려나요? 이런 자료는 '자연'이 더 이상 자율적이지 않으며 우리가 생각하는 것보다 사정이 꽤나 복잡하다는 걸 보여준다는 점에서 상당히 흥미를 끕니다. 광고를 스크랩하거나, 사진을 찍거나, 대화를 기록하는 것을 주저하지 마세요. 우리의 주제에 관한 것이라면 어떤 자료라도 괜찮습니다.

▶ 2009년 9월 5일자『르 몽드』에서 상당히 자극적인 제목을 달고 있는 흥미로운 기사를 스크랩했습니다. **「경제 위기가 경제학자들의 지식과 위상을 전면적으로 문제시하다」**.

기자는 여기서 경제학자들이 금융 위기를 예측하지 못했을 뿐 아니라 **"그냥 아주 쓸모없기만 하면 다행이요, 최악의 경우에는 완전히 해롭기만 한"** 거시경제학을 과도하게 믿음으로써 위기를 더욱 부풀렸다고 비판합니다. 노벨경제학상 수상자이자 『뉴욕 타임스』의 고정 칼럼니스트인 폴 크루그먼을 인용한 이 말은 그 자체로도 흥미로운데요….

나는 학생이 자연과학의 주제에만 국한하여 관심을 쏟지는 말라는 뜻에서 이 예를 선택했습니다. 경제학은 사회과학이지만 도처에 영향을 미치며 우리 삶의 모든 측면에, 화학이나 의학에도 관여합니다. 그래서 경제학의 목표와 기능, 경제학의 신뢰도와 예측 능력 등등에 관한 논쟁들은 모두 직접적으로 우리의 관심 대상이 될 수 있습니다.

이렇게 보면 일지를 쓰는 일이 적어도 처음에는 그리 어렵지 않다는 것을 알겠지요? 비록 이론적으로는 과학의 문제와 정치의 문제를 '잘 구분하는 것으로 시작해야' 할 것 같지만 실제로는—어쨌거나 언론에서는—문제가 그렇게 명확하게 딱 떨어지지 않는 듯합니다. 틀림없이 학생도 이러한 예를 쉽사리 잔뜩 찾을 수 있을 겁니다. 일이 복잡해지기 시작하는 것은 매우 다양해 보이는 이러한 관계들을 분석하려고 할 때부터입니다. 우리는 일지에 금세 불어날 자료를 단순 스크랩하는 데서 좀 더 심화된 조사로, 나아가 논평으로 차츰 넘어가야 할 테니까요. 한편에는 과학이 우리에게 낯선 것이라고 하는—그래서 좋다는 사람도 있고 불만스럽다고 하는 사람도 있지만—세간의 상식이 있고, 다른 한편에는 과학과 관련된 사례들이 늘어나고 있다는 또 하나의 상식이 있습니다. 이 사이에서 어떻게 요령껏 대처할까요?

바로 여기에 첫 번째 강의의 목적이 있습니다. 우리는 요령 정도로는 결코 대처할 수 없습니다. 우리는 반드시 모순에 빠지게 마련이고 그 모순에서 성급히 벗어나려고 아등바등해서는 안 됩니다. 어쩔 수가 없습니다. '두 입장을 동시에' 받아들여야만 합니다. "이건 사리에 어긋납니다. 과학은 과학에 어울리지 않는 이 모든 일과 분리되어야 합니다"라고 곧장 외치고 볼 일이 아니라는 거지요. 이것이 내가 학생들이 받아들이기 바라는 가장 중요한 생각입니다. 너무 성급하게 어느 편에 서지 않으면서 이 모순, 이 이중의 담론을 검토 대상으로 삼읍시다. 느긋하게. 진득하게.

나는 학생이 뛰어넘을 수 없는 듯 보이는 모순 앞에 곧장 머리부터 들이밀지 않고, 도리어 그 모순 자체를 검토 대상으로 삼을 수 있을 만큼 충분히 공부를 해왔다고 생각합니다. 영국의 인류학자들에게는 "자료를 주제로 변환하는 법을 배울 것"To learn how to transform resources into topics이라는 슬로건으로 요약되는 방법적 원칙이 있습니다. 이 원칙을 해석하자면, 통상 설명을 위해 활용되는 것을 도리어 설명해야만 하는 것으로 바꾸는 법을 배우라는 뜻입니다. 나는 늘 이 원칙이 아주 훌륭하다고 생각해왔습니다. 우리는 우리의 판단에 써먹을 수 있는, 이미 다 만들어진 자료 전체를 짊어지고 있지만 종종 너무 빨리, 너무 자동적으로, 조건반사적으로 판단을 내려버린다고 할까요. 좀 더 깊이 있는 사유를 하기 위해서는 뒤를 돌아보려고 노력할 필요가 있습니다. 지금까지 우리 뒤에 밀쳐져 있었던 자료를 끌어내서 우리 앞에 세우고, 자료의 거죽을 벗겨 그 자료가 무엇으로 이루어져 있는가를 살펴봐야 합니다. 과학의 자율성도 마찬가지입니다. 조금 전에 일지에서 살펴본 것과 같은 온갖 종류의 논쟁을 해결하려면 그러한 주장이 없어서는 안 되겠지만, 계속 그 주장이 반박당하는 걸로 봐서는 확실히 잘 들어맞는다고 할 수는 없지요. 그럼 이 주장을 우리 앞에 세워봅시다. 이 자료를 우리의 분석 대상으로 삼아봅시다.

아르키메데스의 세 가지 기적

나는 이 점을 학생들에게 이해시키기 위해서 플루타르코스가 들려주는 이야기를 써먹곤 합니다. 『플루타르코스 영웅전』에는 아르키메데스가 시라쿠사 포위전에서 담당했던 역할에 대한 이야기가 있지요.☞ 이렇게 잘 알려진 일화를 예로 들면 좀 쉽게 느껴질 겁니다. 강의에서는 논증을 이야기 형식으로 보여줄 필요가 있지요. 이런 단편들은 이미 잘 알려져 있기 때문에 안성맞춤입니다. 사실, 이 그리스인 이야기가 나의 흥미를 끄는 까닭은 과학기술의 자율성에 대한 이중의 언어가 이미 1800년 전에 만들어져 있었을 뿐 아니라* 그 후로 전혀 변하지 않

---

* 시라쿠사 전쟁은 기원전 212년에 일어났으므로 이 1800년 전은 『플루타르코스 영웅전』이 집필된 시기를 가리킨다.

았음을 더 이상 극명하게 보여주는 예가 없기 때문입니다.

아마도 학생은 시라쿠사의 왕 히에론이 로마 장군 마르켈루스의 포위공격에 대항하고자 당대 최고의 학자 아르키메데스의 재주를 동원하여 도시의 방어책을 강구했다는 것을 기억할 겁니다(기원전 212년경의 일이지요). 하지만 우리는 플루타르코스의 이야기 첫 부분에서 아르키메데스가 먼저 나서서 왕과 접촉했다는 사실은 이따금 잊곤 합니다.

> 아르키메데스는 친척이자 친구인 히에론 왕에게 자신의 힘으로 어떤 무게라도 들어 올릴 수 있다고 편지를 썼다. 전하는 말에 따르면, 그는 자신의 증명에 자부심을 갖고 이렇게 말했다고 한다. 만일 지구가 하나 더 있어서 자기가 그곳에 갈 수만 있다면 이 지구도 능히 들어 올릴 수 있다고. 14, 12-13.

이건 아주 유명한 문장이지요. "나에게 서 있을 자리를 주시오. 그러면 세계를 들어 올리겠소." 이 오래된 이야기에서 아르키메데스는 지렛대의 원리를 발견하고 몹시 기뻐하며 왕에게 자랑을 하러 갑니다(자랑 말고는 마땅한 단어가 없군요). 자신의 연구에 왕의 '관심을 끌려고'intéresser 하는 거지요. 히에론 왕은 그에게 아무것도 청하지 않았는데 말입니다. 왕은 물론 권력을 만드는 지렛대에 대해서는 잘 알았지만 물리학, 정역학靜力學, 자연의 힘에 대해서는 아무것도 몰랐지요. 혹은, 적어도 주워들은 바는 있지만 알쏭

달쏭한 기하학의 문제를 자신이 매일같이 왕궁에서 맞닥뜨리는 힘의 구체적 상황과 어떻게 결부시켜야 할지는 분명히 몰랐을 겁니다. 그래서 무한한 크기의 지렛대로 지구를 들어 올린다는 정신 나간 발상이 왕에게는 알맹이 없는 허풍으로만 보이지 않았습니다. 게다가 역사상 모든 군주들이 학자들의 노고가 깃든 성과를 대하며 그러했듯이 히에론 왕도 자신의 친척이자 친구인 아르키메데스가 거둔 쾌거에 찬탄하고 싶었습니다. 단, 아르키메데스가 자신이 한 말을 입증한다는 조건에서요. 여기서 노인의 힘으로도 움직이는 돛대 세 개짜리 배에 관한 유명한 일화가 나옵니다.

> 히에론 왕은 놀라워하며 아르키메데스에게 그의 이론을 적용하여 작은 힘으로 거대한 것을 능히 움직여 보라고 청하였다. 그러자 아르키메데스는 많은 인력을 동원하여 왕실 선단의 돛대 세 개짜리 상선을 육지로 끌어오게 했다.
> 아르키메데스는 배에 평소처럼 화물을 싣게 했을 뿐 아니라 사람들도 더 태웠다. 그러고는 멀찍이 떨어져 앉아 차분한 손놀림으로 여러 개의 도르래가 달린 장치를 힘들이지 않고 조작하여 선박을 움직이게 하였으니, 배는 바다에서 운항하듯 부드럽게 움직였다. 14, 13.

사실 마찰력의 저항 때문에 성공할 수 없는 실험이기는 하지만, 이것이 (적어도 플루타르코스의 이야기 속에서는) 최초의 '공개 실험'이었다는 점은 변하지 않습니다. 한 학자가 좌중이 보는 앞에서 물리학적 원칙을 증명하는 공개 실험이었지요. 연출된 것은 분명히 기술 혁신이었지만, 잘 기억해두세요, 또한 대단한 '힘의 관계의 전복'이기도 했습니다. 일개 노인 아르키메데스가 겹도르래의 작용에 힘입어 사람과 화물을 가득 실은 돛대 세 개짜리 배보다 '더 힘이 세어진' 것입니다.

힘의 관계의 전복이라는 얘기가 나오면 모든 왕들이 귀를 곤두세우게 마련이라고 말한대도 학생은 놀라지 않겠지요! 제아무리 난해한 물리학이라 해도 정말로 관심을 기울일 만한 것이 되는 겁니다. 지렛대의 원리는 이미 기하학과 정역학의 세계에서 힘의 관계를 전복했습니다. 한쪽에는 큰 길이와 작은 무게가 있고 다른 한쪽에는 짧은 길이와 커다란 무게가 있는데, 벡터의 계산을 통해 양쪽이 '통약 가능하게'commensurable 되는 것이지요(우리는 모두 6학년 때 이 원리를 배웠지요). 물론 받침점과 지지점을 이용한다는 조건에서만 가능한 일입니다. 이제 공개 실험은 기술적 장치(도르래)를 통해 기하학의 공식을 눈에 보이게 만듭니다. 단 한 명의 사람이 수많은 선원과 군인을 지배할 수 있다는 것을 구체적으로 보여주는 것이지요(물론 상상 속의 실험이기는 합니다만). 히에론 왕은 생각했습니다. '어라, 요것 봐라, 이 아르키메데스가 큰 것과 작은 것 사이의 힘의 관계뿐 아니라 로마와 시라쿠사의 힘의 관계도 전복시킬 수 있지 않을까?' 기하학에서 은밀하게 지정학으로 넘어간 게지요…. 이렇게 이 이야기는 전격적으로 흘러가는데요. 이제 두 나라의 군대들까지 '통약 가능한' 것이 된 겁니다. 이어서 플루타르코스는 이렇게 말합니다.

> 몹시 놀란 왕은 과학의 위력[문자 그대로 옮기자면 '기술의 위력']을 깨닫고 아르키메데스에게 모든 종류의 요새 공방전에서 사용할 수 있는 전투기계를 만들게 하였다. 14, 14.

그래서 아르키메데스는 마르켈루스의 군대에 맞서 시라쿠사의 방어체계를 재정비하고자 일종의 '미니 맨해튼 프로젝트'*에 연루됩니다(하지만 그가 일부러 나서서 '모색했다'chercher고 봐야겠지요. 이 단어의 모든 의미에서요…). 아르키메데스 혼자 모든 로마인에 맞서 시라쿠사를 지킵니다. 이제 지렛대의 원리는 시라쿠사인의 비밀병기가 되었습니다. 이 요새공방기술, 혹은 요새의 방어와 공격에 대한 과학에 병기제작자들은 2000년 동안이나 매달려왔습니다. 이야기의 다음 대목에서 아르키메데스는 모든 전쟁기구의 규모를 재정의하기에 이르러 그 자신이 일종의 '거인'이 됩니다.

> 마르켈루스는 자신의 병사들에게 야유를 보냈다. "저 브리아레오스** 같은 기하학자와 싸우기를 포기할까? 저 자는 우

---

* 아르키메데스의 임무를 제2차 세계대전 당시 미국이 뛰어난 석학들에게 원자폭탄을 개발, 제조하게 했던 맨해튼 프로젝트에 비유한 것이다.

** 백 개의 팔과 쉰 개의 머리를 가졌다는 거인.

리의 배를 바닷물에 뜨는 잔처럼 여기고, 우리의 공격용 사다리를 들이받아 치욕스럽게 망가뜨리고, 저 많은 화살을 동시에 쏘니 실로 팔이 백 개 달린 신화 속 거인들을 능가하는구나!" 실제로 다른 시라쿠사인들은 모두 아르키메데스가 만든 유기적 조직의 몸뚱이에 지나지 않았다. 그 조직을 움직이고 활동하게 하는 영혼은 아르키메데스 한 사람뿐이었다. 다른 무기들은 쓰이지 않았고, 도시는 방어와 안녕을 위하여 오직 이 위대한 인물만을 이용하였다. 17, 2-3.

힘의 관계의 궁극적 전복이지요. 일개 노인이 로마 군대 전체를 상대하는데 로마인들이 지고 있으니까요! 아스테릭스의 마법 물약보다 더 세지 않습니까! 물론 여기에는 엄청난 과장이 개입되어 있지요. 마치 "아인슈타인은 $e=mc^2$이라는 공식으로 자기 혼자서 일본 제국을 굴복시키고 태평양전쟁에서 승리했어"라고 떠드는 거나 마찬가지지요. 하지만 나의 관심을 끄는 것은 다분히 진부한 이 과장이 아닙니다. 플루타르코스의 이야기에서 그다음 대목으로 넘어가면 정말로 어안이 벙벙해지거든요.

이처럼 힘을 증명해 보였으니 그다음에는 과학기술의 위력을 칭송하는 말이 다소 나올 법도 합니다. 그게 아니면 이성에 근거한 정역학(정확히 계산된 지렛대를 매개로 삼아 아무리 작은 무게로도 얼마든지 큰 무게를 들어 올리는 것)과 정치(한 사람이 권력의 은유적 지렛대를 써서 다른 모든 이를 지배하는 것) 사이의 심오한 일치를 깊이 성찰할 법도 하고요.

그런데 웬걸요. 우리가 다음에 보게 될 것은 내가 여기서 보여주고 싶었던 이중 언어의 근원, 혹은 근원까지는 아니더라도 최소한 가장 명확한 증명입니다. 플루타르코스는 앞에서 했던 말이 전부 무색해지게 아르키메데스를 전혀 다른 모습으로 그려냅니다.

> 아르키메데스는 매우 고결하고 심오한 정신의 소유자로서 과학적 관찰의 보물을 실로 풍부히 거두어들였으나, 그에게 인간을 넘어 신에 필적하는 지성이라는 명성과 평판을 안겨준 여러 발명품에 대해서는 어떠한 글도 남기기를 원치 않았다. 그는 역학과 삶의 필요에 관련된 모든 기술을 천한 육체적 일로 여겼으며, 어떤 물질적 필요와도 무관하며 다른 것과 비교될 수도 없는 아름답고 탁월한 대상에만 열의를 쏟았다. 그러한 대상에서는 증명과 주제가 각축을 벌이니, 주제는 위대함과 아름다움을 주고 증명은 정확성과 초자연적인 힘을 준다.
>
> 17, 5-8.

과학과 과학사에 대한 모든 연구를 얼마 전까지 거의 불가능하게 했던 것이 바로 이겁니다. 제1막. 아르키메데스가 무모하기 짝이 없는 아이디어를 공유하려고 히에론 왕을 찾아갑니다. 제2막. 히에론 왕이 아르키메데스에게 그 아이디어가 실제로 유용한지 증명해 보이라고 합니다. 제3막. 아르키메데스는 멋지게 성공을 거두고 혼자 힘으로 로마인들에 맞서 시라쿠사를 지킵니다(나중에 마르켈루스가 승리를 거두지만 그건 어디까지나 비열한 꼼수를 썼기 때문이지요. 아르키메데스는 결국 살해당하지만 그 또한 마르켈루스 휘하의 군인이 과잉충성으로 그를 죽이는 서글픈 실수를 저지른 탓입니다). 제4막. 아르키메데스는 어떠한 실용적 고찰에도 '관심이 없습니다.' 그는 오로지 순수과학에만 관심을 두었고, 그러한 순수과학의 증명은 그 학문 자체에만 근거하기에 가히 '초자연적'이라고 부를 만합니다. 이제 어떤 과업이 우리를 기다리는지 알겠습니까? '과학인문학'humanités scientifiques의 첫 번째 정의를 원한다면 어느 한 막이 아니라 '희곡 전체'를 고려하는 법을 배우는 것이라고 하겠습니다. 처음에 아르키메데스의 과학은 완전히 자율적이었습니다(본인과 지중해 연안의 몇몇 과학자들 이외에는 아무도 그 과학에 관심이 없었지요). 극의 중반에서 과학은 기술과 군사적 방어의 문제와 완전히 연속선상에 놓입니다. 대단원에 이르러 과학은 오로지 자기 자신만을 근거로 삼을 만큼 다시 완전히 자율적이 됩니다(이 골치 아픈 과정이 어떻게 진행되는지는 나중에 다시 살펴보겠습니다).

이것은 분명히 역사적 서술이 아닙니다. 플루타르코스는 시라쿠사 함락으로부터 거의 3세기 후에 이 글을 썼지요. 그는 플라톤주의자였기에 아르키메데스를 이데아의 천상에 거하는 인물로 그려냈습니다. 그렇지만 이 네 편의 일화로 꾸며진 이야기는 서양사상에 매우 지속적인 영향을 미쳤고 오늘날에도 거의 변조되지 않은 형태로 도처에서 만날 수 있습니다. 이 이야기를 전체적으로 보면 과학의 자율성이라는 것이 얼마나 모순과 미스터리로 가득 찬

까다로운 주제인지 알게 됩니다. 하지만 사람들은 늘 이 이야기를 과학과 정치계(라고 해둡시다)의 절대적 구분, 상대적이고 일시적이며 부분적인 구분이 아닌 절대적 구분을 강조하는 데 이용합니다. 오늘날 물리학과 분자생물학의 위업을 이야기하면서도 플루타르코스가 아르키메데스의 위업을 이야기하면서 들이댔던 그 기준을 들이댈 테지요. 이 이중 언어의 구사에 관한 한 아무것도 변하지 않았습니다. 이제 왜 과학의 자율성에 대해서 찬성 혹은 반대라는 입장을 취해봤자 별 소용이 없다고 하는지 알겠습니까?

강의에서도 이 이야기를 되풀이하겠지만, 나는 어느 한 국면으로 축소하지 않고 모든 막을 함께 볼 겁니다. 그래서 학생이 동의한다면 내 강의를 듣는 다른 학생들에게 권유하듯이 이제 다음의 세 가지 기적을 '서로 분리하지 않고' 살펴보라고 말하겠습니다.

– 학자와 왕은 서로 영역이 다른데 어떻게 학자가 왕의 관심을 끌 수 있었는가?

– 어떻게 해서 그렇게나 다른 영역들이 완벽한 연속성을 띠고 통약 가능하게 되었는가?

– 완벽하게 맞물렸던 그 영역들이 어떤 세 번째 기적에 의해 전혀 통약 가능하지 않은 것으로 나타났는가?

과학인문학이란 무엇인가

여기서 학생에게 하나의 정의를 제시할까 합니다. 내 강의를 듣는 학생들에게는 그들의 골치를 아프게 하고 싶지 않아서 이 정의를 공개하지 않지만요. 난 내 강의명을 '과학인문학'이라고만 하는데 이 말은 별 의미가 없습니다. 사실, 내 강의는 내가 한몫을 담당함으로써 설립된 분야에 속합니다. 이 분야는 프랑스어에서도 그냥 영어를 써서 '과학학' science studies 혹은 '과학기술학'science and technology studies이라고 부르지요. 가끔 '과학사회학'sociologie des sciences이라고 부르기도 하고요.☞ 눈치 챘겠지만 '과학학'이라는 명칭도 별다른 정보를 주지는 않아요. 다만 이 명칭이 고대 그리스어에서 유래한 완벽한 상용어 '인식론'épistémologie의 영어식 번역이라는 점을 제외하면요. 그렇다면 내가 인식론 강의를 한다고 말하지 않는 이유는 뭘까요? 일단 학생들이 도망갈까 봐 안 되겠고…, 그다음 이유는 이 어휘가 특히 프랑스에서는 과학을 나머지와의 관계로부터 최대한 '끄집어내는'extirper 노력을 가리키게 되었기 때문입니다. 인식론자는(적어도 가스통 바슐라르* 학파에서 수학한 프랑스 인식론자는) 과학이 진정 과학적인 것이 되려면 과학을 타락시키거나 무효화할 위험이 있는 모든 것과의 연루에서 차츰 빠져나와야 한다고 봅니다.☞ 그래서 플루타르코스의 이야기에서 제4막만을 쏙 집어내고 히에론 왕, 마르켈루스, 지렛대와 그로 인해 가능했던 힘의 관계의 전복은 깡그리 잊어버리게 되는 것이지요. 나는 '정치적 인식론'épistémologie

---

* Gaston Bachelard(1884~1962). 프랑스의 철학자로서 프랑스에서 '과학에 대한 철학'을 정립한 인물로 손꼽힌다. 저자는 바슐라르의 인식론이 과학의 객관성을 과장하는 동시에 대상을 갖지 않는 상상력의 힘을 과장하여 그가 이 책에서 말하는 '이중 언어'를 더욱 공고히 했다고 비판한다.

politique을 가르친다고 말할 수도 있겠습니다. 나로서는 이 표현이 완벽하게 마음에 들지만 누가 내 뜻을 이해해주겠습니까? 그래서 나는 그냥 애매한 입장을 유지하다가 '인문학'이라는 이 멋진 용어에 길들어버렸습니다. '인문학'이라는 말은 오랫동안 교육을 정의하는 데 쓰였고 찬란한 르네상스를 맞기도 했었지요. 게다가 최근 들어 16세기에 대한 애정이 생기기도 했는데 그 얘기는 나중에 다시 하겠습니다.

첫 번째 개념: 번역과 구성

이제 학생은 대략 첫 번째 강의 주제에 도달했습니다. 나는 항상 구체적인 사례에서—여기서는 『플루타르코스 영웅전』이었지요—일반적인 개념으로 넘어가려고 합니다. 학생들이 시사 현안에서 찾을 수 있는 여러 사례에 개념을 적용할 수 있도록 하기 위해서지요. 내가 학생들에게 맨 처음 제시한 개념은 '번역'traduction 개념입니다. 이 개념은 미셸 세르Michel Serre에게서 빌려온 것인데요. 세르는 30여 년 전에 이 개념에 힘입어 과학사를 인문학, 다시 말해 그리스·라틴 문학은 물론 시詩와도 연결함으로써 일대 혁신을 이루었습니다. 학생이 흥미가 있다면 좀 더 상세한 참고문헌을 알려주겠습니다.☞ 하지만 내 강의를 듣는 학생들에게는 그저 과학과 여타 삶의 영역 사이의 '단절'coupure을 받아들이는 대신에 '우회'détour 또는 '구성'composition*이라는 개념을 써보라는 제안만 합니다(우리가 방금 살펴보았듯이 단절은 신화적인 사건들조차 올바르게 평가하지 못합니다). 약간 과장해서 말하자면 이 개념들만으로도 강의 전체를 소화할 수 있습니다. 달리 말하자면, 나 또한 나만의 아르키메데스 연기를 하는 겁니다. "나에게 번역과 구성 개념을 주시오. 그러면 세계를 들어 올리겠소"라고요….

이해를 돕기 위해 아주 기본적인 도식을 쓰겠습니다(이 도식의 효용은 어느 정도 한계가 있습니다. 전혀 참고하지 않아도 좋고 다른 도식을 찾아봐도 좋습니다). 중요한 것은 과학과 정치 사이에 필요한 단절이라는 은유를 다른 은유, 혹은 다른 연출mise en scène로 대신함으로써 관계들을 연속되는 일화들로 나타내는 것입니다. 내가 든 예를 계속 활용하자면 아르키메데스와 히에론 왕 사이의 관계들이 되겠지요. 내가 가르치는 학생들도 마찬가지지만, 학생도 특정한 행위 경로cours d'action는 언제나 일련의 '우회'들로 '구성'되어 있음을 이해하는 습관을 들이기 바랍니다. 그다음에 그 '우회'들에 대한 해석이 번역을 가능케 하는 '간격'décalage을 정하지요. 물론 번역은 언제나 애매성ambiguité을 낳습니다. 그게 번역의 장점이지요. 갑자기 말해서 좀 어려워 보일 테지만 사실은 아주 간단한 이야기라는 것을 알게 될 겁니다(38쪽 그림을 보세요).

우리가 이 모든 번역 작업을 어떻게 엮어내는지 이해하기 위

---

* 라투르는 과학기술학 일반에서 그래왔던 것처럼 'construction'이란 용어를 오랫동안 사용했고 '구성주의'constructivism의 대표적 학자 중 한 사람으로 간주되어왔다. 그러나 최근에 들어 라투르는 자신이 비판하는 '사회적 구성주의'와의 혼동을 피하기 위해 'constructivism'이란 용어를 포기하고 자신의 입장을 'compositionisme'이라고 명명하고 있다. 우리말로는 'construction'과 'composition'이 모두 '구성'으로 번역되기 때문에 옮긴이 주를 통해서 이 점을 알려둔다.

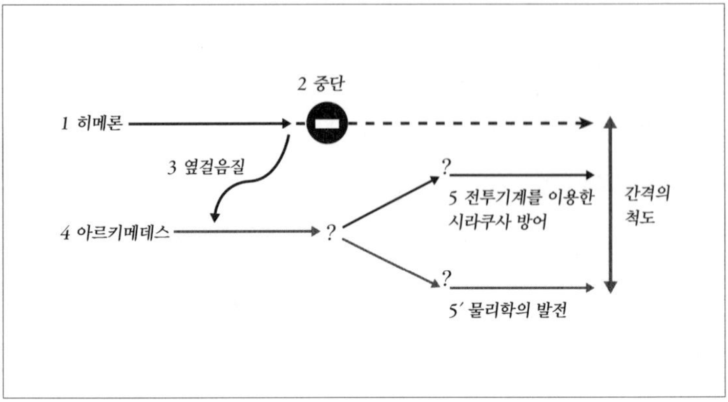

• 번역 작용의 기본 도식.

해서 도식에 설명을 달아보겠습니다. 히에론 왕은 자신의 길, 권력의 비밀에 익숙한 왕의 길을 쭉 직진하려고 했습니다. 하지만 로마의 침략에서 살아남을 방법이 보이지 않았지요(점선 표시된 화살표를 보세요). 그게 히에론 왕의 가장 큰 고민거리였습니다. 아르키메데스가 나타나 이 근심에 대한 새로운 해석, 새로운 번역을 제안합니다. 물리학자에게 히에론 왕의 문제는 실제로 어떻게 나타났을까요? "당신은 '옆걸음질'pas de côté을, 요컨대 기하학과 정역학에 대한 나의 난해한 연구를 '경유하여' 우회를 하기로 마음먹어야만 시라쿠사를 지킬 수 있을—당신의 행위 경로를 완성할 수 있을—겁니다."(단계 2, 3, 4) 감히 말하자면, 아르키메데스는 히에론 왕과 그의 목표 사이에 진입금지 표지판을 세우고, 히에론 왕이 그 길에서 벗어나 전투기계 물리학에 대한 자신의 생각을 경유하게끔 제안한 것입니다.

내가 방금 보여주었듯이, 이 우회 안에는 어떤 약속과 위험이 함께 있습니다. 약속은 왕이 반드시 원래 목표로 돌아가야 한다는 것입니다. 물론 아르키메데스의 요새공방용 기계들을 갖추고서요. 그리하여 시라쿠사는 기하학과 '제휴한' 왕의 군대가 방어하게 될 테지요(단계 5). 하지만 위험도 있습니다. 원래 목표로 돌아가지 못할 수도 있다는 위험이지요(이제 새로운 목표는 히에론 왕과 아르키메데스 '공동의' 이익들로 '구성'되지요). 누구나 그렇지만 학생도 운전을 할 때면 길을 가다가 '우회로' 표지판을 맞닥뜨릴까 봐 불안한 마음을 살짝 느낄 겁니다. 가닥을 놓치고 길을 잃어버릴 위험은 언제나 있지요. 플루타르코스의 교훈적 우화는 그 점을 분명히 가리킵니다. 사실 아르키메데스는 자기 자신의 목표, 즉 기하학 연구의 순수한 발전을 좇았을 뿐입니다(단계 5′). 혹은, 다소 긴 우회를 통해 구성된 행위가 오히려 실천적 적용을 배제한 증명과 시라쿠사 방위 사이에서 커다란 간격을 낳았다고 할까요(여기서 세로 방향 화살표가 애매성을 가늠케 합니다). 바로 이 간격을 고려해야만 합니다. 히에론 왕이 '자신의 목표'를 위해서 아르키메데스를 끌어들인 건지, 아르키메데스가 '자신의 목표'를 위해서 히에론 왕을 그의 목표에서 벗어나게 한 건지요. 내가 왜 구성 운운하는지 알겠지요. 결국 행위란 이러한 연쇄들로 엮인 것, 즉 관심사, 실천, 서로 다른 언어—전쟁의 언어, 기하학의 언어, 철학의 언어, 정치의 언어—들이 겹겹이 쌓인 층상層狀*과 비슷합니다. 번역은 베끼고, 순서를 바꾸고,

옮기고, 다른 말로 바꾸는 그 모든 것, 따라서 '변형하여 전달하기' transporter en transformant입니다.

이 작은 도식은 과학과 정치를 서로 마주보는 분리된 두 집합으로 보지 않고 그 교집합을 찾아보게 한다는 이점이 있습니다. 오히려 과학과 정치는 크게 보면 같은 방향으로 나아가는 두 가지 유형의 활동인 것이지요. 그래서 시간의 흐름에 따라 그 경로들은 서로 얽히기도 하고 다시 떨어져나가기도 하는 겁니다. 사실, 행위는 언제나 구성되며 이 구성의 합은 언제나 애매합니다. 나중에 기술의 미궁을 다룰 때에는(학생이 그때까지 나를 잘 따라온다면요) 그 결과가 우리에게 매우 유용할 겁니다. 또한 그 결과 덕분에 나는 '관심/이익'intérêt, 좀 더 정확하게는 '이익분배'intéressement 개념에 더욱 명확한 의미를 부여할 수 있습니다. 'intérêt'가 라틴어 어원상 '둘 사이에 있는 것'inter-esse을 뜻한다는 점은 굳이 환기할 필요도 없겠지요. 아르키메데스는 히에론 왕과 그의 목표(시라쿠사 방위) 사이에 파고들었기 때문에 히에론 왕의 관심을 끌었습니다intéresser. 과학은 그 태도에 따라 다른 행위 경로들과 연결되고, 필요한 우회를 받아들이게 하고, 약속을 실현하고, 언제나 미묘한 작용을 통해 구성되는 집합체ensemble의 중요한 출처로 인정받기에 관심을 끌든가(이익을 가져다주거나) 그렇지 못하거나 할 것입니다. 관심/이익은 결코 단숨에 주어지지 않으며 구성에 따라 좌우되지요.☞

---

* feuilleté, 파이 반죽처럼 얇은 층을 겹겹이 쌓은 구조.

확실히 나의 신화적인 예는 순화되다 못해 너무 단순한 감이 있습니다. 그러니 학생들에게 좀 더 친숙한 다른 예를 들어보지요. 경구피임약을 예로 듭시다. 지금은 젊은 여성들이 피임약을 일반적으로 사용하지만 그 배후를 파고 들어가면 일련의 아찔한 우회와 구성을 만나게 됩니다. 페미니스트 운동가 마거릿 생어 Margaret Sanger, 1879~1966에서부터 맥코믹 트랙터 창업자의 과부이자 막대한 유산 상속자였던 캐서린 덱스터 맥코믹Katherine Dexter McCormick, 1875~1967은 물론, 다른 과학자들과 함께 더 좋은 피임약을 분석, 합성, 조제하는 데 필요한 '스테로이드' 합성물질을 발견했던 위대한 화학자 그레고리 핀커스Gregory Pincus, 1903~1967까지 여기에 얽혀 있습니다. ☞ 번역 개념을 이해하기 위하여 아르키메데스가 시라쿠사에서 차지했던 중요성보다 더 큰 중요성을 띠는 사회적 풍속의 기나긴 역사를 요약해보겠습니다. 이 역사는 수천만 여성들의 일상적인 몸짓 속에 담겨져 전해내려왔습니다(그래서 무시당해 왔지요).

생어는 원치 않는 임신에 발목을 잡힌 수많은 여성들을 비참한 처지에서 해방시키고 싶었습니다. 그녀는 화학자가 아니었지만 핀커스의 이름은 들어서 알고 있었고 이제 막 탄생한 내분비학에도 관심이 있었습니다. 핀커스는 그 사업에 뛰어들 준비는 되어 있었지만 그럴 만한 자금이 없었고, 당시의 많은 남성 연구자가 그랬듯이 자신의 학문을 끔찍한 '여자들만의 비법'과 결부지어 타락시킨다는 데 대한 저항감이 있었습니다. 한편, 맥코믹은 화학자도 아니고 페미니스트도 아니었지만 엄청난 재산을 쥐고 있었지요. 누구의 행위였나요? 누구에게 책임이 있지요? 누가 경구피임약을 발명했나요? 우리는 이 이야기를 스테로이드의 출현이 그 후 사회와 풍속에 '영향을 미치게' 되었다는 식으로 풀어갈 수도 있을 것입니다. 어쨌든 원치 않는 출산이라는 문제는 화학을 '경유'하지 않고는 해결될 수 없었겠지만, 스테로이드가 과학자들의 관심만 끌었다면(앞에서 살펴본 'intéresser'의 뜻으로) 행위는 부분적으로만 구성되었겠지요. 도덕과 종교에 따라 계속 원치 않는 출산을 해야만 했을지도 모르고, 딱한 서민층 여성들은 여전히 엄청난 위험을 무릅쓰고 뜨개바늘로 스스로 낙태를 해야만 했을지도 모르지요.

이 이야기에 대해서—아주 대략적인 요약이라고 나도 인정합니다—나의 도식은 무엇을 말해줄까요? 서로 다른 층들이 늘어나고 각 층은 하나의 행위 경로에 해당합니다. 서로 다른 이 행위 경로를 전후하여 다양한 우회가 있고, 각각의 우회는 원래의 목표를 수정하지요. 각 행위 경로는 하나의 집단 행위를 구성하는데, 이 집단 행위에서는 사회적 풍속의 상황, 생어의 행동주의, 맥코믹의 돈, 스테로이드 원자고리의 화학적 연결구조, 법제적 변화, 국회의 피임약 찬반논쟁, 화학 산업의 역량, 사용자의 반응, 의학적 모니터링 결과 등을 함께 고려해야 합니다(43쪽 그림).

우리는 이처럼 이어진 우회와 접합emboîtement에 대하여 결국 전체 운동의 책임이 누구에게 있는가는 이차적인 문제라는 것을 이해할 수 있습니다(그림 우측의 세로 방향 화살표). 왜 그럴까요? 그 문

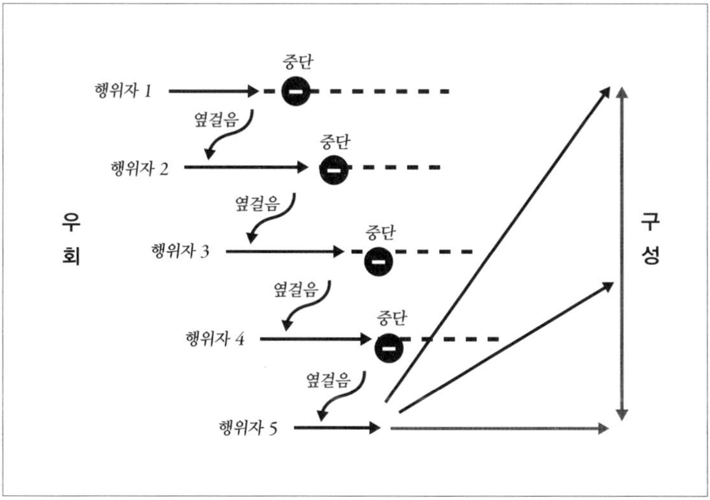

• 번역 작용을 나타내는 도식의 일반화.

제는 우회와 구성의 움직임 '다음에' 오기 때문입니다. 과학사학자는 (페미니스트) 운동가들이 없었다면 화학은 결코 생식의 문제와 결부되지 않았을 거라고, 혹은 법과 제도의 변화가 없었다면 화학 산업의 혁신은 결코 초기 단계를 벗어나지 못했을 거라고 말할 수 있습니다. 하지만 과학사학자가 스테로이드의 발견이 '모든 것을 좌우했다고' 주장하더라도 그 말은 똑같이 타당할 수 있습니다. 우리는 일이 다 이루어진 다음에야 비로소—비록 이 또한 추측에 지나지 않을지언정—다양한 행위자들의 동기와 역할을 가늠해볼 수 있을 겁니다.

'과학'이라고 하는 미리 구획이 정해진 영역, 나아가 '시대', '사회상황', '지식계', '사회적 맥락', 혹은 '시대정신Zeitgeist'(미안하지만 내가 아는 몇 안 되는 독일어 중 하나라서요)이라고 할 만한 미리 구획이 정해진 영역들에서 출발한 다음에 그것들이 관계가 있을까 없을까를 고민한다는 것이 왜 불가능한지를 이제 이해할 테지요. 과학의 자율성이란 뒤늦은 임의적 분할découpage에 지나지 않습니다. 그러한 자율성을 무슨 수를 써서라도 옹호해야 할 것인지, 케케묵은 것으로 규탄해야 할 것인지는 논외로 칩시다. 그 임의적 분할은 이 번역과 이익분배intéressement 작용에서 특정 요소들을 고립시켜 이해할 수 없는 대립을 만들게 마련이지요. 우리는 이 분할에 대해서 풀리지 않을 의문을 제기하는 것 외에는 아무것도 할 수 없습니다. "스테로이드와 풍속 사이에는 어떤 교집합이 있을 수 있을까?" 이 의문에 대한 답변은 "교집합은 없다"일 수밖에 없지요. 사실은 나란히 늘어놓고 보아야 하는 분리된 두 영역이 아니라, 하나의 유기체에서 함께 뻗어나가는 두 갈래의 가지인데 말입니다. 풍속의 경로와 스테로이드의 경로는 계속 엇갈리고 교차하여 결국은 인류의 한 부분을 위한 생식의 또 다른 방식을 구성하기에 이르렀습니다.

보다시피 우리는 풀리지 않는 문제를 아주 경험적인 조사로 대체함으로써 별로 티도 내지 않고 제법 큰 진척을 보았습니다. 그 덕분에 우리가 할 수 있는 최대한으로 집단 행위의 굴곡들을 따라가 볼 수 있었습니다. 집단 행위는 우회와 구성을 통하여 서로 매우 다른 유래를 지닌 요소들을 한데 뒤섞습니다. 그러니 내가 시사 문제를 딱 잘라 배제할 수 있는 근거로 보였던 과학의 자율성 개념을 진지하게 다시 생각해볼 대상으로 바꾸라고 하기를 잘했지요. 또한 내가 왜 학생들에게 이 강의가 과학과 기술에 '대한' 것이라고 말하지 않는지 이해해주기를 바랍니다. 학생들이 내뺄까 봐 그러는 것만은 아닙니다! 그 이유는 아직 아무도 해석들의 더미 속에서 확실한 경계와 고유한 역사를 지닌 '과학'이랄 만한 것을 분할해내지 못했기 때문입니다. 그러고 나서야 그 과학의 역사를 다른 역사(세계사, 풍속사, 경제사 등)와 연결할지 말지를 결정할 수 있을 테지요. 그래서 결국 이 '과학인문학'이라는 근사한 표현이 나오게 된 겁니다(그래도 나는 과학의 정의를 내리긴 합니다. 강의를 모두 마칠 때쯤에요!).

이 첫 번째 우회가 학생의 원래 질문에서 너무 많이 벗어났다는 인상을 주지 않기를 바라며, 내 편지를 잘 읽어보길 권합니다.

당신의 교수로부터….

두 번째 편지

과학기술의 미궁 속으로

과학기술의 우회를 고려하지 않는 학문분과들이 흥미로울 수는 있겠지만, 그 학문분과들은 개코원숭이를 다루지 인간은 다루지 않습니다. 과학기술 없는 인문학은 원숭이 놀음에 지나지 않다는 말입니다. 소아과 논문이나 심리학자의 견해에 영향을 받지 않은 초보엄마의 행위가 있을까요. 프로이트를 외면할 수 있는 사랑싸움 따위가 어디 있겠습니까.

친애하는 학생에게,

걱정 마세요, 학생이 두 번째 강의도 놓칠 수밖에 없었다는 것을 충분히 이해합니다. 학생도 해야 할 다른 공부가 많겠지요(그리고 나에게 진지하게 독일어를 배우라고 권해줘서 고맙습니다!). 학생이 제기한 반박도 이해합니다. 사실, 과학기술사가 별개의 분과로 남아야 한다는 의견이 대학교수들 사이에도 팽배합니다. 하지만 그렇다고 해서 내가 그 반대를 가르쳐서는 안 된다는 결론을 끌어내야 하는 건 아니라고 봅니다. 학생이 제기한 반론들은 안됐지만 지나치게 일반적인 편견에 물들어 있습니다. 두 번째 강의의 의미가 바로 거기에 있었는데요. 따라서 두 번째 강의도 요약해줘야 하겠군요. 게다가 학생의 일지를 살펴보고 그에 대한 확증도 찾았습니다(일지를 보여줘서 고맙습니다).

▶ 학생은 2009년 8월 25일자 『르 몽드』의 「**방사성 원소 부족으로 인한 의료영상 위기**」를 예로 들었습니다. 가장 고도의 의료영상검사들이 다섯 개의 원자로에 의존하는데 현재 그 원자로들이 모두 노후했다는 사실, 그중 캐나다에 있는 원자로는 표적세포 파괴에 없어서는 안 될 단기 방사성 원소 테크네튬을 생산하는 유일한 원

자로인데도 현재 수리 중이라는 사실을 누가 생각이나 했을까요?

실제로 이것은 첫 번째 편지에서 말했던 해석들의 더미라는 특수한 경우를 보여주기에 아주 좋은 예입니다. 이 자료를 통하여 내가 아직 언급하지 않은 '기술 체계'système technique 개념을 도입한 것도 잘했습니다. 그 방사성 원소가 없으면 번역들의 연쇄 전체가 유예됩니다. 우리가 앞으로 보겠지만, 한 사슬의 가치는 그 사슬의 가장 작은 고리의 가치일 뿐입니다.

▶ 2009년 9월 26일자 『인터내셔널 해럴드 트리뷴』에서 가져온 「**필립스, 전구 재발견을 선도하다**」라는 예가 보이는군요. 이 또한 학생들이 깊이 있게 다루게 될 주제에 입문을 제공한다는 점에서 좋은 예입니다. 소위 '녹색' 기술이라고 하는 신기술은 두 배로 정치적입니다. 새로운 형광등이 비싸고 재활용하기 어렵다는 이유로 논란이 되었다는 것은 나도 알고 있었습니다. 하지만 백열등으로의 회귀가 있었다는 것, 미국 에너지부가 과거의 '옛날 전구' 교체 정책을 **'실패한 정책'**으로 여긴다는 것은 몰랐습니다. 이 '옛날 전구'라는 것이 에디슨의 발명에서 유래한 백열등을 가리키는 것인지, 새로운 형광등을 가리키는 것인지, 아니면 형광등을 다시 한 번 대체할 더 새로운 등을 가리키는 것인지 이제 헷갈리는군요!

확실히 시간은 한 방향으로만 흐르지 않습니다. 이러한 예가 결코 예외적이지 않으며 환경 문제와 관계있는 거의 모든 사안에서 재발견된다는 것을 보게 될 것입니다.

• 페생pessin의 만평, 〈세 배로 쓸모없는〉
다소간 먼 미래에는… / …우리의 무겁고, 시끄럽고, 공해를 유발하며, 비효율적인 낙엽 치우는 기계가 / …친환경적인 새로운 도구로 대체될 것이다

▶ 같은 종류로, 근대화 전선의 정확한 방향에 대한 불확실성을 보여주는 만화를 발견했습니다. 논평은 생략합니다.

▶ 2009년 9월 28일자 『르 몽드』의 기사도 아주 잘 선택했다고 생각합니다. **「회계기준을 정하는 사람들은 그들의 '집단적 책임'을 인정해야 한다」, "경제 위기의 파장을 키웠다고 비난받는 국제회계기준 개혁이 G20의 도마에 올랐다. (…) 2002년에 프랑스와 독일, 나아가 유럽연합은 회계기준 표준화를 독립적인 국제단체에 위임했다."**

회계와 같은 '소프트'한 기술에도 이처럼 관심을 두는 것은 잘하는 일입니다. 왜냐하면 실제로 이러한 기술의 영향력은 화학이나 물리학 기술의 영향력보다 훨씬 더 클 수도 있기 때문이지요. 표준화됨에 따라 그 영향력이 더욱 확장될 수 있음을 강조한 것도 잘했습니다. 표준화는 가장 큰 관건이 되는 현상입니다. 뮌헨의 독일표준협회DIN 사무소가 온 유럽의 규격과 기준을 통제하고 있으니 독일인 학생에게 내가 그 점을 다시 얘기할 필요는 없겠지요. 과학의 보편성을 논할 때에는 절대로 표준화의 연결망을 잊어서는 안 됩니다.

▶ 학생이 아마 생각지 않았을 예를 기꺼이 하나 더 추가하겠습니다. 「**방리외: 미국의 공동체 모델이 프랑스 사회학자들을 유혹하다—프랑스 지역관리의 한계를 지적한 도시정책 전문가들**」(『르 몽드』, 2009년 9월 26일자) **"9월 25일 리옹의 에콜 노르말에서 열린 학회는 일군의 프랑스 사회학자들이 빈곤지역 개선을 위하여 주민 참여를 이끌어내는 미국 도시들의 역량을 흥미롭게 주시하고 있음을 보여주었다. 또한 반대로 그들은 프랑스 도시정책의 '커다란 약점'을 강조하기도 했다."**

이번에도 '소프트'한 과학, 사회학이 문제시되고 있습니다. 여기서는 이 학문이 어떻게 거대한 영향력을 행사할 수 있는가를—앞의 예에서 회계가 그랬듯이—볼 수 있습니다. 이 학문은 전문가들에게 영향을 끼치고, 그 전문가들은 다시 '방리외 사태'*에 접근하는 정책이나 공무원들에게 영향을 미칩니다. 이 점은 중요합니다. 우리의 탐구에서는 모든 과학이 크고 작음에 상관없이 의미가 있기 때문입니다. 우리는 전문가와 전문지식에 사람들의 관심이 비춰질 때마다 일지에 기록해두어야 합니다.

---

* 2005년 10월 파리 외곽(방리외)에서 아프리카 이민자 2세 소년이 경찰의 불심검문을 피하려다 감전사하자, 이민자 자녀들이 집단으로 들고일어난 사태. 당시 빈곤지역 청년들이 그동안 쌓였던 절망과 증오를 표출하며 프랑스에서 큰 사회적 문제가 되었다.

▶ **"이브리 쉬르 센 시에서 새로운 소각장 건설계획을 두고 석 달째 공개토론이 이어지고 있다. 이 소각장은 장차 일 드 프랑스 주 지역 쓰레기 처리의 중심이 될 예정이며, 시민들은 이 계획에 대해 자유롭게 의사를 표현하도록 권유받았다"**라는 기사를 스크랩한 것도 물론 잘했습니다. 나도 같은 기사를 2009년 9월 26일 발행호에서 발췌해 두었더랬지요(이 발행호에 워낙 소재가 풍부해서 나는 거의 절반은 스크랩을 했습니다!).

'공개토론'이나 '시민' 같은 단어들이 '소각장' 같은 '순전히 기술적인' 용어와 연결되는 것은 명실상부한 시대적 경향입니다. 학생 말마따나, 이것은 정치와의 새로운 연결을 상정합니다. 히에론 왕은 아르키메데스의 전투기계를 쓸 것이냐 말 것이냐를 시라쿠사인들의 토론에 부치지 않았지요….

도처에 널려 있는 과학과 기술

우리 두 사람의 일지에서 다소 마구잡이로 모은 요소들을 살펴보니 우리 둘 다 점점 더 '전부 다 스크랩하지 않기'가 힘들어지는 것 같습니다. 게다가 나는 이 기준에 비추어 학생들이 얼마나 발전했는지 가늠하곤 하기 때문에 학생들에게 종종 비난도 듣습니다. 몇 주가 지나고 나면 학생들은 이것저것 다 선택하고 싶은 나머지 다소 절망적인 기분마저 들거든요. 좋았어요, 그게 목표입니다. 내가 말했지요. 내 강의 주제는 경계가 명확하지 않다고요. 바로 그 점을 의식해야만 합니다. 과학과 기술은, 감히 말하자면, 우리 고장에서 몹시 좋아하는 부르고뉴 햄에 비계가 '골고루 퍼져 있듯이' 도처에 널려 있습니다(내가 부르고뉴 사람이거든요…). 바로 이 이유에서 나는 다음과 같은 방법적 규칙을 선택의 원리로 채택합니다. 어떤 행위 경로에 ('하드'와 '소프트', 자연과학과 사회과학을 막론하고) 어떤 기술이나 과학의 중재(번역)가 다소 명시적으로 언급되지 않고 얼마나 많은 시간이 흐를 수 있는지(기사라면 몇 줄이나 지나갔는지, 대화에서라면 얼마나 많은 문장이 지나갔는지) 살펴보세요. 선택할 수 있는 예들이 넘쳐날걸요. 물론, 어쩌다 여배우의 사랑의 아픔이나 정치가에 대한 험담이 화제에 올랐다면 끝까지 전문지식이나 기술에 대한 사소한 언급도 나오지 않을 수 있겠지요. 하지만 그런 경우는 매우 드물고, 비록 증명하기는 힘들지만 '점점 더 드물어지고' 있다는 게 핵심입니다.

두 번째 개념: 시험과 고장

학생들은 대체로 일상적인 삶의 물질적 측면에 대해서 무지한 편이기에, 나는 우선 보이지 않게 널리 퍼져 있는 현상에 그들의 관심을 끌 필요가 있습니다. 학생도 그럴 거라 짐작합니다만, 우리 모두는 기술 분야에 대해서 관념주의자입니다. 우리는 기술에 완전히 의존하는 한편, 그러한 기술 위에서 떠도는 것 같습니다. 그리고 그 이유는 바로 기술이 너무 효과적이기 때문입니다. 우리의 행위 경로 속에 기술이 슬그머니 파고들 수 있게 하는 우회들은 우리가 기술에 익숙해지기 무섭

게 사라져버립니다. 학생들이 다시금 행위의 우회와 구성을 볼 수 있으려면 특별한 '시험'épreuve이 필요합니다.

나는 이 '시험' 개념을 몹시 강조합니다. 내가 번역 개념에 이어서 학생들의 머릿속에 집어넣고자 애쓰는 두 번째로 중요한 개념이거든요. 학생이 스스로 진척을 보았으니만큼 이 개념으로 괜히 번거롭게 하고 싶지는 않지만, 보통의 경우 나는 학생들이 일정한 범위의 시험들을 이용할 수 있게끔 일련의 연습을 시킵니다. 그러한 시험들이 진행되는 동안에 우회와 구성의 접합은 아주 명확하게 드러나지요. 실제로 학생들은 기술의 우회를 드러낼 수 있는 시험들이 무수히 많다는 사실을 금세 알아차립니다. 아직 받아들일 준비가 되어 있지 않은 주위 사람들에게 새로운 대상을 도입하는 혁신으로부터 시험이 비롯될 수도 있습니다. 나의 문화와 습관에는 맞지 않는 장치들을 제시하는 시간 혹은 공간으로의 이동에서 시험이 비롯될 수도 있고요. 사용법을 알 수 없는 물품을 발굴함으로써 비롯되는 고고학의 시험이 있는가 하면, 뛰어난 소설가가 우리의 관례나 풍습과 완전히 대조되는 구체적인 세계를 만들어낼 때 비롯되는 허구의 시험도 있습니다. 하지만 학생들에게 가장 간단하게 설명할 수 있는 시험은 '고장'panne이지요. ☞

예를 들어 학생이 과제물을 작성한다고 칩시다. 컴퓨터를 켰는데 팟, 오류가 발생하고, 시간은 가고, 위기에 몰리고, 성질이 납니다. 학생은 다른 사람들, 다른 언어들, 다른 능력들을 경유해야만 합니다. 교내의 '업무지원센터'나 컴퓨터 수리점 등 다른 곳을 찾게 되는 것이지요. 이렇게 원래 목표에서 점점 멀리 벗어나 자기도 모르게 새로운 번역의 길을 내는 과정에 있게 됩니다. 이런 경험은 몹시 흔하고 짜증스럽지만 많은 가르침을 담고 있지요(나는 학생들에게 뭔가가 고장 나거든 일지에다가 그 일에 대해서 전부 적어보라고 충고합니다. 여기서도 세부사항이 중요합니다). 실제로 이러한 특별한 순간에 우리는—다소 진부하지만—우리가 기술에 얼마나 의존하고 있는가를 깨달을 뿐 아니라, '정확히 어떤 경로를 통하여' 그러한 의존이 수립되는가를 다시금 깨닫게 되지요. 이 길은 참 이상합니다. 모든 일이 잘 풀릴 때에는 길이 보이지 않아요. 심지어 학생과 과제물을 작성하겠다는 학생의 계획 사이에 컴퓨터가 존재한다는 자각조차 없지요. 하지만 일이 틀어지기 시작하면서부터 연속적인 층들의 종종 현기증 나는 층상 구조가 드러납니다. 위기 속의 각각의 위기 chaque crise dans la crise는 경로의 흐름을 중단시킬 수 있는 처음 보는 '구성요소'composant가 학생의 길에 존재함을 드러내지요. 따라서 우회와 구성 개념은 우리가 과학과 기술을 추적할 수 있게끔 쓰일 겁니다.

어제 강의실에서는 나 자신의 예를 들었습니다. 지난주 수요일에 나는 교내 와이파이에 접속을 하지 못해서 '업무지원센터'의 프랑크를 찾아갔지요. 나의 행위 경로가 중단되었기에 그를 경유하지 않을 수 없게 된 겁니다. 이제 내 앞에는 컴퓨터만 있는 게 아니라 컴퓨터와 '더불어' 역량 있는 기술자까지 있지요. 결합 association의 연쇄는 이렇게 구성요소가 하나 더 늘어나고 사회적이자(프랑크에 대하여) 기술적인(컴퓨터에 대하여) 것이 되었습니다. 내가 이 일화를 재미있게 여겨 일지에 기록하고 사진까지 찍어둔 이유는 프랑크도 장애를 해결하지 못해서 그레그에게 전화를 해야 했기 때문인데요…. 그러니까 프랑크는 자신의 목표—나의 문제를 해결해주기—에 대하여 컴퓨터에 대한 나의 입장과 동일한 위치에 놓인 겁니다. 그 역시 행위 경로의 중단 때문에 그레그에게 도움을 요청하는 '옆걸음질'을 할 수밖에 없었지요. 그다음은 어떻게 됐냐고요? 음, 절대 거짓말이 아니라고 맹세하는데요, 그레그도 문제를 해결하지 못했답니다! 그래서 마뉘가 전화로 긴급호출을 받고 사무실로 우리를 도우러 와야만 했지요. 지금까지 인간이 빠져 있는 단순한 기술의 대상이었던 내 컴퓨터가 이제 서로 다른 의견을 지닌 기술 인력의 집단에 둘러싸였고, 그들은 저마다 나로서는 그런 게 있는 줄도 몰랐던—그들도 최소한 처음에는 몰랐던—장치와 프로그램들을 드러나 보이게 했지요…. 나의 컴퓨터는 단순한 것에서 다중적인 것이 되었습니다. 통합된 것에서 조화되지 않은 것이 되었고, 즉각적인 것이었으나 매개되었으며, 빠른 것에서 느린 것이 되었습니다(시간은 흐르고 나는 한 시간, 두 시간 기다리다가 결국 컴퓨터를 맡기고 퇴근해야만 했지요…). 한마디로 말하면, 대상은 기술적인 것에서 사회기술적인socio-technique 것이 되었습니다. 이제 이 대상은 의견이 다소 어긋나는 사람들의 소집단에 의해 조작되고, 이 사람들은 이 대상이 도대체 어떻게 되어 있는지 알아보기 위해 온갖 종류의 시험을 실시할 테지요.

이 예는 아주 단순하지만 그럼에도 대단히 유익합니다. 이 예가 기술적 장치들의 기묘한 계산법을 보여주기 때문이지요. 즉, 기술적 장치들은 우리를 잠시 동안 영(0)을 지나게 하기 때문에—우리와 우리의 목표 사이에 어떤 도구가 있음을 깨닫지 못하게 하기 때문에—우리는 얽히고설켜 있는 장치들의 균열을 볼 수 없습니다.☞ 학생들이 학기 중에 '재수 좋게' 병이 나는 것도 마찬가지 예입니다. 그때 그들의 신체 구성요소들이 드러나고 여러 전문 의료인들이 그 구성요소들을 하나하나 부각시키게 됩니다. 나는 학생들에게 이런 예를 주의 깊게 살펴보라고 말합니다. 특히 정확한 치료 방법에 대해서 의사들의 견해가 엇갈린다면 더욱더 그래야 합니다. 이러한 경우는 점점 더 많아지고 있지요.

이 기회를 빌려 지난 강의의 도식을 한 번 더 써볼 수 있겠습니다(59쪽 그림). 현재 진행 중인 혁신들이 아니라 이미 완성되어 있는—하지만 끼워 맞춰져 있음은 잊어버린—일련의 혁신들을 회고적으로 발견한다는 차이가 있긴 합니다. 그래도 매번 어떤 행위 경로에 중단, 격차, 구멍, 불연속성이 발생하여 옆걸음질로 다른 행위자들, 즉 다른 언어를 구사하고 다른 역량을 지닌 행위자들을 동원할 수밖에 없다는 도식만큼은 똑같습니다. 앞에서도 그랬듯이, 원래 목표와 예상치 못하게 연속되는 우회들 사이의 간격은 점점 커집니다. 집합체ensemble의 행위는 제자리에서 벗어나고 구성되거나 혼성적이 됩니다. 모든 고장은 이 터널, 끝이 보이지 않는 이 미궁을 벗어나려는 노력으로 이어집니다.

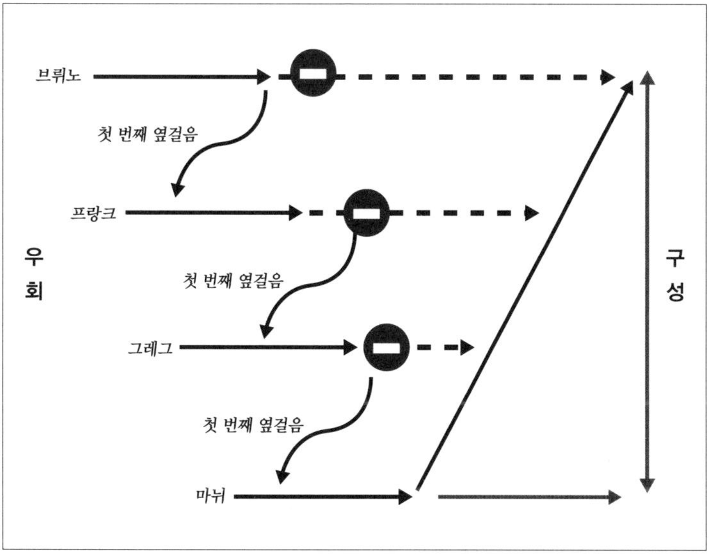

• 업무지원센터를 경유할 수밖에 없는 일상적 고장의 시험 속에서 드러난 사회기술적 장치의 우회와 구성 도식.

학생은 테세우스가 아리아드네의 실이 없었더라면 빠져나오지 못했을 미궁을 건설한 신화적 장인의 이름이 다이달로스Daidalos라는 것을 알고 있을 겁니다. 고유명사 다이달로스는 바로 '우회'를 뜻하는 보통명사 '데달리온'dedalion과 관련이 있고, 이 '데달리온'은 지혜의 여신 '메티스Mētis'(그리스 선조들의 또 다른 멋진 말)에게 고유한 기술입니다. '메티스'mētis라는 말은 보통명사로서 기술적 능란함, 요령, 술책, 재간, 나아가 독창성의 의미까지 띱니다. 요컨대, 기술자로서 애쓰는 모든 방식을 가리키는 것이지요. 이 두 단어는 말뜻 그대로 볼 때 '에피스테메'(epistēmē, 인식), 즉 학문적 지식과 대립됩니다(이러한 구분에 대해서 생각해봐야 할 바는 나중에 다루겠습니다). ☞ 나는 기술의 근본 신화가 바로 미궁—우회 속의 우회détour dans le détour로, 겹겹으로, 복잡하게 얽혀 들어가고 함축에서 함축으로 이어지는—이라는 것이 무척 흥미롭습니다. 그러한 미궁 속에서는 어떤 실을 가지고 있지 않는 한, 모퉁이를 한 번 돌 때마다 길을 잃을 위험에 빠집니다. 아리아드네가 테세우스를 도와주었듯이 나는 학생들이 미궁 속에서 길을 잃지 않도록 도와주고 싶습니다. 매번 돌고 뒤흔들며 우회하는 기술에 학생들을 주목하게 함으로써 내가 그들에게 열어놓은 이 미궁 속에서 말입니다.

하지만 우리가 장애, 위기, 시험에서 벗어나는 순간부터 미궁은 그냥 사라져버립니다. 그렇기에 앞의 예는 어떻게 실이 더 이상 필요치 않게 되는가를 보여준다는 점에서도 매우 요긴합니다. 내가 컴퓨터를 되찾자마자 업무지원센터, 마뉘, 그레그, 프랑크는

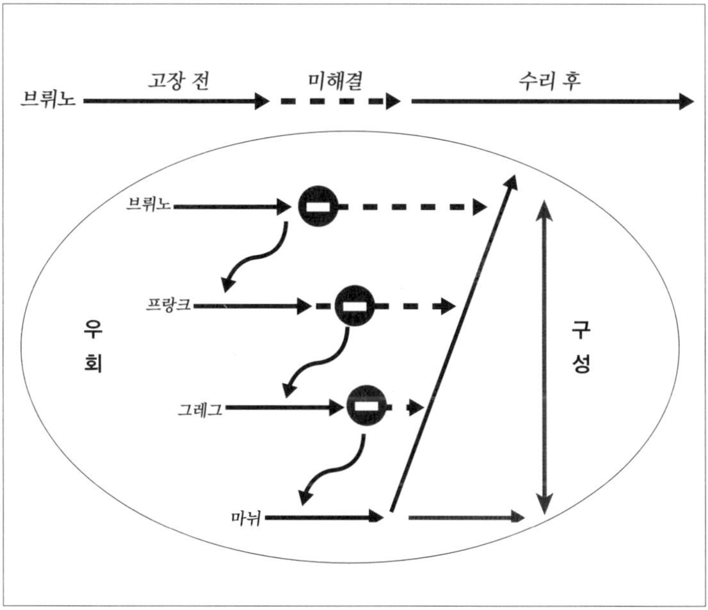

• 동일한 기술적 대상을 파악하는 완전히 상반된 두 방식: 윗줄처럼 행위 경로와 혼연일체가 되어 있든가(아무 이상 없이 제대로 기능할 때), 아래에 원으로 둘러싼 그림의 도식처럼 고장이 일어났을 때의 미궁 같든가 둘 중 하나다. 결코 동시에 이 두 방식 모두로써 대상을 고려할 수는 없으므로 두 번째 버전은 첫 번째 버전을 스치기만 한다.

완전히 내 안중에서 없어집니다. 나를 그렇게나 지연시켰던 사회기술적 집합체는 다시 단순한 기술적 대상으로 돌아오지요. 이제 곧 이 대상 자체도 나의 주의를 끌지 못하고 나의 손, 나의 사유와 한데 얽히고설켜 이처럼 즐겁게 강의를 요약하는 행위 경로 속에서 더 이상 드러나지도 않게 될 것입니다(61쪽 그림).

이제 왜 매사에 문제가 없을 때에는 기술에 대하여 '관념주의자'가 될 수밖에 없고, 일이 예상대로 풀리지 않으면서부터 '물질주의자'가 되는지 그 이유를 알겠지요? 과학의 경우를 들어 이미 설명했듯이 사회와의 관계를 주장하는 담론과 그런 관계가 전혀 없다고 주장하는 담론, 이 두 가지 담론 모두를 진지하게 받아들여야 합니다. 두 담론은 모두 참이지만 절대로 동시에 참일 수는 없기 때문이지요. 어떤 기술이 잘 기능하느냐 그렇지 않느냐에 따라서, 기술은 아주 뚜렷하게 사회기술적 형태로 제시되기도 하지만 행위 경로에 녹아들어 거의 눈에 띄지 않은 채 그저 효력만 나타내기도 합니다. 내가 그토록 시험 개념을 강조하는 이유가 여기에 있습니다. 우리는 시험을 통해서만 물질주의자가 됩니다. 다시 말해, 어떤 행위를 구성하는 다양한 물질을 의식하게 된다는 뜻이지요. 하지만 그것도 잠시입니다. 모든 것이 다시 착착 맞아 돌아가면 관념주의는 반드시 되돌아옵니다. 부채를 펼 때에는 으레 단숨에 착 펼치고 케이스에 집어넣을 때에도 단숨에 착 하고 접어 넣는 것과 비슷하지요.

이 논증은 단순하지만, 행위 경로가 유예되고 중단되어 그저

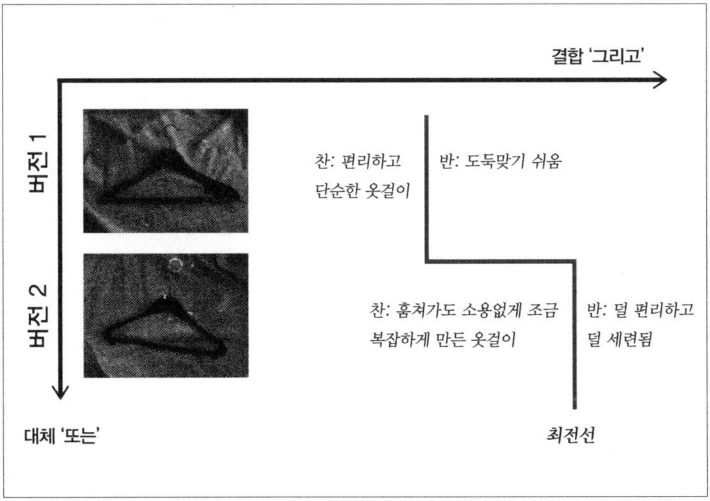

- 사회기술적 도식의 원리: 결합 '그리고'와 대체 '또는'이라는 두 차원을 그린다. 연속된 버전들을 배치하고 오른쪽에는 '반대', 왼쪽에는 '찬성'을 기록한다. 한 버전에서 다른 버전—여기서는 서로 다르게 구상된 두 개의 옷걸이—으로 넘어가면서 '최전선'을 기준으로 한쪽에는 '찬성', 다른 쪽에는 '반대'를 기록한다. 버전 1의 옷걸이는 사용하기 편하지만 도둑맞기 십상이다! 싸구려 호텔에서는 이 옷걸이를 갈고리 없는 형태(버전 2)로 대체했다. 옷걸이를 걸려면 좀 불편하지만 이 옷걸이는 훔쳐봤자 거의 소용이 없다. 대상을 복잡하게 만들어서 '찬성'과 '반대'의 배치를 수정한 것이다.

효력만 나타내는 대상 자체에 정신이 팔리면 잊어버릴 여지가 있는 논증입니다. 다윈이 생명체의 계통에 대해서 우리에게 가르친 바를 기술에 대해서도 적용할 수 있어야 합니다. 자연사 박물관에 가서 말의 계통을 볼 때에는 일련의 표본 중 어느 하나에 머물 것이 아니라, 조상과 후손이 이루는 풍성한 계통 전체를 통하여 진정한 본질을 보아야 합니다. 과학기술 박물관에 가더라도, 이를테면 뮌헨의 독일 박물관에 가서 길게 진열된 자전거들을 볼 때에도 어느 한 전시품에만 주목할 것이 아니라 수요, 비용, 관습, 유행, 제조사, 자재 등에 따라 이 모델에서 저 모델로 넘어가는 전체적 흐름 속에서 전시품들을 보아야 합니다. 각각의 기술적 대상을 마치 책장을 빨리 넘겨야 하나의 움직임을 볼 수 있는 '플립 북'flip book의 한 장 한 장처럼 여겨야 하는 거지요(63쪽 그림).

인정합니다, 글로는 표현하기가 어려워요. 기술적 대상의 이동을 감지할 수 있도록 방금 전에 제시한 도식을 좀 더 상세히 설명해야겠습니다. 이 도식에서 오른쪽으로 뻗은 차원을 나는 '결합'association이라고 부르고 아래로 뻗은 차원을 '대체'substitution라고 부릅니다. 첫 번째 차원을 '그리고', 두 번째 차원을 '또는'으로 표기하여 좀 더 간단하게 만들 수도 있습니다. 여기서 기하학적 정확성을 추구할 필요는 없습니다. 이건 그저 기술의 미궁 속에서 갈피를 잡기 위해 실을 사용하는 방식, 우회(또는)와 구성(그리고)으로서 움직임을 표상하는 좀 더 정돈된 하나의 방식일 뿐입니다. 그래서 모든 대상은 일련의 변화들에서 취한 부분적 단계(가로선)라고 말할 수 있습니다. '반대파'와 '지지파'의 배치를 수정하기 위해서 원래의 계획은 그러한 변화들을 감당해야만 했지요. 이러한 표상 방식의 고유한 장점은 사건의 흐름에 따라 동일한 대상의 새로운 버전들을 아래쪽에 추가하기가 쉽다는 것입니다. 어떤 기획을 기술하는 문장들을 주의 깊게 살펴보면 으레 '좋은 점'들을 나열하기 시작하다가 '나쁜 점'들을 나열하는 방향으로 넘어가기 마련인데, 그것과도 비슷하지요.☞

구성 혹은 결합(그리고) 차원에서의 모든 이동이 우회 혹은 대체(또는) 차원에서의 움직임으로 '대가를 치른다는'se payer 사실을 이해하는 것이 중요합니다. 달리 말하자면, 기술의 발명은 결코 직진하지 않으며 여러 타협들 사이로 지그재그를 그리며 나아갑니다. 발명을 정의하는 이 연속적 수완이 나의 도식에서는 그때그때 지지하거나 싸워야 했던 '친구'와 '적' 사이의 '최전선'을 그립니다. 이 최전선이 우리들에게는 아리아드네의 실이 되어야 합니다(내가 말하는 '친구'와 '적'은 지지대와 장애물, 더욱 넓은 의미로는 '프로그램'과 '반反프로그램'을 뜻하기도 합니다. 이것들은 당연히 사람뿐 아니라 물질, 기계, 특허 등이 될 수도 있기 때문입니다). 이처럼 간단한 시각화지만 학생들이 기술을 대상이 아닌 '기획'projet으로 파악하게끔 도와준다는 큰 장점이 있습니다. 혹은 대상은 엄연히 존재하나 어느 한 순간 t에서의 컷cut과 같은 방식으로 존재한다고 할까요. 대상은 기획이라는 영화의 한 장면에 대한 정지입니다(67쪽 그림).

내가 왜 항상 기술의 세계를 장악, 투명성, 효력 개념으로 정의하는 이들을 재미있게 여기는지, 왜 학생들에게 기술 찬양론자와 기술 혐오론자 양쪽 모두를 믿지 말라고 하는지 이해가 갈 겁니다. 과학에 대해서 말하기는 참으로 어렵지만 기술에 대해서 뭔가 지적인 얘기를 하기란 훨씬 더 어렵습니다. 신물이 나게 재차 말하지만, 그렇기 때문에 내 강의는 과학에 '대한' 것도 아니지만 '기술'에 대한 것은 더욱 아닙니다. 내 강의는 기술을 다른 방식으로 재분할합니다. 사람들이 기술을 늘 관념적으로 보는 이유는—찬양하기 위해서든, 불만을 제기하기 위해서든—기술이 시험을 통해서만, 또한 그 시험이 지속되는 동안에만 드러난다는 것을 알지 못하기 때문입니다. 습관이 들고 행위 경로가 재개되면 기술에 있어서 정말로 독창적인 것은 금세 짠, 하고 사라지지요. 어려워 보이겠지만 학생들이 일단 이 경로에 올라서기만 하면 내가 다소 거창하게 '사회기술적 분석'이라고 부르는 연습을 무척 좋아하게 된다는 점을 말해두어야겠군요. 학생들이 내가 손에 쥐어준 실을 따라 미궁을 편안하게 돌아다니니 내 마음까지 즐겁답니다.

개코원숭이, 외치, 쥘 베른, 그리고 현대인

학생들이 일단 기술적 우회들의 출현과 사라짐을 감지하기 시작하면 나는 두 문제를 제기할 수 있습니다. 우선 전반적인 역사의 문제가 하나 있습니다. 과학과 기술이 '항상 행위를 구성해' 왔습니까, 아니면 이것은 전에 없던 현상입니까? 그다음에는 '이 역사의 의미'에 대해서 좀 더 어려

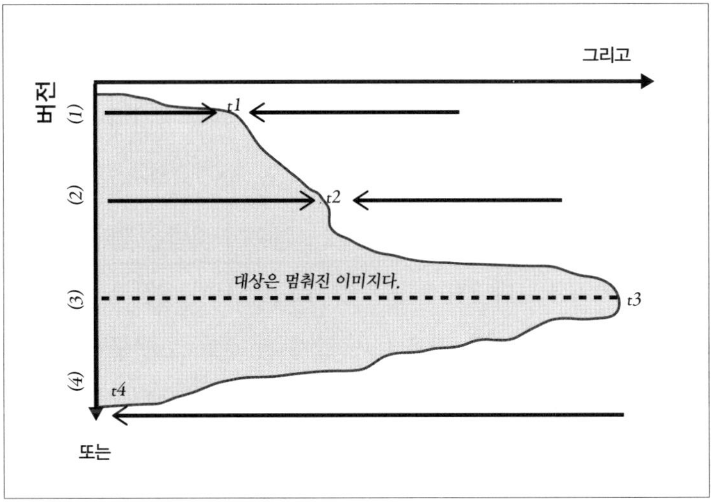

• 바로 앞의 그림을 결국은(t4에서) 실패한 기획의 예로 일반화함으로써 발명의 움직임을 개괄하는 표상을 얻을 수 있다. 발명은 프로그램(오른쪽으로 향한 화살표)과 반프로그램(왼쪽으로 향한 화살표) 사이에서 일련의 모색을 통해 결합과 대체를 탐구한다. 진정한 기획은 최전선으로 둘러싸인 부분이다. 따라서 우리가 일반적으로 '기술적 대상'이라고 부르는 것은 이 둘러싸인 부분을 어느 한 시점에서 가로로 가르는 선, 일종의 멈춰진 이미지에 지나지 않는다.

운 질문을 제기할 수 있겠습니다. 어떻게 이처럼 폭넓은 현상이 우리의 일반적인 사유 방식으로 기록되지 않을 수 있을까요?

첫 번째 문제에 대해서는 대략적으로, 아주 거칠게 접근하겠습니다. 나한테 셜리 스트럼Shirley Strum이라는 친구가 있는데, 이 친구는 40년째 케냐에서 동일한 개코원숭이 집단을 연구하고 있습니다.☞ 우리보다 2500만 년 앞서 나타난 이 영장류들이 활발한 사회 활동을 한다는 것을 내가 알게 된 것도 그 친구 덕분입니다. 심지어 나는 그 친구와 함께 완전히 '자연' 상태에 있는 그 영장류 집단을 몇 차례 방문하는 특혜를 누리기도 했지요. 그런데 내가 그 개코원숭이들에게 항상 마음을 빼앗기는 이유는 그들이 고도로 복잡한 행위 경로를 따를 수 있기 때문입니다. 하지만 인간과 달리 개코원숭이들은 결코 기술의 중개(번역)를 거치지 않습니다. 인간과 좀 더 가까운 침팬지들조차 이따금 기술을 동원합니다(침팬지들이 우회와 구성을 통하여 숨겨진 방편에 접근할 수 있다는 사실이 매년 새롭게 밝혀지고 있습니다. 이를테면 빨대를 이용하여 흰개미들을 빨아들인다든가, 망치와 모루를 써서 호두를 깨뜨린다든가 하는 식으로요). 개코원숭이들이 원시적이라든가 단순하다는 말을 하려는 게 아닙니다. 반대로, 개코원숭이들은 다른 원숭이들의 간섭을 고려하지 않고 개별적으로는 아무것도 할 수 없습니다. 그렇기에 그들의 사회적 관계가 현기증 나도록 복잡한 겁니다. 하지만 바로 그 사회적 복잡성은 어떤 물질적 기술도 동원하지 않는다는 특수성을 띱니다(여기서 나는 학생들에게 여러 편의 다큐멘터리를 보여주곤 합니다). 결과적으로, 개코원숭이들이 나에게 이상적인 기반을 제공했기에 나는 그 기반을 비교 대상으로 삼아 왜 우리 인간은 그들과 다른가를 정의할 수 있을 텐데요. 우리에겐 (개코원숭이들과 같은 의미에서) 사회적이지 않은 행위 경로는 단 하나도 없을 뿐 아니라, 하나 혹은 다수의 기술적 장치를 통해서 길을 내지 않을 수 없는 행위 경로도 없습니다. 마치 우리는 어두운 미궁 속에서 살아가고 시험이 우회와 장애물을 눈에 띄게 하느냐 그러지 않느냐에 따라서 그 미궁의 구성요소들은 불이 켜지기도 하고 꺼지기도 하는 것 같지요.

나는 학생들에게 이 대조를 실감시키기 위해서 다큐멘터리를 보여주고 난 다음에 강의실에 앉아 있는 그들 자신을 두고 생각해보라고 합니다. 그들이 서로 관계를 맺기 위해 경유해야만 하는 대상들을 머릿속으로 하나하나 제거해서 다큐멘터리 속의 개코원숭이들과 똑같이 기술이 결여된 수준까지 내려가 보라고 하지요…. 나는 학생들에게 우리가 매번 어떤 것을 '경유'해야만 할 때마다 어떤 특수한 지식, 다소간 오래된 기술, 때로는 좀 더 고도의 과학에 '의존하지' 않을 수 없는 번역 작용을 기술하거나 그리게 되는 셈이라고 분명히 일깨웁니다. 그래서 나는 학생들이 차츰 컴퓨터, 공책, 휴대전화 없이, 나중에는 책상도 없이, 의자도 없이, 교실도 없이 지내게 합니다. 볼썽사나운 꼴을 만들지 않기 위해 사고실험은 이쯤에서 멈춥니다…. 이제 학생들은 '벌거벗은 원숭이들처럼' 야외에 흩어져 있습니다. 그들은 물론 사회적 능력을 잘 간직하고 있습니다. 셜리와 그 밖의 여러 학자들이 알려준 사회성의 결과를 보여주지요. 하지만 그들은 완전히 무장해제desarmé됐거나, 어쨌든 도구해제désoutillé됐습니다. 프랑스에서 기술학(techno-logie, 어원적으로 따지면 테크네, 즉 기술에 대한 학문을 뜻하지요)을 창시한 앙드레 르루아 구랑André Leroi-Gourhan, 1911~1986의 말마따나 '무방비' inerme하게 된 것입니다. 학생들에게 이제 어떻게 먹고 살 거냐고 물어보면 모두들 망연자실해합니다. 그들에게 떠오르는 생각이라고는 '먹이를 찾으러 가야만' 할 것이고, 때로는 아주 멀리까지 가야만 할 것이라는 것뿐이지요. 이때 나는 학생들에게 기술의 우회를 고려하지 않는 학문분과들이 흥미로울 수는 있겠지만, 그 학문분과들은 개코원숭이를 다루지 인간은 다루지 않는다고 설명하면서 은근히 다른 교수들을—나의 동료 교수들을!—비판합니다. 과학기술 없는 인문학은 원숭이 놀음에 지나지 않다는 말입니다….

그다음에는 외치Ötzi 얘기로 넘어갑니다.☞ 외치는 5000년 전, 그러니까 청동기시대에 살았던 설인雪人인데 1991년에 오스트리아와 이탈리아 사이의 알프스산맥 고개에서 원형 그대로의 시신이 발견되었지요. 장비 일체—무기, 신발, 불을 피우는 데 쓰는 도구주머니, 구급상자, 식량—가 추위에 얼어 그대로 보존되었고 시신도 완벽하게 미라가 되어 그가 무엇을 먹었는지, 체격이 어떠한지, 부상을 얼마나 입었는지 알 수 있었고, 등에 화살을 맞고 죽었을 것이라는 추측까지 할 수 있었습니다. 고고학자들은 돌, 뼈, 청동으로 만들어진 도구들과 유골, 무덤 등을 통해 당시의 문명을 알 뿐, 한 번도 의복과 도구를 갖춘 온전한 시신을 발견한 적이 없었지요. 청동도끼처럼 더없이 호화로운 도구에서 항생 균류처럼 가볍기 그지없는 도구까지, 혹은 정성스럽게 안을 댄 가죽 장화의 꼼꼼한 바느질 하며, 모든 도구들이 잘 갖춰진 상태로 시신이 발견된 적은 한 번도 없었습니다. 왜 외치의 예를 드느냐고요? 외치 이야기에 대하여 BBC에서 아주 잘 만든 영화가 있기 때문이기도 하고, 원숭이들처럼 기술적으로는 보잘것없지만 사회성이 강한 삶과 현 시대 사이의 과도기를 학생들에게 잘 보여주기 때문이기도 합니다. 네, 나도 내가 막 나가고 있는 줄은 압니다만 이해해주세요. 시간은 없는데 학생들에게 물질적 역사 전체를 한눈에 보여줘야 하니까요!

나는 학생들에게 개코원숭이 사고실험을 외치의 예로 다시 해보라고 합니다. 하지만 이번에는 학생들 주변의 장비 중에서 어떤 부분을 '그들 스스로 만들어낼 수 있을지', 그들의 지식과 그들 자신의 연장으로 생산할 수 있을지 생각해보라고 하지요. 그러면 학생들은 서로 얼굴만 바라보고 그들 자신의 힘만으로 무엇을 조합할 수 있을지 찾아봅니다. 컴퓨터? 안 되지요. 휴대전화? 이것도 마찬가지지요. 볼펜? 공책? 가방? 블루종의 지퍼? 양말, 구두? 아뇨, 아무것도 할 수 없습니다. 이따금 수줍게 손가락을 들고 손으로 짠 편물이나 색다른 장신구, 독특한 머리장식 따위를 가리키는 학생들도 있긴 합니다. 어쨌든 결과적으로 그런 물건들은 거의 없습니다. 우리를 외치와 비교해보면 뚜렷이 대조가 되지요. 우리도 외치와 똑같이 신체, 뇌, 언어적 자질을 지니고 있는데, 우리는 우리를 일종의 인위적 거품 속에 보호하는 고도의 기술들을 경유하지 않고는 외치처럼 살아남을 수 없으니까요. 하지만 외치는—어쩌면 청동도끼는 예외로 치더라도—자신의 장비 일체를 스스로 만들 수 있었고 자기 시대와 자기 무리의 기술 체계 전체를 머릿속에 품거나 등에 지고 다녔습니다. 우리 중에서 누가 이럴 수 있겠습니까? 이 세상을 전혀 모르면서 그대로 구현하기를 열망하는 사람들이 있다고 칩시다. 너무나 비극적이게도 그들이 오직 나 한 사람의 정보에만 의지한다면, 그들이 나, 나의 무지와 결함에만 의존해야 한다면, 나는 과연 그들이 무엇을 재건하게끔 도와줄 수 있겠습니까? 토스터 한 대 만드는 것도 도와줄 수 없을 겁니다!

그렇다면 외치의 기술적 요령과 우리의 기술적 요령의 차이는 무엇입니까? 물론 내가 '우회와 구성'이라고 부른 것이 놀랍도록 확대되었습니다. 우리의 행위 하나하나는 더 많은 우회들로 연결되고, 그 우회들은 우리로 하여금 기술들을 경유하지 않을 수 없게 합니다. 그 기술들은 언제나 매우 요원하고 그 기술들 자체도 점점 더 전문적인 지식에 의존합니다. 미궁은 더욱 길어지고 복잡해지고 어두워졌습니다. 19세기만 해도 쥘 베른은 『신비의 섬』(*L'Île mystérieuse*, 1874)에서 사이러스 스미스라는 인물을 천재 로빈슨 크루소 같은 인물로 상상할 수 있었지요. 사이러스 스미스는 난파선에서 물에 젖은 성냥 한 개비밖에 건지지 못했어도 책이나 설명서 없이 자신이 쌓은 지식과 재주만으로 함께 난파한 동료들에게 가히 산업혁명을—철로를 깔아줄 정도로!—선사할 수 있었으니까요….

('역사의 법칙'에 경외감을 지닌 역사학자들은 충격을 받겠지만) 따라서 나는 개코원숭이에서 외치, 사이러스 스미스를 거쳐 우리에 이르기까지 한 발짝씩 나아갈 때마다 우회의 수와 길이를 증대시키는 하나의 경향, 하나의 전체적 흐름이 있다고 주장합니다. 학생에게 내가 이르고자 하는 지점을 보여주기 위해서 이 경향을 몇 가지로 요약하겠습니다.

우선, 각 단계에는(정말로 뚜렷이 구분되는 단계들이 있는가는 확실치 않습니다만) 이후의 역사 속에서도 거의 수정되지 않고 남게 될 어떤 발명이 있습니다. 어쨌든 우리의 기본적 사회성은 사회를 이루고 사는 영장류의 그것과 다르지 않고, 외치가 그랬듯이 우리도 여전히 망치를 사용하고 여전히 동물을 기르거나 종자를 재배하고 있지요. 따라서 역사 속에서 순차적으로 나타난 이 모든 역량은 축적, 보전, 재구성되었습니다. 이전의 것을 완전히 폐기할 만한 혁신은 이루어지지 않은 겁니다.

그다음으로는, 우회의 '연장'(allongement, 길어짐)이 있습니다. 이 연장을 양적으로 환산할 수 없는 것은 아닐 겁니다. 외치의 활(더구나 이 활은 완성품이 아니었습니다)과 사슴가죽 화살통, 그리고 열다섯 개의 화살을 만드는 데에는 반경 몇 킬로미터 내에서 여러 계절에 걸쳐 채취한 수십 개의 구성요소들(자작나무 진액, 청딱따구리 깃털 등)이 필요했습니다. 내 컴퓨터에는 아주 많은 부품이 있고 이 부품들은 여러 회사에서 제조됩니다. 그 회사들은 아주 많은 국가에 흩어져 있으며 도처에 산재한 특허권이나 통상조약에 좌우되기 때문에 이 컴퓨터가 나오기까지 실제로 얼마나 많은 자재와 기술자와 노동자가 동원되었는지 명확히 밝힐 근거가 없습니다. 번역과 우회의 길은 완전히 잃어버린 것처럼 보입니다.

실로 현저한 세 번째 특징은 이러한 구성적 행위가 동원하는 존재들의 성질을 더욱 크게 확장시킵니다. 외치의 삶은 수많은 나무, 소관목, 식물, 동물, 균류(균류는 수백 종에 달하는 것으로 알려져 있지요)에 의존합니다. 하지만 우리는 석탄과 석유를 캐기 위해 지하 깊은 곳까지 내려갑니다. 우리는 식물에 대해서 이 종자와 저 종자를 구분할 뿐 아니라 각 종자 안의 유전자들까지 구분합니다. 마치 우리는 언제나 물질의 구성요소에 더욱더 밀착하여 생물학에서는 분자에까지, 화학에서는 원자에까지, 물리학으로 말하자면 입자에까지 얽혀 들어가는 것 같습니다. 여기에 중요한 점이 있습니다. 과학과 기술이 '진보할수록' 우리와 사물의 '직접적 접촉은 사라져 간다'는 세간의 통념과는 반대로, 우리와 사물의 관계는 외치가 사물과 맺었던 관계보다 훨씬 더 '긴밀'합니다. 다행히도 '직접적' 접촉은 사라졌지만요. 그렇잖으면 여전히 석기시대에 있을걸요…. 우리가 다시 망치, 곡괭이, 뜨개바늘을 가지고 열 손가락을 써서 직접적으로 무엇을 만들어낸다고 해도 집단적으로 파악한 우리와 사물의 관계가 더 멀어졌다는 증거는 되지 않습니다. 비록 나도 개별적으로는 우리들 한 사람 한 사람이 정반대로 느낄 거라고 생각하지만, 원자와 DNA의 시대는 석기시대보다 더욱 긴밀한 사물과의 관계를 상정합니다.

우리의 시대와 쥘 베른의 시대는 가깝지만 이 중대한 새로움에서 차이가 난다고 봅니다. 각각의 기술적 우회는 이제 새로운 '우회 속의 우회'détour dans le détour를 통해 연장됩니다. 감히 말하자면, 이 우회 속의 우회는 다시 과학 실험실들이나 분석 및 통제 실험실들로 통합니다(이 얘기는 다른 강의에서 다시 하겠습니다). 달리 말해, 각각의 행위가 어떤 기술을 통해 구성될 뿐 아니라 그 기술 자체도 새롭게 만들어진 '과학'에 의존하여 가속화되고, 고도화되고, 연루된다는 얘깁니다. 우리의 일지에서도 볼 수 있듯이 오늘날에는 농업도 유전학 실험실을 거치든가 최소한 종자선별기는 경유하게 마련입니다. 사회학자나 도시계획가의 보고서에 영향을 받지 않은 도시계획과 고위공무원의 행위라는 것이 있을까요. 소아과 논문이나 심리학자의 견해에 영향을 받지 않은 초보엄마의 행위가 있을까요. 프로이트를 외면할 수 있는 사랑싸움 따위가 어디 있겠습니까.

논의를 완성하기 위해서 마지막 특징을 덧붙여야겠습니다. 그것은 우리가 새로운 단계에 도달했다는 겁니다. 이 단계에서 우리는 기술적 우회들의 다각화, 점점 더 어려워지고 점점 더 훌륭한 장비를 갖추는 과학을 경유함으로써 감당해야 하는 연장을 고려해야 하지요. 그뿐 아니라 이 새로운 과학의 상당수는 공공 논쟁controverses publique을 불러일으킵니다(그래서 학생이 선택했던 소각장과 민주주의의 예측하지 못한 관계에 대한 사례가 중요하다는 겁니다…). 2009년 코펜하겐 회의처럼 전 세계가 모여 기후에 대한 논의를 나눈다는 것은 외치는 상상조차 할 수 없었던 일, 사이러스 스미스 역시 상상할 수 없었던 일이지요. 외치는 옛날 골족들이 그랬듯이 하늘이 무너질까 봐 겁을 냈을 테지만, 사이러스 스미스라면 그런 건 어리석은 미신을 반영한 표현일 뿐이라며 비웃었을 겁니다. 오늘날의 우리는 이런 얘기가 그냥 하나의 표현일 뿐이라고 무시할 수만은 없습니다. 정말로 하늘이 우리 위로 무너져 내릴지도 모르니까요!

이제 내가 학생들을 어디로 이끌고 가려는지 알겠지요. 시간 속에서 앞으로 나아갈수록 인간의 행위, 기술의 사용, 과학을 통한 경유, 정치의 침입을 구분하기가 '점점 더 불가능해집니다.' 그래서 내가 좋아하는 "물질화는 사회화요, 사회화는 물질화다"라는 모토가 나온 겁니다. 나는 놀라운 친환경적 능력을 발휘하여 눈에 띄는 자취를 땅에 거의 남기지 않는 개코원숭이들 이야기로 시작해서, 각각의 행위에 점점 더 요원하고 점점 더 혼성적인 물질을 점점 더 많이 동원하는 90억 인류 이야기로 이제 곧 마치려 합니다. 그래서 인류가 지구 전체에 영향을 미치는 요인 중 하나가 되는 '인류세'anthropocène*라는 새로운 시대를 정의하기에 이른 것이지요(지질학자가 지구 역사의 다른 시대들에 대조하여 이런 표현을 만들었다는 점이 재미있지요). 그래서 결국 그 위험을 평가하고 문제의 규모에 걸맞은 해결책을 만들어내기 위해서 정치적 모임을, 더 좋게는 과

* 네덜란드의 화학자 파울 크뤼천Paul Crutzen이 신생대 마지막 시기인 홀로세 다음에 오는 시대를 지칭하기 위해 제안한 개념으로서, 인류로 인한 지구 온난화 및 생태계 침범을 특징으로 하는 현재의 지질학적 시기를 가리킨다.

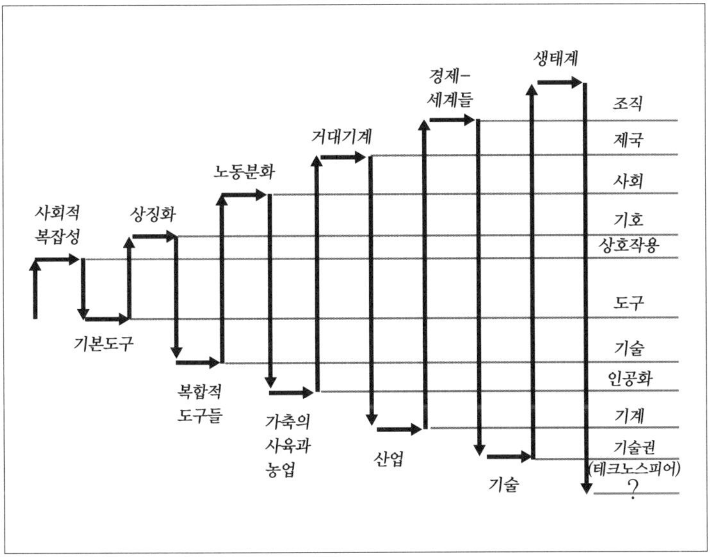

• 행위 경로를 규정하는 우회와 구성의 폭이 점점 더 커지는 경향을 요약한 그래프. 시간은 왼쪽에서 오른쪽으로 이동하고 위쪽에서는 점점 더 늘어나는 인력의 동원을, 아래쪽에서는 점점 더 늘어나는 사물의 동원을 읽을 수 있다. 우측 세로 방향으로 작성된 목록은 각 단계에서 획득된 능력들을 요약한다. 여기서는 아주 간략한 규모로만 다루었다.

학-정치적 모임을 만들어야만 하는 겁니다. 이렇게 위에서 내려다보듯 개괄적으로만 봐도(그래요, 아주 개괄적이지요) 정말 어마어마한 일이니, 인간과 그 혼성적 물질의 연루의 역사를 집중적으로 살펴봐야 하지 않겠습니까!☞

나는 주저 없이 학생들에게 전체 도식을 제공하기까지 합니다(77쪽 그림). 세계사를 씨줄과 날줄로 엮은 태피스트리처럼 한 장으로 제공하지요! 각 단계에서 만들어진 새로운 능력이 날줄이 되고(그림에선 열한 단계로 나누어놓았는데 각 단계의 정확한 이름은 중요하지 않습니다) 그 능력들은 우리에게까지 이어져왔습니다(이를 요약한 목록이 우측에 있습니다). 날줄은 점점 더 길고 복잡한 지그재그로 그려지는데요. 이 지그재그 선을 따라 매번 더 많은 인력(위)을 동원하고, 그러한 동원에 맞추어 각 단계에서 더 많은 물질과 도구(아래)에 결부된 속성이 나타납니다. 여기서 핵심은 이 규모가 마지막 단계(우리의 단계)에서는 온 지구를 엄청난 소용돌이에 몰아넣을 지경으로 자꾸 증가한다는 사실을 이해하는 것입니다. 결국 학생은 현 상황을 나타내는—우리가 아직 이름 붙이지 못한—물음표에 주목하게 될 겁니다. 우리는 과연 생태계를 이해하고, 소화하고, 포괄하고, 맞아들일 만한 정치적 제도institution들을 만들어낼 수 있을까요?

근대화인가, 생태화인가

학생은 아마 나의 과장, 단순화, 생략이 지나치다고 생각하겠지만 내가 이렇게까지 하는 이유는 나의 '두 번째 물음'에 이르기 위해서입니다. 그것은 바로 이 역사에 부여해야 할 '의미' 혹은 '철학'에 대한 물음이지요. 이러한 주요 경향들이 정확하다면(내가 시간과 자료만 좀 더 있다면 이 경향들이 정확한 것임을 설득할 수도 있을 거라고 생각합니다) 우리가 아직도 기술과 과학을 역사의 나머지 것과 분리되고 구별된 것인 양 논하는 일이 어떻게 가능할까요? 좀 더 자세히 말하자면, 분별 있는 사람이라면 누구나 과학이 정치나 역사와 점점 더 구별되어왔다고 생각하는 일이 지금까지 어떻게 가능했느냐 말입니다. 좀 더 힘주어 말하자면, 어떻게 그들은 과학이 점점 더 '분리되어야만' 정치의 해로운 영향으로부터 지식의 '자율성'이 존중될 거라고 역설할 수 있을까요?

이건 마치 내가 방금 한 이야기에 근본적으로 상반되는 두 가지 해석을 내릴 수 있다는 것 같군요. 첫 번째 해석은 각 단계에서 과거와의 근본적 결별을 상정하고, 그 결별에 힘입어 주체적인 것과 객체적인 것, 정치와 과학, 인간과 비인간이 언제나 한층 더 구분됩니다. 나는 이것을 '해방과 근대화'd'émancipation et de modernisation 이야기라고 부르는데요(이유는 나중에 말하겠습니다). 두 번째 해석은 그와 반대로 각 단계에서 점점 더 크고 점점 더 밀접한 연루implication를 상정합니다. 그 규모는 매번 더 커지고, 기술과 과학과 정치는 매번 더 복잡하게 얽히고설켜 더욱더 긴 우회를 거치게 되지요…. 나는 이 두 번째 이야기를 '밀착과 생태화'd'attachement et d'écoligisation의 이야기라고 부릅니다. (회색으로 표시한) 마지막 도식을 한 번 더 차용하자면 점점 간격이 넓어지는 두 개의 점선 표시 화살표를 따라서 이 표를 읽든가, 아니면 점점 가까워지는 두 개의 화살표를 따라서 읽든가 해야겠지요(81쪽 그림). 첫 번째 경우에는 주체가 계속 대상과 멀어질 것이고 두 번째 경우에는 계속 가까워집니다! 그러니 우리가 우리 시대를 해석하는 데 다소 어려움을 겪는다 해도 놀랄 일은 아니지요….

첫 번째 이야기는 점점 커지는 해방의 스토리를 띠고 있습니다. 두 번째 이야기는 밀착과 연루가 다각화되는 스토리이고요. 우리가 어느 쪽 이야기를 따르느냐에 따라서 과거는 달라집니다. 게다가 우리가 동일한 사건들을 계승하지 않으므로 현재 또한 달라질 수밖에 없지요. 그 여파로, 우리가 근대화의 모험을 이어나가야 하는가, 아니면 모든 밀착을 소화하는 작업에 매달리며 차츰 책임감을 가져야 할 것인가에 따라서 미래도 확연히 달라질 것입니다. 이 두 스토리는 비록 그 안에 들어 있는 현상들은 '정확히 동일하지만' 조화시키기가 어렵습니다. 나는 인간과 사물 간의 이 광대한 관계들의 역사를 위에서 슥 내려다보듯 개괄했을 뿐입니다. 이미 학생도 알아차렸겠지만 '우리는 과학과 기술의 역사에 대해 합의를 볼 수가 없습니다만' 공동의 삶 전체는 이 불가능한 합의에 달려 있습니다….

내가 제안하려는 해결책이 첫 번째 강의의 해결책과 비슷하리라고 짐작할 겁니다. 두 이야기는 '동시에' 참입니다. 그러므로 이 새로운 모순을 다시금 연구 대상으로 삼아야 하며, 이 모순을 밑거름 삼아 고르디우스의 매듭을 너무 성급히 칼로 잘라버리지 않도

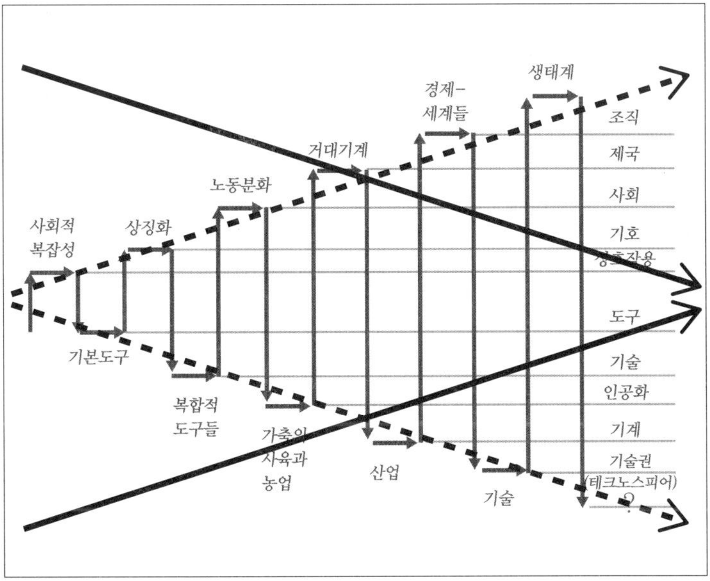

• 앞의 도식을 상반된 두 방식으로 읽을 수 있다. 점선 화살표를 따라가면 주체와 사물이 점점 더 멀어지는 인상을 받는다. 하지만 실선 화살표를 따라가면 반대로 점점 더 밀접해지는 인상을 받는다. 역사적 배경은 아무것도 바뀌지 않았는데 말이다.

록 조심해야 할 것입니다. 나는 이것이 학생이 처음에 보였던 불안을 설명해준다고 생각합니다. 우리 모두는 그 불안을 공유하고 있습니다. 하지만 이 모순의 의미를 포착하기 전에 안타깝게도 나는 다소 복잡한 것들을 다루어야 합니다. 우리는 플루타르코스의 사례에서 배운 바가 있지요. 과학을 논하기 시작하자마자 '초자연적' 지식은 멸시할 만한 실천의 세계에서 분리되고자 할 것이니, 우리는 번역의 길을 잘 따라갈 채비를 하며 좌로나 우로나 치우치지 말아야 합니다.

이 요약으로 너무 넓은 영역을 서둘러 주파한 탓에 학생도 내 강의에 들어오는 학생들처럼 지치고 말았을 테지요. 부디 양해해주기를…. 학생들도 기술 강의에 이어서 역사철학 강의까지 들어야 할 거라고는 예상치 못했을 겁니다!

우애를 담아….

세 번째 편지

이것은 왜 과학이 아니란 말인가

철학, 상식, 교수들은 '선택을 해야 한다'고 주장합니다. 수사학과 과학 가운데 둘 중 하나라는 거지요. 이 상황은 르네상스 시대 선원들의 상황과 흡사합니다. 적도를 넘어가도 세계가 끝나는 낭떠러지로 떨어지지 않는다는 사실은 선원들의 여행을 통해 증명되었습니다만, 일부 교양 있다는 자들은 적도를 넘어가는 게 불가능하다고 여전히 주장했습니다.

Liebe Studentin(독일어로 이렇게 하는 거 맞나요?),

확실히 이런 결과까지는 예상치 못했습니다. 내가 강의를 너무 잘 요약해줘서 학생이 이제 망설이지도 않고 강의를 빼먹게 될 줄이야! 학생의 출석을 유도하기 위해서 이제 좀 모호하게 요약을 해야겠군요….

친구들의 비판에 맞서서 나를 옹호하려고 했다니 고맙습니다. 하지만 내가 경고했을 텐데요. 우리는 과학의 역사와 상황에 대하여 '합의를 볼 수 없습니다.' 이 논쟁은 과거 전체, 미래 전체, 그리고 앞으로 보겠지만 정치 전부를 끌고 들어옵니다. 어쨌거나 '찬성'이냐 '반대'냐를 논하고 싶어도 그 대상들이 워낙 거칠게 분할되어 있는걸요. 그런 걸 따지자면 우스꽝스러울 겁니다. 나는 대상들을 전개하는 완전히 새로운 방식을 제안합니다. 과학과 기술이 '속하는' 상황들을 기술하되 매번 다른 형태로, 언제나 놀랍고 거의 항상 논쟁이 따르는 형태로 기술하는 법을 배우는 겁니다. 바로 이 때문에 나는 학생들에게 일지를 쓰라고 하지요. 천천히, 부디 천천히 갑시다. 극단적이기만 한 판단을 모면하려면 시사 현안을 정기적으로 참고하는 것만큼 좋은 방법이 없지요. 과학을 비판해야 한다는 둥, 옹호해야 한다는 둥, 성급히 말해버리는 대신에 다양한 관계들의 수확에서 그 풍부함을 존중해야 합니다! 사건들이 바른 방향으로 착착 나아가고 있는 주제가 있다면 그것이 바로 과학 이론입니다.

▶ 프랑스 국립과학연구센터CNRS 연구진이 발신기를 장착한 바다사자들의 예를 눈여겨보았습니까?(『르 몽드』, 2009년 9월 7일자) **"유명한 아르고스 시스템이 30주년을 맞았다. 1979년부터 동물부착발신기는 동물의 지역적 분포 상태와 동물이 환경과 맺는 관계에 대한 연구에 혁명을 일으켰다."** 동물들에게 안테나를 부착하여 동물들이 심해에서 나오기만 하면 실시간으로 이동 정보를 수집할 수 있는 겁니다.

나는 바다사자처럼 원거리에 있거나 접근하기 어려운 동물을 연구자들 말마따나 '실험조작'manip할 수 있게 하는 수단에 항상 마음을 빼앗깁니다. 앞에서 말했듯 원칙적으로 '메티스'(mētis, 기교)와 '에피스테메'(epistēmē, 지식)를 구분해야 한다는 것은 나도 알지만 학자들이 만들어낸 장치들에는 그 두 가지가 긴밀하게 얽히고설켜 있지요. 좋은 증거를 찾으려면 얼마나 재치 있는 수단이 필요한지요. (기사에서 '혁명'이라는 단어에 주목했습니까? 곧 그 단어를 살펴볼 겁니다.)

▶ 2009년 10월 3일자의 '시간의 수호자들'에 대한 기사도 아주 좋습니다. **"문제는 세계 각 실험실에서 고유한 시계 유형을 개발하고 있다는 것이다. 그런데 이 유형들을 상호 비교할 수단이 없다면 그러**

한 개발은 별 의미가 없다고 파리천문대에 위치한 국립도량형측정연구소 산하 SYRTE(시공간 기준계) 연구팀의 원자분수시계 분야의 개척자 앙드레 클레롱은 지적한다."

이 전체에, 심지어 이 기관들의 명칭에까지 밑줄을 그어놓은 것은 잘했습니다. SYRTE라니, 얼마나 놀랍습니까! 세계시世界時도 기관을 필요로 합니다. 이런 게 과학인문학이지요…. 동시화synchronisation 현상에 가장 큰 관심을 둔 것도 잘했습니다. 시간의 측량과 관련된 것은 무엇이든 흥미롭지요. '세슘원자분수'의 발명은 비할 데 없는 안정성을 얻게 할 겁니다. 3억 년에 1초 오차 수준이라니까요! 상대성의 문제를 해결하게 할 실용적 수단의 좋은 예입니다. 이 얘기는 나중에 아인슈타인에 대한 강의에서 길게 다룰 겁니다.

▶ 나로 말하자면 2009년 10월 3일자 『르 몽드』에 달려들었습니다. **"이 이집트 여인은 2600년 전에 결핵으로 사망했다."** 놀라울 것도 없다고 생각합니까? 그렇지 않습니다. 지난 세기에 이 미라를 연구했던 그랑빌 박사는 이 여성이 난소암으로 사망했을 거라고 진단을 내렸었거든요. 그런데 이제 도너휴라는 사람이 이 미라를 다시 연구하고는 폐에서 결핵을 일으키는 인자를 발견했다는 겁니다. '올해부터' 이르티예세누 부인(이게 그 미라의 이름입니다)은 2600년 전에 결핵으로 사망한 것이 되었습니다. 하지만 1825년에서 2009년까지는 난소암으로 '사망한 것이 되었었던' 겁니다…. 그리

고 아마 그 전에는 이 이집트 여인의 사망 원인은 또 다른 것이었을 테지요.

이르티예세누 부인은 180년 동안 난소암으로 '사망한 셈이었으나 더 이상 그렇지 않게' 되었습니다(동사의 시제를 어떻게 써야 할지 모르겠습니다!). 가끔 나보고 뭐라는 사람들도 있지만, 나는 지식과 알려져 있는 것 사이의 관계가 다소 복잡하게 꼬이는 이런 종류의 상황을 좋아합니다.

떠도는 발화체를 말풍선에 넣기

나는 학생들에게 기계나 엔진을 보여주는 것으로 기술에 대한 이야기를 시작하지 않습니다. 나는 먼저 어떤 행위 경로로 운을 떼고 그다음에 학생들에게 그 행위 경로가 어떻게 엇나가고, 번역되고, 수정되는지 잘 따라가라고 요구합니다. 그렇게 할 때에만 우리는 어떤 행위이든 실현되기 위해 '경유해야만 하는' 연장, 기계, 기술적 방법, 작업장, 전문지식을 발견할 것입니다. "태초에 행위가 있었습니다." 그다음에는 오직 기술이 있을 뿐이고요. 과학을 논함에 있어서도 나는 같은 방식을 취합니다. 나는 공기의 화학적 구성을 설명하거나 DNA의 삼차원 형태를 보여주거나 기본 입자의 목록을 작성하면서 시작하지 않습니다. 우리는 수업을 하긴 하지만 과학 수업을 하는 건 아닙니다. 우린 인문학 강의를 듣는 거라고요. 그럼 무엇에서 출발해야 할까요? 감히 말하자면, 『요한복음』에서 그랬듯 "태초에 말씀이 있었습니다"라고 하렵니다. 그다음에는 오직 과학이 있을 뿐이고요. 장엄한 분위기를 좀 빼고 말하자면, 나는 학생들에게 '담론'에서 출발하라고 하겠습니다. 우리는 어릴 때부터 그 거대한 언어의 보자기에 싸여 살았지요. 그러니까 우리의 주의를 세계의 어느 한 측면으로 끌어당기는 말들, 다소간의 '권위'를 보장하는 온갖 꼬리표가 붙는 말들의 연속적인 폭격에서 출발하자 이겁니다. 그것이 우리가 붙잡고 싸우기를 받아들여야 할 첫 번째 현상입니다. 학생들이 처음에 다소 잘 따라오지 못해도 나는 걱정하지 않습니다. 그게 학생들에게는 좋게 작용하니까요. 학생들이 과학을 이해하기 원한다면 어느 정도는 일관성 없고 어느 정도는 규칙적인 이 거대한 말들의 파도에서 출발해야만 합니다. 그들은 그 파도에 휩쓸리지만 나중에는 헤엄치는 법을 배우게 되지요….

일이 금세 복잡해질 것이기 때문에 나는 학생들에게 한 세트의 새로운 연습을 실행하라고 요구합니다. 이번 연습은 문득 튀어나온 발화체énoncé를 포착해서—대화중에, 텔레비전에서, 라디오에서, 블로그에서 우연히 흘러나온 발화체를 취하여—그 발화체가 생성된 조건과 결부 짓는 노력을 하는 겁니다. 나는 만화책을 무척 좋아하는 사람이라서 이 연습을 "떠도는 발화체를 말풍선에 넣기"라고 부릅니다. 학생도 만화의 말풍선, 즉 등장인물의 입에서 나오는 작은 고리가 달린 구름처럼 생긴 것을 잘 알겠지요. 우리가 하루 동안 주고받는 발화체의 대부분은 특정 인물의 입에서 나오지 않습니다. 누가 그것들을 말했습니까? 누구에게? 어떤 상황에서?

어떤 종류의 증거를 대면서? 누구에게 반발해서? 어떤 목적으로? 어떤 관점으로? 어떤 직업적 원칙에 따라서? 어떤 돈줄에 의해서? 그 외에도 여러 가지가 있을 수 있겠지요. 대개 우리는 이 의문들에 대해 별로 아는 바가 없습니다. 예를 들어 누군가가 신종 플루 백신 접종을 빨리 하라든가, 올 겨울은 아주 추울 거라든가, 달에도 물이 있다든가, 맥 컴퓨터가 일반 PC보다 더 좋다든가, 학생의 남자 친구가 학생이 없는 자리에서 학생에 대해서 안 좋은 말을 하고 다녔다든가, 가수 조니 할리데이가 인위적 혼수상태에 있다든가 하는 말을 했다고 칩시다. 이건 전부 소문처럼 떠도는 말이니까 학생은 이런 말이 어디서 나왔는지 알고 싶을 겁니다. 이 연습에서 처음에는 발화체가 떠돌지만, 결국 우리는 이 발화체가 특정한 풍경 속에 단단히 자리 잡은 모습을 보아야 합니다. 그 풍경 속에서 우리는 인물들과 안면을 터야 하고, 그 인물들의 정체성은 명확히 드러나야 합니다. 그들은 쟁점이 분명하게 밝혀진 사안에 대해 다른 사람들에게 말을 걸고, 자신들이 열띠게 논의하고 있는 문제에 관해 가시적이며 확실한 증거를 손에 쥐고 있어야 합니다. 나는 이 정착, 이 뿌리내림을 '말풍선에 넣기'라고 부릅니다. 이 '말풍선에 넣기'는 학생들이 과학인문학의 미궁을 통과하는 새로운 길을 내게끔 도와줄 것입니다.☞

실은 대체로 놓치게 마련입니다. 이게 소문일지도 모른다는 고려를 해야 합니다. 다시 말해, 책임 없이 뱉은 말, 출처나 증거가 명시되지 않은 말이라는 것을 생각해야 합니다. 이런 경우에는 너무 신뢰하지 않는 것이 상식의 원칙이지요(특히 누가 나 없는 데서 내 얘기를 나쁘게 했다면 "옮겨 들은 말은 언제나 거짓이다"라는 격언대로 생각하는 것이 좋습니다). 하지만 때로는 약간의 수고를 기울임으로써 실을 따라 '대화 상황'situation d'interlocution까지 거슬러 올라갈 수도 있습니다. 옮겨지고 반복되다 보니 매인 데 없이 떠돌아다니게 된 발화체가 처음 비롯된 바로 그 상황까지 말입니다.

누가 지나가는 말로 나에게 지구 온난화가 인간 때문에 일어난 것이니 자가용을 타면 안 된다고 한다면, 나는 우선 이 추론의 전제를 '인용부호 안에' 잘 묶어보겠습니다. 발화체를 말풍선 속에 넣어보면 "지구 온난화는 인간 때문이다"가 되겠지요. 그다음에 이 말풍선 속의 발화체에 일련의 다른 발화체들이 추가된다는 사실을 알아차리기까지는 그리 오래 걸리지 않습니다(일간지를 읽어보는 걸로 충분하니까요). "관련 연구자들은 지구 온난화가 인간 때문이라고 주장한다"에 대하여 나는 다른 이들이 "지구 온난화가 인간 때문이라고 거의 확실하게 믿을 만한 증거가 점점 더 많이 나오고 있다"라든가, 심지어 "석유산업에 매수된 연구자들은 아직도 지구 온난화가 인간 때문이라고 보아야 하는가를 의심하고 있다"라는 식으로 활발하게 부응하는 것을 확인했습니다.

내가 이 문장들을 마커로 표시한 이유는 먼저 고립되어 있으며 자명해 보일 발화체(진회색 표시)와, 최소한 지금 당장은 변하지 않는 처음 발화체의 진리값을 수정하게 될 다른 발화체들(연회색 표시)의 차이를 주목하라고 학생들에게 말하기 때문입니다. 어쩌면 학생은 여기서 발화체 즉 '말해진 것'dictum과, 말해진 것에 부여되는 중요도의 차이를 낳는 '양태[말하는 방식]'modus의 고전적 구분을 재발견할지도 모르겠습니다. '양태'는 '담론에 대한 담론'이라는 특수성을 띠기에 이렇듯 진리값을 바꿀 수 있습니다. 그렇기 때문에 어떤 발화체에 대해서든 그것이 긍정문의 형태로 되어 있는가, 부정문의 형태로 되어 있는가를 논하게 되는 것입니다. '양태의 부여'modalisation는 옷의 원산지, 품질, 가격을 결정하는 라벨에 해당합니다. 물론 우리는 라벨이 아니라 옷을 삽니다. 하지만 라벨이 없다면 내가 사는 옷의 진정한 가치에 대해서 아무것도 안심할 수 없을 테지요.

인용부호로 묶느냐 마느냐가 뭐 그리 중요하냐고 생각하나요? 세계의 중요성이 달려 있습니다. 어떤 인용부호도, 어떤 조건법도 필요로 하지 않는 발화체는 세계로부터 구분되지 않는다는 특성을 지닙니다. 그런 발화체는 '자연스럽게 되었다고'naturalisé 말할 수 있을 겁니다. 그런 발화체는 더 이상 담론에서 비롯되거나 특정 단계, 아마도 '최종' 단계인 것처럼 보이지가 않습니다. 지구 온난화가 인류가 원인이 되어 일어났다는 것과 "지구온난화는 인류가 원인이 되어 일어났다"는 전혀 같지 않습니다. 말장난을 하는 게 아닙니다. 첫 번째 발화체는 '세계에' 속해 있지만 두 번째 발화체는 '세계에 대한' 불확실한 담론에 속해 있습니다. 과학철학 전체가 이 뉘앙스에 달려 있다고 해도 과언이 아닐 겁니다. 학자들은 말합니다. 과학은 말합니다. 세계는 말합니다. 어떻게 해야 학생들이 이 말의 모든 단계를—사실 자체, 세계 자체를 제외하고는 더 이상 그 누구도 말하지 않는 궁극의 단계까지—잘 따라갈 수 있게 될까요?

학생은 번역이 효력을 나타내면서부터 기술적 우회가 자취를 감추고 행위 경로에 균일한 인상을 부여하는 특성이 있다는 것을 기억할 겁니다. 행위는 오로지 한 단계로만 구성된 듯 보이지만 일단 고장이 발생하면 그제야 수많은 다양한 구성요소로 이루어져 있음을 실감할 수 있는데요. 나는 기술도 자연스러워지는naturalisé 순간부터 눈에 보이지 않게 된다고 말했습니다. 우리가 이 점에 조심하지 않는다면 과학도 마찬가지가 될 위험이 있습니다. 학생은 나에게 그거 참 잘됐다고, 과학이 세계와 뒤섞여 눈에 보이지 않게 될수록 과학의 권위는 더욱 커지고 우리는 과학의 발화체에 양태를 부여할 필요가 없을 것 아니냐고 말할지 모릅니다. 어쩌면 그럴지도 모르지요. 하지만 우리의 일지를 참고한다면 우리는 일단은 과학 내부에서, 그다음으로는 과학과 정치 사이에서 권위에 대한 갈등이 곧잘 나타나는 것을 볼 수 있습니다. 내가 학생들에게 이 갈등의 변형을 잘 따라가도록 필요한 장비를 갖추어주지 못한다면 학생들은 완전히 헤매게 될 것이고, 그러한 갈등의 원인 중 하나, 즉 과학의 원인은 계속 눈에 띄지 않을 것이니 우리는 영원히 그 갈등을 해결하거나 중재할 수 없겠지요.

세 번째 개념: 논쟁과 기입

자, 아주 간단한 연습을 통하여(여러 가지 색깔의 마커를 구입하기만 하면 됩니다…) 학생은 드디어 내 강의에서 번역 개념과 시험 개념에 이어서 세 번째 중요한 개념에 이르렀습니다. 바로 '논쟁'controverse과 그 논쟁을 따라잡게 하는 수단들이지요. 나는 '논쟁'이라는 단어에 어떤 이들이 충격을 받는다는 것을 압니다. 그들은 아마 이렇게 말할 겁니다. "과학은 끝없는 논쟁에 '종지부를 찍었기에' 중요한 것 아닙니까? 그러니 과학의 역동성을 정의하면서 '논쟁'이라는 단어를 쓰시면 안 되지요." 중요한 반박입니다만 너무 성급히 이 반박에 대응하지 않겠습니다. 지금 당장은 내 강의에서 '논쟁'이라는 단어는 가능한 '모든 입장'을 가리킨다는 말만 해두지요. "실증적 지식도 없는 바보들이나 지구 온난화가 인간 때문에 일어났다고 떠드는 거야"라는 완전한 의심에서부터, 다음 추론—지구 온난화가 인간 때문에 일어났으니 "당신은 당신의 소비습관을 바꿔야 합니다"—의 전제에서 인용부호마저도 제거할 수 있을 만큼 틀림없는 확실성에 이르기까지, 가능한 모든 입장을요. 결과적으로 동일한 발화체가 그것을 갈등의 대상으로 삼는 대화 상황에서 뚝 떨어져 나온 것처럼 보이기도 하고, 아무도 증명할 필요 없이 통용될 만큼 너무나 명백해 보이기도 합니다. 하지만 발화체는 근본적 의심과 반박할 수 없는 확실성 사이의 그 모든 중간 상태 속에 존재할 수도 있습니다. 나의 언어로 논쟁을 따라가고, 추적하고, 지도화하는 것은 '이 모든 움직임'의

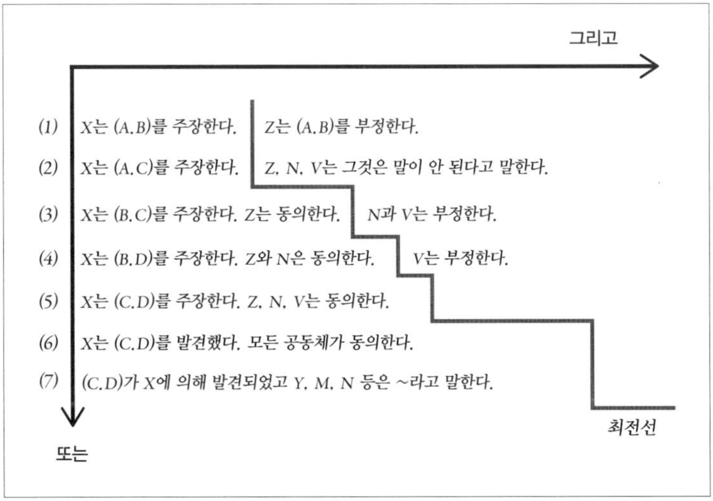

• 계획에 대한 도식(63쪽 그림)과 마찬가지로, 결합 '그리고'와 대체 '또는'으로 이루어진 같은 도식이 어떤 발화체의 최전선을 따라갈 수 있게 해준다. 어떨 때는 이 발화체의 '말해진 것'이, 어떨 때는 '양태'가 변하면서 각 단계에 '찬성'과 '반대'를 배치시킨다. 이 예에서 원래의 발화체 (A.B)는 (C.D)로 변화된 후에야 비로소 확신을 얻는다.

위치를 파악하는 법을 배우는 것입니다. 세계의 산문을 듣지 않고 외면하는 움직임, 좀 더 평범하게 말하자면 교재를 펴보거나, 백과사전을 참고하거나, 전문가의 말을 인용부호 없이 적어두는 지극히 사소한 움직임까지 포함해서 말입니다.

기술의 기획 전체를 규정하는 최전선을 보여주기 위해서 내가 제안했던 것과 같은 도식을 다시 쓸 수 있습니다(대상으로 굳어지지 않은, 움직이는 도식을 사용한다는 조건에서요). 그 도식을 써서 발화체가 열띤 논쟁 속에서 변화되는 동향을 추적할 수 있지요(95쪽 그림.) 우리는 여기서 구성 혹은 결합의 차원(그리고)과 우회와 대체의 차원(또는)을 다시 봅니다. 물론 발화체를 지지하느냐 부정하느냐에 따라서 '찬성'과 '반대'도 찾아볼 수 있고요. 또한 번역 작업을 나타내는 최전선도 보이지요. 그게 바로 반대자들을 설득하기 위해 그 발화체에서 수정해야만 하는 것에 해당합니다. 여기서도 (접합, 우회에 있어서) 변형의 대가를 '치러야만' 결합에 있어서(확신에 있어서) 얻는 바가 있습니다. 발화체는 상당한 변화를 거친 후에야('또는' 축을 따라서) 마침내 받아들여질 수 있습니다('그리고' 축). 하지만 그 무엇도 결정적이진 않습니다. 기술적 대상들이 낡거나 발화체들이 실추될 수도 있으니까요. 존재한다는 것은 언제나 이 최전선 위에 서는 것입니다. 과학도, 기술도 그저 관성의 힘으로만 버티고 있을 수는 없습니다. "한번 썼다고 늘 쓰여 있으란 법은 없습니다." 폰티우스 필라투스Pontius Pilatus가 한 말과는 정반대이지요.*

이 도식의 진정한 유용성은 소위 일상적이라고 하는 어떤 발

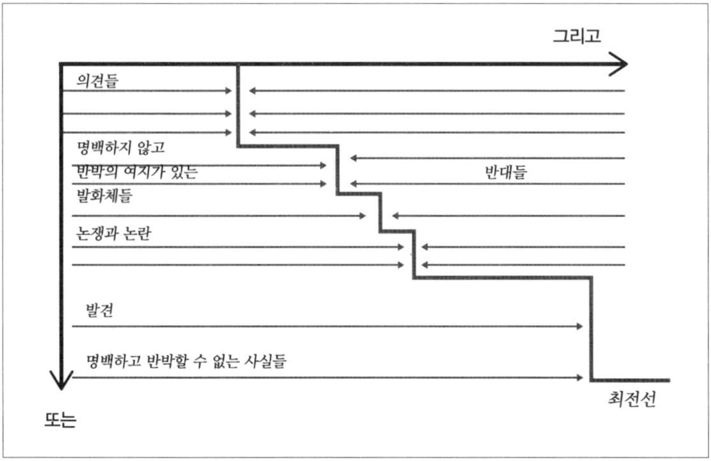

• 기획의 움직임 속에서 파악되어야 하는 기술적 대상들처럼 과학적 논란들도 일련의 변화를 통하여 결합을 증가시킬 수 있는 움직임을 통하여 파악되어야 한다. 발화체 유형(소문, 여론, 의견, 논쟁, 제안, 발견, 사실)에 따르는 전통적 구분은 동일한 논란 전선의 연속적인 단계들에 해당한다.

화체가 어떤 논쟁의 시초가 아니라 '최종 단계'일 뿐이라는 점을 일깨워준다는 데 있습니다. 앞의 도식을 다시 일반화하면 '거짓인' 발화체와 '참인' 발화체 사이에 어떠한 성격의 차이가 있는지를 무리 없이 파악할 수 있는데요. 소문과 발견, 반박의 여지가 있는 논증과 반박할 수 없는 사실들은 하나의 발화체가 '찬성'과 '반대' 사이에 파고들기 위해서 거쳐야만 하는 일련의 변화들 속에서의 '연속적인 단계들'에 상응합니다(97쪽 그림). 양쪽 극단을 취하면 사실과 의견은 논쟁 속의 두 시기에 해당하지요. 달리 말하자면, 반박할 수 없는 것은 반박당했던 것으로부터 비롯되는 겁니다. 우리는 곧 이 결과의 중요성을 보게 될 것입니다.

과학에서 특기할 만한 것은 논의가 때때로 반박할 수 없는 것으로 귀착될 뿐 아니라 '어떻게' 그 결과에 이르게 되는지를 처음부터 끝까지 추적할 수 있다는 것입니다. 또한 어째서 항상 그러한 결과에 이르지는 못하는지도 알 수 있지요. 사실, 과학적 출처가 표시된 발화체들은 '인용' 체계에 힘입어 일종의 '원산지 표시제'를 누린다는 면에서 좋은 포도주들과 공통점이 있습니다(지금까지는 이러한 발화체들도 의견, 여론, 험담, 소문이 그렇듯 정확하게 출처를 추적한다는 것이 어려웠지만 새로운 디지털 정보공학 기술은 이러한 발화체들의 특권을 더욱 확장했지요). 그래서 나는 학생들에게 인용을 '표지판' 삼으라고 말합

* 필라투스(빌라도) 총독이 예수의 십자가에 '유대인의 왕'이라는 명패를 써서 붙이자 대사제들은 '자칭 유대인의 왕'으로 고쳐 쓸 것을 요구했는데, 빌라도는 "쓴 것은 쓴 것이다(한번 썼으면 그만이다)"라면서 그 요구를 거절했다.

니다. 대중을 위한 신문기사로부터 그 기사를 쓴 기자가 참조했던 좀 더 난해한 학술문건으로 한 발짝 한 발짝 거슬러 올라가기 위한 '표지판' 말입니다. 다행히도 웹에서 사용할 수 있는 도구들 덕분에 이 연습은 유치할 정도로 쉽습니다(광범위한 데이터베이스를 갖춘 대학에서 공부하지 않는 한 여전히 비용이 많이 드는 일이겠지만요). 이렇게 해서 우리는 떠도는 말들에서 뿌리를 내린 말들로 쉽게 넘어가며 또 다른 미궁, 즉 과학기술 정보의 미궁 속으로 차츰 거슬러 올라갑니다.

▶ 2009년 11월 11일 『르 몽드』의 기사입니다. **「계산능력 장애 측정법이 원점으로 되돌아가다—계산능력 장애의 정의를 바닥부터 뒤집어엎은 프랑스 심리학자들」, "생 탄 병원 UPPEA(소아청소년심리학·정신의학부)의 심리학자 클레르 멜작은 '이건 폭탄입니다!'라고 아동학습에 대한 신경심리학 학술지 『ANAE』를 뒤흔든다. 이 잡지 통권 102호는 장 폴 피셔와 그의 연구 팀의 작업을 집중 조명했다."** 이 기사는 어떤 학술지를 인용하고 있습니다. 기자는 전문가의 말을 인용하고, 그 전문가는 다시 다른 저술을 인용하지요.

이것이 저절로 이루어지는 '말풍선에 집어넣기' 연습인데요…. 마우스 클릭 몇 번으로 나는 그 존재조차 모르고 있었던 ANAE 학술지 웹사이트로 넘어갑니다. 나는 곧바로 심하게 양태가 부여된 발화체를 맞닥뜨리게 됩니다. 왜냐하면 아이들의 계산능력 장애를 확실한 방법으로 증명하기란 극도로 어렵기 때문이지요. 피셔는 심지어 계산능력 장애는 우리가 지금까지 생각했던 수

준의 6분의 1에 지나지 않는다고 주장합니다. 이건 가벼운 문제가 아닙니다. 그동안 부모들은 자기 아이들에게 '병'이 있는 것처럼 대해왔는데 이제 그 병이 과연 존재하는지조차 불확실하다는 얘기니까요. 이제 우리는 완전히 논란에 빠지게 된 겁니다.

학생들은 이렇게 출처가 되는 문건으로 거슬러 올라가면서 종종 기묘한 모순에 놀라곤 합니다. 처음에는 난해한 대상들과 만났구나 싶지만 그것들이 금세 '말풍선에 집어넣기' 연습의 풍부한 자료가 되니까요. 학생들은 모름지기 과학적 문건은 중립적인 문체로 쓰여야 한다고, 〈스타트렉〉의 스포크 박사의 목소리처럼 저자가 드러나지 않게끔 다소 기계적인 목소리로 이야기되어야 한다고 생각하는 경우가 많습니다. 그 때문에 진짜 과학적 문건의 저자들이 여러 차례 신중을 당부하고, 전임자들을 비판하거나 자기 자신을 비판하며, 연구의 자금조달, 기관, 그동안 부딪쳤던 어려움, 그들이 결과를 얻기 위해 사용한 빈약한 도구들을 언급하고, 나중에 다른 연구자들이 가급적 검증하거나 파기해야 할 가설들을 세우는 모습을 보면서 크게 놀라곤 합니다.

첨단연구 현장에서 나온 기사에서 이 모든 대화의 표시들을 끄집어내려면 분명히 수고를 좀 들여야 합니다. 하지만 학생들은 어떻게 하나의 발화체가 믿을 만한 것이 되는가를 추적하면서 얻을 수 있는 데이터의 질에 언제나 놀라곤 하지요. 물론 그들에게 주어진 시간 내에는 이러한 우여곡절들을 전체 경로의 일부에 한

해서만 추적할 수 있습니다. 그래도 발화체들이 비롯된 대화 상황과 익숙해지다 보면—'상류로' 거슬러 올라가면—그때부터 학생들은 이 말들이 어떻게 '하류로' 갈수록 차츰 속박 없이 변하며 소문, 확실한 상식, 혹은 반박할 수 없는 사실과 구분되지 않는가를 좀 더 잘 이해할 수 있지요. 한번 스스로 해보세요. 약간 도착적인 감이 없지 않지만 나는 항상 과학적 문건들을 오페라나 서스펜스 스릴러 감상하듯 읽어왔답니다.

지금까지 떠다니던 발화체들은 이제 고유명사를 갖고 어떤 직업, 기관에 결부되며 자금조달을 받습니다(논문 끝에는 대개 연구비를 지원한 개인이나 단체의 이름이 나오지요). 이 발화체들은 동료들에 둘러싸여 있습니다(논문의 공동저자나 감사 대상으로 언급되는 협력자). 발화체들은 반대자들과 지지자들을 마주하고 있습니다. 출발점으로 삼은 기사의 상류에서든(인용주에서 찾아볼 수 있는 비판되거나 확증되는 문건들. 요컨대 '인용되는' 문건들), 하류에서든(나중에 디지털데이터베이스에서 찾아볼 수 있는 다른 문건들을 통하여 예의 논증을 확증하거나 파기하는 경우. 요컨대 '인용하는' 문건들) 그 점은 마찬가지입니다. 우리는 매인 데 없는 발화체들을 대화 상황으로 대체했고, 그 대화 상황은 상류와 하류로 확장됩니다. 이 전부를 추적하려면 시간이 많이 걸리지만 딱히 문제는 없습니다. ☞

그렇지만 '말풍선에 집어넣기' 연습은 시작일 뿐입니다. 이 연습으로 얻는 바가 적지는 않지만 그래서는 그저 '대화 상황'에만 머물기 때문에 매우 불충분하지요. 카페의 카운터 같은 상황, 즉 사람들이 사람들에게 말을 하는 상황은 볼 수 있을 겁니다. 하지만 우리가 여기에만 머문다면 한낱 수다를 벗어나지 못할 겁니다. 순전히 사회적인 것에만 머물 테고요. 카페에서 수다를 떨 때처럼 어떤 논증의 권위를 목소리가 제일 큰 사람의 권위로 치부하게 될 위험이 있습니다.

그런데 학술 문건들은 대화 상황들에 '다른 대화자들'을 합류시킬 수 있다는 점에서 더욱 흥미로운 데가 있습니다. 지금까지 별말이 없던 다른 대화자들이 사람들이 한 말에 끼어들어 자기 의견을 내놓곤 하는 것이지요. 더욱 놀라운 것은, 다른 대화자들은 사람들이 그들에 대해서 주장하는 바에도 간섭을 한다는 것입니다. 내가 지금 말口語을 두고 하는 얘기 같지만 실제로는 '쓰여진 것', 혹은 '기입된 것'inscrit으로 이루어지는 일입니다. 학술 문건의 가장 놀라운 특징은, 독자가 텍스트와 동시에 시선으로 탐색하는 '기입'inscription*이 텍스트 내부를 가리키는 산문으로는 전혀 이야기되지 않는다는 것입니다. 이 특징을 기준으로 삼으면 어떤 텍스트가 과학적인가 그렇지 않은가를 거의 항상 알아볼 수 있습니다.☞ 사실, 주장하는 바와—가급적 가까이—맞대놓고 자료를 정확히 동원하여 증언하지 않고는 아무것도 주장할 수 없으니 권위의 근거로서는 얼마나 터무니없나요. 물론 신문, 잡지에서 이따금 사진이나 자료를 볼 수도 있습니다만 그것들은 (검증을 하기보다는) 설명을

* 라투르의 주요 용어 중 하나로서, 실험기구를 통해 얻은 기호나 그래프, 사진 등을 의미한다.

하는 역할을 할 것입니다. 그런데 어떤 문건이 학술적인 것이 되려면 설명만으로는 역부족입니다. 그 문건은 같은 페이지에 그 문건이 말하는 것 자체를 동원해야 합니다. 그것이 단순한 설명인지 아닌지를 무엇으로 알아볼 수 있나요? 기입 속에 기입이 꼬리에 꼬리를 물고 이어져, 각각의 기입이 앞의 기입과 뒤의 기입을 살짝 변화시키는 일종의 '폭포'를 이루는지를 보면 됩니다. 하나의 표가 방정식으로 옮겨지고, 한 장의 사진이 다이어그램으로 옮겨집니다. 다이어그램은 도식이 되고, 도식은 모델이 됩니다. 한편 산문 텍스트는 독자들이 보기에 기입되지 않은 것은 아무것도 쓰지 않으려 합니다.

자, 이제 기술의 책장 넘기기와는 다른, 새로운 책장 넘기기가 나왔습니다. 하지만 산을 들어 올릴 만한 놀라운 효과를 지녔다는 점에서는 마찬가지입니다. 이 기입들의 폭포를 조심스럽게 배열함으로써 우리는 추론의 각 단계를 독자의 지각적 판단을 통해 '보장할'garantir 수 있게 됩니다. 독자는 언제나 증명하는 것보다 '좀 더 단순한' 요소들을 건드리게 되지요. 이따금 학생들은 매우 복잡해 보이는 학술 문건이 실제로는 한결 단순한 기입들에 근거해 있음을 보고 깜짝 놀랍니다. 물론 이 단순함의 대가는 만만치 않습니다. 그러한 기입들을 얻기까지 오랜 작업 시간이 소요되니까요. 하지만 지각적 판단 자체는 단순해야 합니다. 그렇지 않다면 논증은 쓸모없을 테니까요. 논증에 대한 의혹이 들 때에는 항상 눈으로 검토할 수 있어야 합니다. 숫자들의 표나 방정식이라면 이야기되는 것을 볼 수 있어야 하고 보이는 것을 이야기해야 합니다(105쪽 그림).

이제 나는 한 발짝 더 나아가 학생에게 이 모든 기입들이 어디서 올 수 있었는가를 보여줌으로써 거울 나라의 앨리스처럼 텍스트의 거울 저편으로 넘어갈 수 있을 것 같습니다. 우리는 이제 '실험실의' 도구들로 나아갈 겁니다. 거기서 '말풍선에 집어넣기'는 진정으로 실재론적이 되기 시작할 겁니다. 우리는 과학을 '다시 채울' repeupler 겁니다. 우리는 수다에서 벗어날 뿐 아니라, 쓰여진 것과 산문에서 벗어날 뿐 아니라, 기입된 것과 기입들에서 벗어날 뿐 아니라 기어이 삼차원의 세계에, 아주 특별한 장소에 도달할 것입니다. 그곳은 거의 알려져 있지 않지만 장비와 도구가 매우 잘 갖추어져 있고, 매우 비싸면서도 망가지기 쉬우며, 워낙 접근하기 어려워서 나 역시 영화를 통해서가 아니면 학생들을 데려갈 수 없습니다. 나는 실험실을 사랑합니다! 단 일 분 만이라도 어떤 학문분과의 실험실에 들어갈 때면 정말로 가슴이 두근거린다고 분명히 말할 수 있습니다. 그보다 흥미진진하고 감동적인 것은 없답니다. 나는 전율하고, 이해하고, 경탄하고, 압니다. 내가 첫 무기들을 갖추었던 곳도 실험실이었지요. 실험실의 실무자로서가 아니라 실험실의 민족지학자로서 말입니다(나는 실험실 조교로서는 무능했어요…). 또한 내가 과학을 사랑하는 법을 배운 곳도 실험실이었습니다. 물론 내 방식대로이긴 했지만 그래도 진정한 사랑이었지요. 그래요, 나는 '지식에 대한 욕망'libido sciendi이 무엇인지를 이해한다고 생각합니다. 나는 매번 욕조에서 알몸으로 뛰쳐나올 수밖에 없었던 아

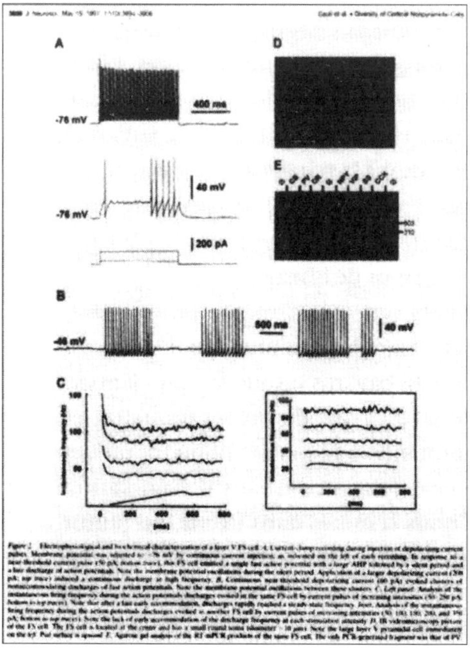

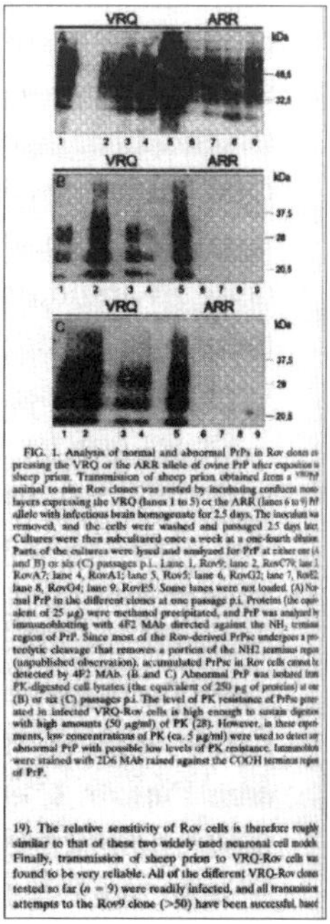

FIG. 1. Analysis of normal and abnormal PrPs in Rov clones ex- pressing the VRQ or the ARR allele of ovine PrP after exposition to sheep prion. Transmission of sheep prion obtained from a VRQ/PrP animal to nine Rov clones was tested by incubating confluent mono- layers expressing the VRQ (lanes 1 to 5) or the ARR (lanes 6 to 9) PrP allele with infectious brain homogenate for 2.5 days. The inoculum was removed, and the cells were washed and passaged 2.5 days later. Cultures were then subcultured once a week at a one-fourth dilution. Parts of the cultures were lysed and analyzed for PrP at either one (A and B) or six (C) passages p.i.. Lane 1, Rov9; lane 2, RovC7; lane 3, RovA7; lane 4, RovA1; lane 5, Rov5; lane 6, RovG2; lane 7, RovE2; lane 8, RovG4; lane 9. RovE5. Some lanes were not loaded. (A) Nor- mal PrP in the different clones at one passage p.i. Proteins (the equiv- alent of 25 μg) were methanol precipitated, and PrP was analyzed by immunoblotting with 4F2 MAb directed against the NH_2 terminal region of PrP. Since most of the Rov-derived PrPsc undergoes a pro- teolytic cleavage that removes a portion of the NH2 terminus region (unpublished observation), accumulated PrPsc in Rov cells cannot be detected by 4F2 MAb. (B and C) Abnormal PrP was isolated from PK-digested cell lysates (the equivalent of 250 μg of proteins) at one (B) or six (C) passages p.i. The level of PK resistance of PrPsc gener- ated in infected VRQ-Rov cells is high enough to sustain digestion with high amounts (50 μg/ml) of PK (28). However, in these experi- ments, low concentrations of PK (ca. 5 μg/ml) were used to detect any abnormal PrP with possible low levels of PK resistance. Immunoblots were stained with 2D6 MAb raised against the COOH terminus region of PrP.

19). The relative sensitivity of Rov cells is therefore roughly similar to that of these two widely used neuronal cell models. Finally, transmission of sheep prion to VRQ-Rov cells was found to be very reliable. All of the different VRQ-Rov clones tested so far (n = 9) were readily infected, and all transmission attempts to the Rov9 clone (>50) have been successful, based

• 연구 현장에서 취한 두 문건의 예.

왼쪽 Jean Rossier et al. 오른쪽 Elisu Sabancu et al.

르키메데스처럼 이렇게 외치는 기분입니다. “유레카! 나에게 실험실을 주시오. 그러면 세계를 들어 올리겠소.”

수사학과 증명, 그리고 능변

하지만 실험실에는 나중에 다른 방식으로 접근하고 싶습니다. 학생이 또다시 강의를 빼먹는다면 아마도 그 이야기가 다음 편지가 되겠지요(이 ‘실험실 사랑’을 좀 더 깊이 설명하는 기쁨을 누리고 싶다는 이유로 학생이 다음 강의도 빼먹었으면 하는 마음까지 드는군요!). 지금 당장은 내가 학생들에게 제시하는 또 다른 모순을 실감하게 하고 싶습니다. 강의를 시작한 이래로 세 번째 등장하는 이 모순은 아마도 앞의 두 모순을 잘 설명해줄 겁니다. 학생이 잘 기억하고 있다면 첫 번째 모순은 플루타르코스의 이야기에서 모든 것과 ‘이어져’ 있는 동시에 모든 실용적 혹은 정치적 관심사에서 ‘풀려나’ 있는 과학의 이중적 성격이 지닌 모순이었습니다. 두 번째 모순은 ‘해방’의 거대한 이야기와 ‘밀착’의 이야기 사이의 모순이었고요. 해방의 이야기에서는 시간이 진전될수록 과학과 기술은 인문학과 주체성에서 멀어집니다. 밀착의 이야기에서는 반대로 시간이 흐를수록 ‘인간들의 정부’가 ‘사물들의 정부’와 얽히고설키지요(이것은 생시몽의 표현을 빌린 겁니다. 공작 말고 백작이었던 생시몽 말입니다*). 그리고 나는 매번 이 모순들을 수단이 아니라 연구 대상으로 삼을 것을 제안했지요. 하지만 이 세 번째 모순은 피해가기가 거의 불가능해 보입니다. 내가 무슨 수를 내지 않는 한은요.

떠도는 발화체들의 보자기에서부터 가장 첨예한 학술 문헌에 이르기까지 담론을 추적함으로써 얻는 커다란 장점은 학생들이 실감할 겨를도 없이 대화에서 '증명'démonstration으로 넘어가게 된다는 겁니다. 그런데 바로 이게 불가능하다고들 하지요. 바로 여기서 나는 (97쪽 그림처럼) 담론의 한 형태에서 다른 형태로의 '점진적 이행'passage progressif이 존재함을 보여줍니다(내가 시간만 있다면 학생에게 증거들을 일일이 다 들어 보일 수도 있을 텐데요). 반대로 철학, 상식, 교수들과 연구자들은 거의 만장일치로 '선택을 해야 한다'고 주장하지요. 대화 아니면 증명, 다시 말해 수사학과 진정한 과학 가운데 둘 중 하나라는 거지요. 이 새로운 모순이 나의 관심을 끕니다. 소위 넘을 수 없다는 장벽이 사실은 이미 골백번은 넘어갔던 것임을 나는 기본적인 실험 수단들을 통하여 학생들에게 깨닫게 합니다. 그런데도 상식은 그러한 장벽이 만리장성만큼 위압적일 뿐 아니라 야만족이 문명을 파괴하지 않도록 굳건하게 '버텨야만 하는 것처럼' 여기지요…. 이 상황은 르네상스 시대 선원들의 상황과 상당히 흡사합니다. 적도를 넘어가도 세계가 끝나는 낭떠러지로 떨어지지 않는다는 사실은 선원들의 여행을 통해 증명되었습니다만, 그로부터 80년 후에도 일부 교양 있다는 자들은 적도를 넘어가는 것이 불가능하다고 여전히 주장했습니다.

그러니까 수사학을 하든가, 증명을 하든가 둘 중 하나라는 겁

---

* 생시몽 공작은 문학적, 역사적으로 중요한 회고록을 남긴 17세기의 문사文士이고, 여기서 저자가 거론하는 생시몽은 18~19세기의 공상적 사회주의 사상가 앙리 드 생시몽 백작이다.

니다.☞ 입담이 좋든가, 옳든가 '정말로' 선택을 해야 한다는 거지요. 어떤 구분도 이처럼 심하게 결정적이지는 않습니다. 어떤 구별도 이처럼 견고하고 튼튼한 요새로 둘러싸여 있지는 않지요. 장담하건대, 이러한 '명증성에 상반되는'contraire à l'évidence 것은 존재하지 않습니다! 아, 명증성, 우리는 그대의 이름을 빙자하여 참으로 많은 죄를 저지르지 않았던가! 그대의 빛을 보기 위해 얼마나 수상쩍은 일을 했는가! 얼마나 많은 우회를 거치고 겹겹이 복잡하게 지나와서야 그대의 단순함을 파악하는지! 이 명증성 이야기는 재미있는 데가 있습니다. 수사학이라는 측면에서나 증명이라는 측면에서나 명증성에 기대기는 마찬가지라는 점에서 그렇지요. 하지만 이 두 측면에서(우리는 '두' 측면이 없다는 것을 알지만요) '볼 수 있게' faire voir 하려면 항상 극도의 재간을 펼쳐야만 합니다.

나는 이 점을 학생들에게 이해시키기 위해서(강의실에 앉아 있는 페미니스트들에게 충격을 줄 위험이 있습니다만) 알몸을 드러낸 두 여자를 나란히 보여줍니다(109쪽 그림). 첫 번째 그림은 그리스인들의 역사에서 유래했는데요(또 그리스인들 얘기군요!). 위대한 변론가이자 다소 궤변론자였던 히페레이데스는 신성모독죄로 고발당한 창녀 프리네를 변호해야 했습니다. 논거가 바닥났던 걸까요, 아니면 반대로 변론을 잘 짜서 필연적인 일격을 날린 걸까요? 어쨌거나 그는 자신에게 변론을 의뢰한 고객의 결백을 입증하는 결정적 증거를 내놓는답시고 연극적인 몸짓으로 그녀의 알몸을 드러내고 배심원들은 황홀해합니다(네, 제롬의 그림이 지독히도 촌스러운 기법을 써먹고 있다는

• 왼쪽은 장 레옹 제롬, 〈아레오파고스 앞의 프리네〉, 1861년작, 함부르크 미술관 소장. 오른쪽은 루이 에르네스트 바리아스, 〈과학 앞에서 모습을 드러내는 자연〉, 1902년작, 국립공예원의 주 계단을 장식할 작품으로 위촉되었다.

건 나도 압니다). 욕망에 찌든 이 늙은이들은 모두 결론에 이릅니다. 그녀는 너무나 아름답기 때문에 '죄인일 수가 없다고' 말입니다. 바로 그 반박할 수 없는 명증성, 그녀의 하얀 피부에 어린 광채 그 자체로 족하다는 것이지요. 진리는 진리 그 자신의 지표입니다Verum index sui. 한편, 가슴을 드러낸 또 다른 여인은 저 유명한 바리아스가 1902년에 '과학 앞에서 모습을 드러내는 자연의 여신'이라는 낡고 마초적인 주제로 제작한 조각상입니다. 그러한 주제는 자연의 비밀을 자백받기 위해서 자연을 범한다는 발상과 곧잘 연결되곤 하는 철학자 베이컨에게서도 찾아볼 수 있지요…. ☞ 이제 문제가 되는 것은 수사학과 궤변론이 아니라 증명입니다. 여기서도 학자가—보이지 않으며 오프off 상태에 있는 남성적 학자가—그의 우물 속에서 눈부시도록 명증하게 튀어나오는 벌거벗은 진리를 납득하기에는 하얀 피부의 광채만으로도 충분합니다. 다시 한 번 참된 것은 자기 자신의 지표가 되는 것이지요.

정치의 측면에 있는 수사학과 대문자 S를 쓰는 **과학**Science* 의 측면에 있는 증명이 다 같이 즉각적으로 포착되는 벌거벗은 진리의 존재를 필요로 한다는 것이 이상하지 않습니까? 학생은 나의 방법론을 잘 알 테니 여기서 다시 이 모순을 정치와 과학의 구별을 설명하는 것으로 여길 필요가 없습니다. 오히려 복잡하게 얽힌 역사를 설명하는 '가벼운 뉘앙스'로서 여겨야 할 테지요. 그 뉘앙스가 바로 하얀 피부의 미묘하게 다른 색감입니다! 그리스인들은 이 두 가지 명증성을 지칭하기 위해서 두 개의 용어를 만들었습니다. 수사학에서의 명증성, 특히 법정과 정치계에서 피어나는 웅변의 꽃, 기만과 조작의 기술에 대해서는 '에피데익시스'epideixis라는 단어를 씁니다. 기하학, 이 반박할 수 없는 필연에 대해서는 '아포데익시스'apodeixis를 쓰고 여기에서 'apodictique'(논리적으로 필연적인, 명백한)라는 프랑스어 형용사가 나왔지요. 이 반박할 수 없는 것의 엄정한 연쇄는 과학의 개론서와 입문서들로 이어집니다. 흥미로운 점은, 소위 절대적으로 상반된다고 하는 이 두 활동이, 사람들이 천년 전쟁이라도 벌였던 것처럼 여기는 이 두 활동이 거의 비슷하다고 해도 좋을 어원을 갖고 있다는 겁니다. 결코 가볍게 보아서는

---

* 대문자 S를 쓰는 **과학**Science은 이후에 나올 때마다 고딕체로 표시해서 구분하였다.

안 될 단서입니다.

이미 말했지만 두 측면이 있는 게 아니라 하나의 측면이 다수로 갈라질 뿐입니다. 그중 한 갈래는 여전히 수사학이라고 부르고 다른 갈래들 중 하나는 '비非수사학의 수사학'이라는 이름을 갖게 됐겠지요. 그 둘을 하나로 묶으면 훨씬 간단할 텐데요. 사람들에 대해서—특히 사물들에 대해서—'잘 말하기'가 얼마나 어려운가를 상기하면서 '잘 말하기'의 기술과 과학으로 정의할 수 있을, 성스럽고 위대한 '능변'éloquence*이라는 단 하나의 개념으로 묶는다면 말입니다. 이제부터 우리는 수사학과 증명을 대립적으로 파악하지 않고 능변의 두 갈래로 여길 것입니다. 아리스토텔레스라면 수사학을 "진리의 반짝임에 필요한 광채"라고 말할 수 있다는 것도 이해할 테고요. 과학인문학은 확신을 줄 수 있거나 그럴 수 없는 '모든 시험들', 모든 재간, 조합, 술책, 발상, 요령 등을 추적하는 데 그 가장 깊은 의미가 있습니다. 그러한 것들에 힘입어 마침내 우리는 함께 의논하는 사안에 대한 대화 상대들의 견해를 바꿈으로써 어떤 증거를 논의를 종결지을 만큼 명증한 것으로 만듭니다. 우리가 명증하고 반박할 수 없는 것에서 출발한다면 심각한 오류를 저지르는 셈이라는 것을 이해하겠지요. 그렇지만 명증하고 반박할 수 없는 것에 도달하는 것은 중요합니다. 명증한 것은 결코 명증하

---

* 'éloquence'라는 단어는 '능변, 뛰어난 말솜씨'를 뜻하지만 비유적으로 '자명함, 명증함'이라는 뜻도 있다. 이 때문에 저자는 증명과 수사학을 한데 아우르는 개념으로 'éloquence'를 제시한 것으로 보인다.

지 않습니다. 최소한 처음에는요. 반박할 수 없는 것은 언제나, 적어도 처음에는 반박을 당했었습니다.

증거들이 점진적으로 생성되고 연구는 진리를 더듬더듬 모색해나가는 것이라는 이러한 이해 방식은, 참된 것의 힘이 편견이나 정념의 힘과 벌이는 일종의 갈등을 상정하는 일반적인 무대 설계와는 전적으로 다릅니다.☞ 널리 퍼져 있는 다른 방식으로 보면, 발화체들의 점진적 변화가 '마침내' 참이 되고 증거들이 '마침내' 명증해지는 것으로 기술할 수 없을 것입니다. 마치 발화체들이 조합, 배반, 오해, 장애물, 우회, 일탈 때문에 직선 코스에서 '돌아가지만 않았다면' 단박에 쭉 치고 나아간다는 식이지요. 여기서 구성 개념은 완전히 변했습니다. 구성은 이제 상반된 두 힘들의 합체에서 유래한 결과일 뿐이고, 진리는 그 상반된 힘들 안에서 어렵사리 길을 냅니다. 악의 힘은 선의 힘을 지연시킬 수 있을 뿐입니다. 가련한 수사학은 일시적으로 증명의 빛을 흐리게 할 수 있을 뿐이지요. 진리가 결국 승리하면 사람들은 그것이 필연이라고, 진리가 처음에 지녔던 것에서 아무것도 더해진 것은 없다고 말하는 겁니다(113쪽 그림).

과학의 정치

역사학자들에게 또 한 번 충격을 줄 위험을 무릅쓰고 학생 앞에 내 방식의 또 다른 법칙을 끌어내어 말하자면, 수사학과 증명이 실제로는 서로에게 의존할수록

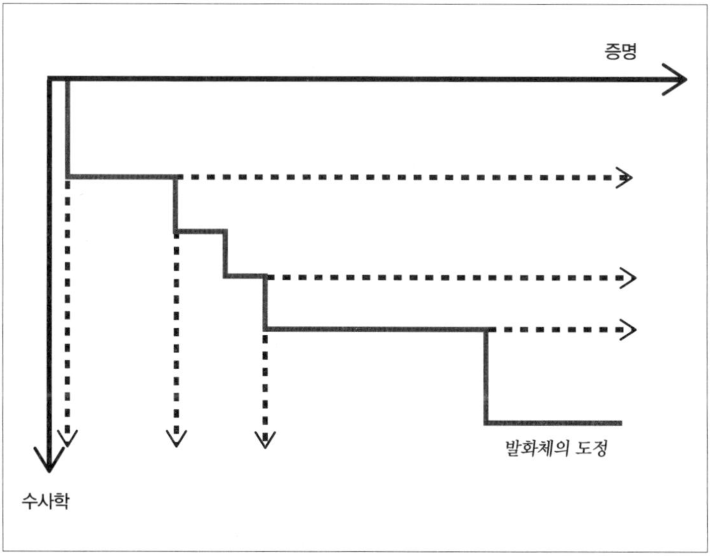

• 힘의 평행사변형에서 영감을 받아 그려본 이 다이어그램은 앞의 다이어그램과 언뜻 보면 비슷해 보이지만 전혀 별개이다. 그 이유는 발화체의 경로가 더 이상 우회와 구성의 움직임을 나타내지 않고 증명과 수사학의 상반된 힘 사이의 연속적인 알력만을 나타내기 때문이다. 수사학(세로 방향 화살표)이 없다면 발화체는 목표를 향해 직진할 것이다(가로 방향 화살표).

이론은 그 둘을 근본적으로 분리하게 된다고 주장하겠습니다.

설명해보지요. 유럽 과학 공동체가 적합한 장비를 갖추는 순간을 생각해봅시다. 시시콜콜 논의를 나누고, 효과적이며 적당한 장비도 갖추었고, 권위 있는 학술지, 문헌자료, 공개실험, 명성, 재생산, 안정적인 후원, 학술원, 표준화된 도구, 구색이 잘 갖추어진 소장품 등이 마련된다 칩시다. 요컨대 이 공동체가 마침내 "우리는 생각한다, 우리는 다수로서 지지받고 도구와 제도를 갖추었다는 사실에 힘입어 참된 것에 접근한다"고 천명할 수 있을 만한 때, 과연 어떤 일이 일어날까요? 데카르트가 위트레흐트의 뜨거울 정도로 더운 방에서 '코기토'를 만들어내고자 선택한 순간이 그때입니다. "나는 생각한다. 생각이 내 안에서 생각한다." 솔직히 말하세요, 모순이 너무 심하지 않습니까. '코기토'(cogito, 나는 생각한다)인가, 아니면 '코기타무스'(cogitamus, 우리는 생각한다)인가, 선택을 해야 합니다. 여기에 내 강의의 의미 전부가 있습니다. 더욱이 내가 이 편지들을 한데 묶어서 낼 수 있도록 양해해준다면 나는 이 편지들에 '코기타무스'라는 제목을 붙이고 싶습니다. 내가 재미있다고 여기는 것은 1935년에 루트비히 플렉Ludwig Fleck*의 이상한 책이 나온 후에야 비로소 사람들이 다시금—이번에는 긍정적으로—사고공동체Denkkollektiv에 대해서 이야기하게 되었다는 점입니

* '더 읽을거리'에도 나와 있듯이 라투르는 루트비히 플렉을 과학사회학의 창시자로 보고 있다. 토마스 쿤도 루트비히 플렉의 '사고스타일'이라는 개념이 1962년 『과학혁명의 구조』에서 '패러다임' 개념을 창안하는 데 영감을 주었다고 직접 밝힌 바 있다

다. 어쩌다 3세기 동안은 학자들이 저마다 홀로 사유했더란 말입니까?☞

어쨌든 서양에서만큼은 수사학과 과학의 대립에 유서 깊은 역사가 있습니다. 그러한 대립은 시간이 흐를수록 더욱 첨예해지기만 했고요. 그리스 수학자들은 기막힌 일련의 과정을 통하여 기하학적 증명을 이루어냈을 때에도 다이어그램으로 에워싸인 틀 안에서 벗어날 법한 결론은 절대로 끌어내지 않으려고 상당히 노력했지요. 플라톤은 이를 취하여 소피스트와 철학자를 근본적으로 대립시켰고요. 플라톤이 기하학의 기술과 기하학의 시각화 양상을 계승했습니까? 전혀 그렇지 않았습니다. 그는 단지 그러한 태도를 이용하여 '반박할 수 없는' 결론을 아고라를 들끓게 하는 시끄러운 분쟁이나 논쟁과 대립되는 것으로 생각했을 뿐입니다. 플라톤이야말로 '에피데익시스'(epideixis, 수사학적 명증성)와 '아포데익시스'(apodeixis, 기하학적 명증성)의 구분을 만들어낸 장본인이지요. 우리가 현재 알고 있는 이 구분은 '좀 더 약한' 능변과 '좀 더 강한' 능변 사이의 미묘한 과정들의 뉘앙스일 뿐입니다. 진정한 기하학자들은 바로 이 구분에 대하여 스스로 조심하고자 노력해왔지요.☞

나는 몇 세기를 훌쩍 뛰어넘어 산업혁명이 한창인 와중에 이마누엘 칸트가 어떻게 물자체를 한쪽으로 밀어놓음으로써 과학적 지식과 실천이성을 분리할 수 있었는지 보여줄 수도 있습니다. '물자체'라고요? 마침내 세계가 인간 활동 때문에 처음으로 심각하게 엉망진창이 된 그때, 그 인류세의 초입에서 칸트는 무엇을 제안했습니까? 사물들이 주체를 중심으로 돌게 해놓고서는 그것을 역으로 '코페르니쿠스적 혁명'이라고 부른 것 아닙니까! 커다란 울림을 갖는 '코기타무스' 대신에 또 다른 '코기토'를 갖다놓은 겁니다. 빈 학파의 실증주의자들이 두 번의 대전 사이에 어떠한 매개도 없는 언어를 만드는 데 착수하게 했던 그 기막힌 모순은 말할 것도 없습니다. 그때가 바로 물리학, 생물학, 테크놀로지가 마침내 우리 삶을 만들어내는 데—또한 모든 무기 안에—매개를 침투시킨 시기였는데 말입니다.☞ 아니, 장담하건대 이 지속적인 모순이 집단적 삶의 주요한 문제들을 죄다 해결할 수 없게 만들지만 않았다면 이러한 역사의 법칙에서 벗어날 여지가 있었을 겁니다.

하지만 내가 흥분해서 너무 빨리 가고 있는 것 같군요(내가 가르치는 재주가 아주 뛰어난 사람은 아니라는 걸 알아차렸겠지요…). 게다가 나는 악의적입니다. 나는 이 위대한 사상가들이 수사학과 증명 사이에 장벽을 세운 데에는 나름대로 훌륭한 이유들이 있었다는 것을 알면서 이런 말을 하니까요. 그들은 그들이 싸워 마땅하다고 여기는 괴물들을 상대했습니다. 플라톤이 시끄럽고 말 많은 대중과, 그 까다로운 아고라와 투쟁했음을 떠올려보세요. 나치와 소비에트의 손아귀에 놓여 있었던 빈 학파를 생각해보세요. 하지만 그 훌륭한 이유들이야말로 '정치적'이었지, '전적으로 과학적이지' 않았습니다. 여기에 핵심이 있습니다. 과학과 정치, 증명과 수사학 사이의 그 어떤 구분도 과학적 증거가 곤란을 겪어가며 천천히 획득된다는 이 흥미로운 현상은 '기술하려고' 하지 않았습니다. 그러한 구분에는 한 가지 목적밖에 없습니다. 이성의 힘이 오랫동안 비이성의 힘에 밀리다가 마침내 최종적인 승리, 필연적인 승리를 거둔다는 식으로 장대한 논쟁의 역사를 구성하려는 목적 말입니다. 이러한 구분들은 논쟁적입니다. 이것들은 '싸움'의 개념들이지요. 이 싸움은 아마도 정당화되겠지만 이 싸움 때문에 제대로 이해할 수 없게 된 것이 있다면 그게 바로 과학입니다. 아이스킬로스의 말마따나 "전쟁의 첫 번째 희생자는 진실이다"라면 과학에 대한 논쟁에서 첫 번째 희생자는 과학에 대한 진실이랄까요. 그래서 내가 우리는 과학의 역사에 대해서 합의를 볼 수 없고 합의를 보아서도 안 된다고 몇 번이나 경고했던 겁니다.

어쩌면 학생은 놀랄지도 모르겠습니다. 더욱이 나는 처음부터 과학과 정치의 관계를 잘 이해하기 위해서는 먼저 사람들이 학술 활동에 부여하는 '논쟁적인' 정의들에서 자유로워져야 한다고 말해 왔으니까요. 그러니 이상해 보인다는 것도 인정합니다만, 과학을 정치화하는 법을 배우려면 일단 과학을 탈정치화해야 합니다! 내가 지금까지 피해왔던 말들의 부당함이 여기에 있습니다(강의가 끝날 때까지 계속 피하려고 노력하겠지만요). '합리성'이라는 말과 그 불명예스러운 반대말 '비합리성'이 바로 그렇지요. 전투에서 태어난 옛 전사 커플은 논쟁과 분노에 너무 찌들었기에 우리에게 이성이 앞으로 나아가야 할 길들을 지시할 수 없습니다. 그런데 과학인문학은 그 길들로 나아가는 법을 배워야 합니다. 그렇습니다, 바로 그 '이성'의 길들로 나아가야 한다는 말입니다.

알아두세요, 우리는 학생이 맨 처음 제시한 의문에 차츰 다가갈 겁니다. 그동안 중간고사 주간을 잘 보내기 바라고요.

우정을 담아서….

네 번째 편지

과학혁명의 역사를 다시 쓰기

이 새로운 존재들은 어디서 옵니까? 우리가 '실험실'이라고 부르는 장소에서 옵니다. 나는 학생들이 과학혁명의 거창한 이야기에 곧바로 빠져들지 않고 실험실의 삶 속으로 들어가 보도록 이끌고 싶습니다. 나는 우리가 또 다른 과거를 계승함으로써 어쩌면 또 다른 미래를 상상할 수 있음을 보여주고 싶습니다.

친애하는 학생에게,

그래요, 내 잘못입니다. 학생이 들어야 할 강의가 너무 많다는 것은 알고 있습니다. 그게 우리 학교의 문제점이지요. 당나귀 짐 싣듯 학생들에게 너무 부담을 준다니까요. 학생의 항의가 지극히 온당한데다가 학생의 일지에도 아주 뛰어난 예들이 넘쳐나기에, 나는 기꺼이 학생을 용서하겠습니다. 신종 플루 유행에서 그놈의 코펜하겐 정상회의에 이르기까지, 우리에게 소재가 부족할 걱정은 없다는 것을 인정해야지요…. 학생이 처음에 느꼈던 불안은 현재 모든 학생들이 공유하는 불안이라고 봅니다. 뭇사람들의 보편적 합의를 얻기에 가장 적합해 보이는 사실들에도 논쟁은 넘쳐나고 있으니까요.

학생은 알렉상드르 코이레Alexandre Koyré, 1892~1964*의 책을 읽다가 이미 우리의 첫 번째 대화에서 학생을 사로잡았던 역사철학의 진정한 문제, 학생이 이 강의를 듣기로 결심한 계기였던 바로 그 문제를 맞닥뜨렸습니다. 맞습니다. 우리가 지금까지 밝혔던 세 가지 모순을 한데 묶는 핵심 문제가 그것입니다. 첫 번째 모순

---

* 러시아계 프랑스 철학자로 철학사와 과학사 연구로 유명하다. 1939년에 '과학혁명'이라는 단어를 처음 사용한 것으로 알려져 있다.

은 과학을 한꺼번에 의존성과 자율성으로 파악할 수밖에 없게 했습니다. 두 번째 모순은 동일한 역사를 거대한 해방의 이야기와 점점 더 긴밀해지는 밀착의 다각화로 파악하게끔 만들었고요. 마지막으로 세 번째 모순은 우리로 하여금 증명과 수사학이 근본적으로 구분되는 것인 양 믿게 했지만 사실 그 구분에는 의미가 없음을 보여주었지요. 그래요, 잘 보았습니다. 우리가 '과학혁명'의 후계자들인지, 아니면 한없이 더욱 복잡한 또 다른 역사의 후계자들인지를 아는 것은 실로 중대한 문제입니다.☞

코이레의 시대에는 그런 의문이 제기조차 되지 않았습니다. 『닫힌 세계에서 무한한 우주로』(*Du monde clos à l'univers infini*, 1957)라는 그의 책 제목이 말해주듯이 그런 의문은 이미 지나왔다고 생각했던 겁니다. 당시에 닫힌 '세계'monde는 구세계의 코스모스cosmos, 중세와 아리스토텔레스의 코스모스를 뜻했습니다(혹은 민족지학자들이 연구하는 원주민의 코스모스, 이국적이고 열대적인 코스모스이든가요). 반대로 '우주'univers는 코페르니쿠스에서 라플라스로 이어진 일련의 혁명이 만들어낸 결과였지요. 당대 사람들은 이제 그 우주에서 영원히 살아가게 될 줄로 확신했습니다. 그리고 이 확신 때문에 학생이 제기한 의문이 흥미로운 겁니다. 코이레는 1950년대에 그런 확신을 주었는데 21세기를 사는 우리는 '더 이상 그런 확신이 없으니까요.' 마치 그 무한한 우주에서의 삶이 중단되기라도 한 것처럼, 우리가 다시금 하나의 코스모스에 거하게끔 강제당해서 닫힌 세계에 봉착하기라도 한 것처럼 말입니다. 게다가 나는 우리 일지의 풍성한 수확에서 학생이 제기한 질문의 답을 어렴풋이 볼 수도 있다고 봅니다.

▶ 며칠 전 코펜하겐에서 나는 거대한 건물을 보았습니다. 크리스티안 4세가 1642년에 교회 부속건물로서 건립하게 한, 유럽에서 가장 오래된(포스터에 따르면) '둥근 탑'이었지요. 그 탑 아래에는 왕의 지원을 받았던 유명한 천문학자 티코 브라헤의 동상이 있습니다. 당시는 17세기, '혁명의' 시대가 한창이었습니다.

하지만 동상 아래 새겨져 있는 내용이 보여주는 것은 '멋진 조합', 하나의 코스모스입니다. 왕은 뛰어난 천문학자를 기리기 위해 교회 자체를 변형, 개축함으로써 그 코스모스를 통하여 새로운 과학을 새로운 권력, 새로운 신으로서 재구성했지요.

▶ 하지만 내 마음을 더욱 사로잡았던 것은, 크리스티안 왕의 천문대에서 300미터 거리에 있는 코펜하겐 기후회의 협상자들의 건물 외벽에서 발견했던(기후 온난화에 대한 정상회의가 실패로 돌아가기 한 달 전이었거든요), 과학, 조직, 왕, 대중 사이의 긴밀한 관계를 보여주는 또 다른 예였습니다. "추세를 바꾸자!"Bend the Trend!라는 이 포스터를 보세요. 저 그래프를 보세요. 우리 지구인들이 아무것도 하지 않는다면 앞으로 닥칠 일이 저 진회색으로 표시된 부분입니다. 우리가 개발을 억제하기로 합의한다면 연회색으로 표시된 부분으로 갈 것이고요.

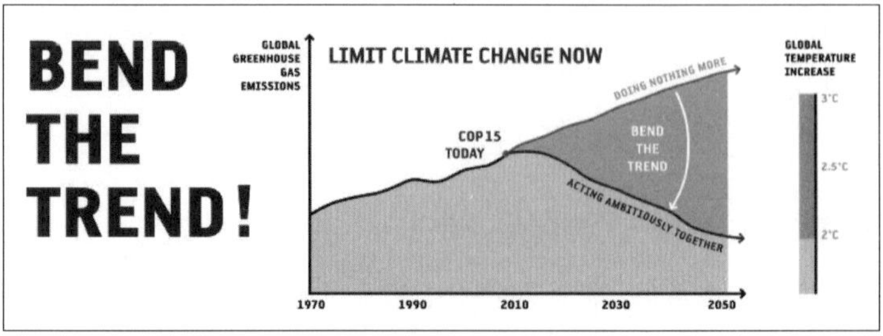

이제 티코 브라헤가 그랬듯이 신과 왕에게 영광을 돌리기 위해 하늘을 관측하는 게 문제가 아니라 우리의 집단적 삶의 공통된 틀을 수정하기 위해서 행동하느냐 마느냐가 문제입니다. 400년이 흘렀지만 여전히 왕들이 있고 학자들이 있습니다. 아니, 더 많은 왕들과 더 많은 학자들이 있지요! 학생은 내가 다소 강박적이라고 생각하겠지만 나는 여기서 내 역사 법칙들 중 하나를 재확인했습니다. 왜냐하면 400년 후에도 정치적 회합과 자연의 흐름 사이의 관계는 더욱더 명시적이고 긴밀해졌으니까요.

▶ '기후게이트'climategate에 주목한 것은 잘했습니다. 이건 실제로 아주 흥미로운 예지요. 우리가 소위 '부정주의자'라고까지 부르는 '기후회의론자'는 현재 족히 승기를 잡을 수도 있을 것 같습니다. 2009년 11월 23일자 『르 몽드』를 봅시다. **"'기후회의론자'는 언론 매체와 인터넷에서 인간 활동이 기후에 미치는 영향을 반박하는 정보를 유포한다. 그 정보는 과연 진정한 과학적 논쟁을 반영하고 있는가? – (토머스 스토커) 아뇨, 그렇지 않습니다. 더욱이 저는 그들을 '회의**

론자'로 볼 수 없다고 생각합니다. 왜냐하면 회의론은 과학의 진보를 떠받치기 위해 필요한 하나의 과학적 행보이니까요. 저는 오히려 그들을 '부정하는 이들'deniers이라고 불러야 마땅하다고 봅니다. 그들은 이미 40년 전부터 기후에 대한 과학적 연구가 밝혀온 사실들을 부정하고 있으니까요. 그리고 이 부정주의자들의 담론이 강화된다면 그 이유는 기후라는 목표를 잡기 위해서, 또한 우리의 공해 배출을 줄이기 위해서 오늘날 강력한 조치들이 필요하기 때문일 겁니다."

이 문제를 둘러싼 소음은 기자, 정치가, 심지어 과학자조차 활발한 논쟁을 좇아가기에 얼마나 준비가 잘 갖추어져 있지 않은가를 보여줍니다. 연구자들끼리도 의견이 분분하기 때문에, 그들이 기후에게 말하게 한 것의 증거를 모으기가 어렵기 때문에 사기라고 외치는 겁니다! 그들은 도대체 뭘 기대했을까요? 기후가 스스로 하는 말을 듣고 싶었던 걸까요?

갈릴레이의 별점

나는 학생이 제기한 문제에 오언 깅거리치Owen Gingerich의 책의 한 페이지를 이용하여 접근하고 싶습니다. 코페르니쿠스의 거의 알려지지 않은 저작의 파급을 다룬 이 책은 모든 면에서 참으로 주목할 만합니다.☞ 이렇게 불러도 될지 모르지만 갈릴레이도 학생이나 나처럼 '일지'를 썼고, 그 일지에서 발췌한 이 페이지에는 1610년 1월 19일이라는 날짜가 적혀 있습니다. 우리는 여기서 갈릴레이가 손수 만든 아주 초보적인 천체망원경으로 처음 관찰한 달의 분화구들 중 하나를 볼 수 있는데요. 이 그림은 과학사학자들의 관심뿐 아니라 예술사학자들의 관심도 끌었습니다. 그 이유는 만약 갈릴레이의 그림 솜씨가 뛰어나지 않았더라면—당시 발견된 지 얼마 안 된 원근법을 익숙하게 구사하여 그림을 그리지 않았더라면—결코 달에서 관측되는 그림자들을 산과 계곡이라고 해석하지 못했을 것이기 때문입니다. 어떤 의미에서 갈릴레이는 망원경을 통해 물결무늬의 점들밖에 보지 못했을 겁니다. (명증한 것은 다수의 선결조건에 힘입어서만 명증할 수 있음을 다시 한 번 말하고 싶어서 그럽니다. 하지만 이 말은 '우리는 이미 아는 것만을 볼 수 있다'는 뜻이 절대 아닙니다. 우리의 감각에 새겨지는 것을 '감지하게 되는 법을 배운다는' 조건에서만 새로운 것들을 발견할 수 있다는 뜻이지요.) 이 페이지가 나의 관심을 끄는 이유는 갈릴레이가 처음으로 그린 달 아래에 자신의 주인이자 후원자(오늘날로 치면 스폰서) 코시모 데 메디치 2세의 탄생일 별점을 그려놓았기 때문입니다. 이 페이지가 우리의 문제를 아주 요약적으로 보여준다고 생각하지 않습니까?(127쪽 그림)

첫 번째 해결책은, 아래쪽 그림을 폐기하고 갈릴레이가 천문학의 '혁명'을 일으킨 바로 그날 별점을 봤었다는 사실 자체를 잊어버리는 겁니다. 19세기 이후로 대부분의 학술문건들이 이런 절차를 밟았습니다. 그들은 정말로 아래쪽은 잘라내고 위쪽만 공개했지요! 그러한 검열은 매우 편리하니까요. 같은 페이지에 그런 내용이 있다는 것을 참으로 오랫동안 고집스럽게 잊어버린 채 갈릴레이라는 인물이 마치 '흙을 사용하지 않는'hors sol 재배 방식으로 채

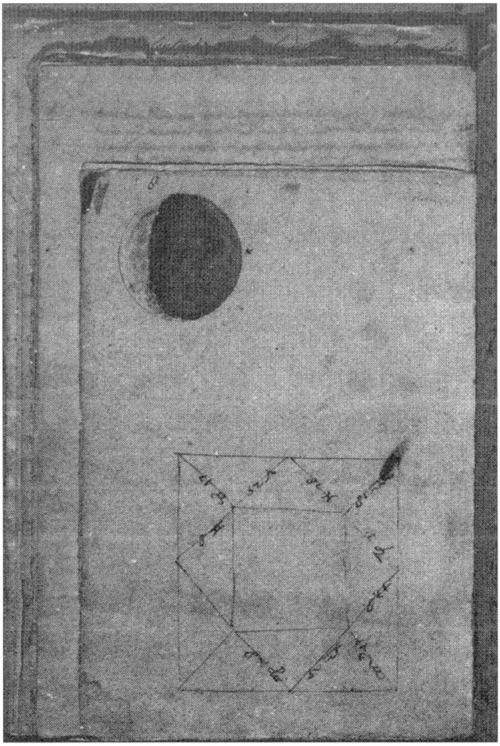

• 오언 깅거리치의 『아무도 읽지 않은 책』 중에서.

Owen J. Gingerich, *The Book Nobody Read: Chasing the Revolution of Nicolaus Copernicus*, Penguin, New York, 2004, p. 198.

소를 기르듯 '문맥을 벗어나서'hors contexte 천문학을 발견한 천재였다는 인상만 남긴 겁니다. 과학의 역사를 끈질기게 무시하기만 하면 과학은 아무런 역사를 지니지 않기에 이릅니다….

두 번째 해결책은 좀 더 정직합니다만 반드시 더 믿을 만하다고는 할 수 없습니다. 페이지 전체를 보전하되 갈릴레이를 '두 세계'에 나뉜 영혼의 소유자라는 식으로 설명하는 거지요. 갈릴레이는 달 그림을 통하여 '근대성'을 도입했지만 그에겐 '낡아빠진 신비적 과거에 대한 밀착도 남아 있었다는' 겁니다. CNRS도 없고 막스 플랑크 연구소도 없던 시대에 피렌체 대공에게 매여 살아야 했던 가엾은 갈릴레이였으니 기꺼이 용서할 수 있지 않나요. 이 이야기를 믿자면 만약 갈릴레이가 '낡은 것에 대해 남은 바'가 없었다면 그는 완전히 근대적이 될 수 있었을 것이요, 별점 따위는 그리지 않고 달의 분화구만을 그렸을 겁니다…. 달 자체가 그렇듯, 이른바 '과학혁명의 아버지'에게도 빛을 받는 밝은 면과 어둠에 싸인 면이 동시에 있었다는 겁니다. 이리하여 갈릴레이는 옛 코스모스—궁정 신하의 아첨에 점술이 아직 유용하게 쓰이던 시대—와 이제 곧 무한해질 우주의 달 사이의 '과도기적' 인물이 되었습니다. '근대성으로의 과도기'라는 이러한 해석 때문에 갈릴레이는 우리 모두와 같은 다중적 세계 속의 다중적 인물이 되지 못하고 둘로 분열된 세계 속의 정신분열증 환자 같은 모습이 되었지요. 프랑스의 위대한 인식론자 가스통 바슐라르는 이 이원론을 극단적으로 이론화하여 그러한 정신분열증을 '과학정신'을 추구하는 학자의 정의定義 그 자체로 만들어버렸고요. 바슐라르에 따르면 학자는 자기 자신과 싸우는 사람, 언제나 자신을 삼켜버릴 위험이 있는 어두운 과거에서 벗어나려는 사람입니다.

게다가 나는 다른 책에서 **과학**의 전선이 늘 더욱 치고 나가고 있다는 생각이야말로 '근대성' 혹은 '근대화'라는 유난히 모호한 말들을 정의하게 해주는 것이라고 말한 바 있습니다. 사실의 진리와 가치들의 허상이 떼려야 뗄 수 없이 얽혀 있는 과거에서 도망치는 자가 바로 근대인이라는 겁니다. 멀지 않은 미래에 **과학**이 마침내 정치, 감정, 정서, 정념의 세계와의 케케묵은 혼동에서 완전히 벗어나리라 생각하는 사람이 근대인이지요. 근대, 근대화를 추진하는 자는 언제나 가증스러운 과거와의 대조를 통해서만 파악되는 빛나는 미래를 향하여 달려가는 자입니다.☞

세 번째 해결책이 있을까요? 나는 있다고 생각합니다. 하지만 끊임없이 앞으로 치고나가는 근대화 전선이라는 거대한 연출을 다소 수정해야 한다는 조건이 붙습니다. 나는 학생이 조금 전에 설명한 버전의 이상한 점을 분명히 눈치 챘으리라 믿습니다. 모든 학자들이 근대적인 것을 지니면 '자유로워지고' 낡은 것을 지니면 여전히 '매인 바 된다는' 버전 말입니다. 만약 이 이상한 심리를 수정한다면, 우리가 만약 학자들이 매이게 되는 이유들과 자유의 정도들을 다시 나누어 배치한다면 어떤 일이 일어날까요? 우리는 주어진 기간 동안 학자들이 스스로 '매여 있다'고 느끼면서 동시에 '재조합하려'recombiner 애쓰는 '존재들의 목록'을 추적해보고자 노력할 수 있을 겁니다. 이때 이 학자들은 그들의 시대가 부여하는 '모순적 명령들'의 다양성을 생각하고 헤아려보려 하지요. 이렇게 보면 연출이 대번에 바뀔 겁니다. 학자들은 더 이상 밀착과 초탈 사이에서 분열되지 않을 테고요. 그런 건 더 이상 아무 의미도 없을 겁니다. 그들은 필연적으로 매여 있겠지만 서로 분리된 요소들이 점점 더 양립 불가능해질 때에도 그것들을 '다른 식으로 연결하려고' 노력할 겁니다.

학술계를 이렇게 경험적으로 기술하는 길을 열기 위해서 과학혁명의 거창한 이야기는 완전히 포기해야 할 것입니다. 과거의 인물들을 그들이 알지도 못했고 지향하지도 않았던 미래의 선구자로 만드는 이 연대 착오를 역사학자들이 몹시 싫어한다는 것은 학생도 잘 알겠지요. 안타깝게도, 과학의 경우에는 이러한 회고의 이야기가 앞으로도 창창하게 잘 나갈 겁니다. 아르키메데스에서 스티븐 호킹에 이르기까지 늘 하나의 거대한 연속적 운동, 하나의 영웅적 몸짓이 있었고 학자들 한 사람 한 사람은 그 운동 혹은 몸짓의 서툴고 과도기적인 행위자들로만 여겨지지 않았습니까. 우리가 이러한 방법론적 오류를 청산할 수 있다면 이제 (낡고 유한한) 코스모스에서 (근대적이고 무한한) 우주로 넘어가는 게 아니라—이게 참 어렵지만서도—하나의 코스모스에서 '또 다른' 코스모스로 넘어가는 셈이 되겠지요. 그 또 다른 코스모스에는 옛 존재들과 새 존재들이 모두 다 조금씩 '재배치되었을'réagencé 겁니다. 마찬가지로 이러한 대안적 과학사의 철학을 한 문장으로 요약하고 싶다면, 우리는 17

세기의 코스모스에서 21세기의 코스모스로 넘어왔다고 해야 할 겁니다. 그 사이 그리 길지 않은 기간 동안 어떤 우주에 '거했었다고' 할까요, 아니면 차라리 그 기간 동안 어떤 우주에 거한다고 '믿었었지만' 나중에 돌이켜보니 우주가 아니라 그 또한 하나의 코스모스였더라고 해야 할 겁니다. 다만 '다른' 구성요소들이 '다른 식으로' 조합된 코스모스였겠지만요. 거대한 일화들을 두고 대략적으로 시대를 구분하기 위해서 처음에는 시대 혹은 '코스모스'들이 있었고, 그다음 17세기부터 20세기까지는 '우주'가 있었으며, 그 후에는—윌리엄 제임스의 멋진 표현을 빌려—'멀티버스'multivers라고 부를 만한 것이 있다고 해둡시다. 내가 너무 빨리 진행을 하는 것 같이 보이더라도 그건 내 잘못이 아닙니다. 여러 번의 강의를 요약하려니 어쩔 수 없군요….

혁명의 역사, 명시화의 역사

사실 한 발짝 한 발짝 나아가기만 한다면 그리 어려운 얘기도 아닙니다. 우선 이 '혁명'이라는 단어를 진지하게 고찰해봐야 합니다.☞ 토크빌 이래로 역사가들이 끊임없이 '프랑스대혁명'을 재검토해온 것처럼 우리도 '과학혁명'을 재검토할 수 있습니다. 물론 비극적 사건들을 일부 중심인물들이 '혁명'이라는 주제를 이용하여 해석하는 경우도 있었습니다만, 정말 그 사건들 자체가 '혁명적이었다'고 말할 수 있을까요? 토크빌이 보기에는, 그리고 토크빌 이후에 혁명사를 재해석한 모든 이들이 보기에는 성급한 비약이라는 감이 있었을 겁니다.

더욱이 과거와 미래를 구분하게 만드는 급진적 전복이라는 의미의 '혁명'이라는 단어는 정치가 아니라 과학에서 왔습니다. 학자들이 전통적인 의미를 조금씩 변화시켜 사실상 새로운 의미를 만들었다는 점은 프랑스 어원학자 알랭 레이Alain Rey의 뛰어난 책을 읽어보기만 하면 알 수 있습니다. 원래는 천체나 계절처럼 주기적으로 '동일하게' 돌아오는 것을 두고 'révolutionnaire'(혁명적인)이라는 단어를 썼습니다. 그런데 이 단어가 그 어떤 것도 예전과는 같을 수 없는, 과거의 전면적 전복을 뜻하게 된 겁니다. 이러한 변화는 영국의 '명예혁명'과 중합되어 이루어졌습니다. 명예혁명이란 교란된 질서를 복원하고자 구상된 것이 아니었습니까. 라부아지에의 '화학혁명'은 연금술과의 근본적인 분리를 추구했습니다. 여기에 거대한 지질학적 융기, 곧 퀴비에의 '지구혁명'도 함께 생각해 볼 수 있을 겁니다. '합리적'이라는 말이 그렇듯이 '혁명' 또한 돌이킬 수 없는 변화를 실현하려는 전사들의 입에서 나오는 전쟁 어휘입니다. 혁명이 없으면 그런 변화들은 너무 빨리 허사가 될 위험이 있지요. 싸움의 열기가 가득한 이 단어를 혁명가들은 학자들에게서 빌려와 정치계에서의 근본적 단절을 나타냈고 그 단절을 돌이킬 수 없게 만들었노라 생각했습니다.

과학혁명, 아니 '과학혁명들'이 혁명적이었음을 부인한다는 것은 아무 일도 없었다는 식의 얘기가 아닙니다. 너무 성급하게 '반동적' 입장이라고 생각할 수도 있겠지만 그런 게 아닙니다. 더욱이 학생은 혁명과 반동이라는 두 용어가 동일한 역사철학에서 나왔음을 어렵잖게 이해할 겁니다. 어마어마하고, 비극적이고, 참담하고, 결정적인—아무거나 원하는 대로 거창한 형용사를 넣으세요—사건들이 일어나긴 했지만, 그동안에도 급진적 혁명에 의한 해석이 암시하는 바와는 전혀 다르게 진행이 됐습니다(게다가 소비에트혁명, 이슬람혁명, 디지털혁명, 결코 빼놓을 수 없는 산업혁명에 대해서도 마찬가지입니다. 혁명이라는 단어가 쓰일 때마다 항상 '경고등'을 켜세요…). 페터 슬로터다이크Peter Sloterdijk는 '명시화'explication*라는 용어를 제안했는데, 학생의 나라 독일에서는 이 사람이 많은 비판을 받지만 내가 보기에 이 단어는 상당히 시사하는 바가 있습니다. "역사는 명시화의 역사이지, 혁명이나 해방의 역사가 아니다."☞ 그는 역사가 결코 과거와 단절되지 않는다고 봅니다. 역사는 언제나 더 많은 요소들을 명시적으로 드러내고, 우리는 그 요소들을 이용하여 사는 법을 배워야 합니다. 그 요소들은 기존에 있던 요소들과 양립할 수 있거나 그러지 못하게 될 거고요.

내가 갈릴레이 일지의 한 페이지를 혁명과 명시화라는 상반된 모델에 따라 해석할 때의 차이가 잘 두드러지게끔 충분히 얘기를 했나요? 학생이 혁명 모델을 선택한다면 어떻게 갈릴레이처럼 독창적이고 근대적이고 합리적인 인물이 1610년에도 별점 따위를 볼 수가 있었을까 생각할 테지요. 하지만 명시화 모델을 택한다면

---

* 여기서 '명시화'란 인간 존재의 물질적 측면을 가시화하는 것을 뜻한다.

갈릴레이가 지구와 마찬가지로 부패하기 쉬워 보이는 물질로 이루어진 달을 코스모스에 추가하면서부터 어떤 '다른 요소들'이 자리를 내어주고 물러나게 될지가 궁금할 겁니다. 지구중심설은 버려야만 할 겁니다. 별점은 딱 봐서 버려야만 할 것은 아니지요. 가톨릭 신앙도 꼭 버리란 법은 없고요. 성경의 몇몇 일화들을 문자 그대로 해석하는 것도 가능합니다. 대공의 후원, 그건 절대 버리면 안 되겠지요…. 이런 식으로 이 요소에서 저 요소로 넘어가며 각 요소는 평가, 판단, 수정, 재조합을 거칠 겁니다. 달리 말하자면, 우리는 과학사에 대해서 양립 가능한 것과 양립 불가능한 것을 드러내라고 요구할 겁니다. 당대의 학자들을 죄다 종교재판에 회부하여 그들이 지닌 '낡은 것'과 '근대적인 것'을 두 개의 목록으로 정리해서 심판하는 이 괴상한 습속은 전적으로 거부하면서요. 또 달리 말하자면, 우리는 학자들을 그 숨 막히는 의무에서 해방시킬 겁니다. 모름지기 학자라면 자신을 속박하는 과거로부터 부단히 벗어나야만 한다는 그 의무에서 말입니다.

이러한 연습을 위하여 내가 모든 학생들에게 세 번째로 요구하는 것이 있습니다. 나는 '코스모스'(cosmos, 공통세계)라는 단어를 계속 쓰는데, 인류학자들이 흔히 이 단어에 부여하는 의미에 준하여 사용합니다. '실제 삶의 모습 속에서 특정한 문화를 통해 결합되는 모든 존재들의 배열agencement'이라는 의미로요. 인류학자들이 '모든 존재들'이라고 말할 때에는 이 말을 넓게 생각하되 단단히 염두에 두어야 합니다. 그 존재들이란 신, 영, 천체, 나아가 식물,

동물, 동족, 도구, 의례까지 가리킵니다. 나는 복수複數로 '코스몰로지'(cosmologies, 코스모스의 이론)라는 단어를 사용할 수도 있겠지만 그러면 하나하나 뒤죽박죽, 임기응변으로 탐색해야만 하는 관계들의 전체에 지나치게 일관성을 부여하는 격이 될 것 같습니다. 회고적 역사는 방법론적 오류이기도 하지만 과거의 존재들을 지나치게 체계적인 코스몰로지에 가둔다는 점에서 또 다른 오류를 낳습니다. 이 때문에 나는 내 친구 존 트레시John Tresch에게서 '코스몰로지'보다 한결 소박한 '코스모그램'(cosmogramme, 코스모스의 그림)이라는 용어를 빌려왔습니다.☞ 나는 학생들에게 시사 현안에서 한 예를 취하여 논쟁을 벌이는 다양한 입장들의 코스모그램들을 재구성하라고 요구합니다. 학생들은 '인간 존재와 비인간 존재 사이의 조화, 공존, 대립, 배제의 결합들을 기술하는 법'을 배워야 합니다. 그리고 '인간과 비인간의 존재 조건은 분쟁의 시험을 통해서 차츰 명시적으로 드러납니다.'

예를 들어 '기후게이트' 싸움에서도 쟁점은 단지 기후만이 아닙니다. 이 싸움의 중심인물들은 각자 자신이 가장 믿을 만하다고 여기는 학문분과, 좀 더 명백하다고 여기는 정보 유형에 강조점을 두는 것은 물론이고, 검증 절차나 특정 유형의 전문가들이 불러일으키는 신뢰성에 있어서도 그러할 것입니다. 그러니까 한쪽에는 **과학**Science이 있고 다른 한쪽에는 이성의 결여가 있는 게 아니라, 여러 다른 과학들 중에서 하나의 과학une science을 선택하고 그 과학 안에서도 과학을 하는 방식, 어떤 패러다임이나 연구양식, 나아가 연구 성과에 좀 더 신뢰를 얻을 수 있는 특정 연구소를 선택해야 하는 것이지요. 하지만 그 중심인물들은 국적, 연구재정 조달방식, 경제 발전과 정치에 대해 품고 있는 소신, 자신들의 아이들이 살게 될 생활조건에 대한 생각, 심지어 날씨와 관련된 어린 시절의 추억들까지 모두 다릅니다. 이건 단순히 그들이 서로 다른 '가치관'이나 '세계관'을 지녔다는 얘기가 아니라, 새로운 사건이 발생하면 그들이 믿고 지지하는 것의 완전한 연결망을 우군 혹은 적군과의 열띤 토론 속에서 그들 스스로 추적해가야 한다는 얘깁니다. 코스모그램을 그린다는 것은 이 결합의 목록을 깨닫는 것이자 이성적인 것과 비이성적인 것, 근대적인 것과 오래된 것, 체계적인 것과 급조된bricolé 것의 구분에 '의지하지 않고' 양쪽 모두의 논리를 깨닫는 것입니다.

사실 인류학자들이 '코스모스', '코스몰로지'라는 말을 쓸 때에는 대개 지속되는 것, 혹은 아주 완만하게나 급작스러운 재난 때문에만 변화되는 것을 가리킵니다. 그렇기 때문에 우리는 이 단어에 어떤 체계, 구조, 논리의 성격을 부여하는 경향이 꽤 있지요. 그런데 나는 르네상스 이후로 항상 뒤죽박죽이었던 것처럼 보이는 결합들을 추적하기 위해서 코스모그램 개념을 씁니다. 왜냐고요? '자생적 코스몰로지'가 통상적으로 만들어지는 과정에는 어떻게 해도 끼워 넣을 수 없는 새로운 존재들이 난입하기 때문이지요. 이 새로운 존재들은 어디서 옵니까? 물론 시장과 교역의 거대유통에서, 작업장의 혁신에서, 예술가의 작업실로부터 튀어나온 발견에서, 전쟁과 시대의 불행에서, 거의 사방에서 옵니다. 쥐, 세균, 페스트도 빼놓을 수 없겠지요. 하지만 결코 가볍게 볼 수 없는 일부는 우리가 '실험실'이라고 부르는 장소에서 옵니다. 17세기 이후로 실험실은 점점 더 중요해지며 도처에서 볼 수 있게 되었지요. 나는 학생들이 특히 이 실험실들에 애착을 갖기 바랍니다. 나는 학생들이 과학혁명의 거창한 이야기에 곧바로 빠져들지 않고 실험실의 삶 속으로 들어가 보도록 이끌고 싶습니다. 우리가 과학 덕분에 유한한 코스모스에서 무한한 우주로 넘어왔다는 믿음으로부터 해방되어 과학의 쾌거들을 재구성할 수 있다면, 과연 우리는 우리의 과거에 대해서 어떻게 말하게 될까요? 나는 나중에 학생에게 우리가 또 다른 과거를 계승함으로써 어쩌면 또 다른 미래를 상상할 수 있음을 보여주고 싶습니다.

실험실의 삶 속으로

지난번 편지에서는 학생을 실험실 문 앞까지만 데려갔습니다. 종잇장처럼 얇은 경계면까지 갔었지요. 그 종잇장 위에서 학술기관이 발표한 논문의 산문 텍스트는 지난 3세기 동안 부단히 다양한 형식을 취하며 어떤 '도구'에서 끌어낸 자료를 삽입시켰습니다. 이 '도구'instrument라는 근사한 말에서 우리를 '가르치는'instruire 것을 진지하게 살펴봐야 합니다. 실험실로부터 나오는 텍스트에서 거론되는 사물들은 산문과 그 산문이 논평하는 기입(그래프나 사진) 사이의 유사성과 차이를 참으로 특별하게 뒤섞음으로써 어떤 식으로든 자기 자신에 대한 증언을 포함합니다. 우리가 과학적이라고 하는 모든 증거들이 일련의 놀라운 발명에서 비롯된, 이 독창적인 시각화 형식들에서 나오는 것이지요.

사실, 실험실에는 다양한 전통이 혼재되어 있습니다. 우선 장인의 '작업장'atelier을 생각할 수 있지요.☞ 신석기 말부터 점점 더 전문화된 장인들의 손을 거쳐 점토, 금속, 유리, 나무, 섬유, 가죽, 알코올 등의 재료들이 변해온 것은 작업장에서였습니다. 세계의 각 존재는 불, 압력, 반죽, 늘어뜨리기, 발효에 시달려 원래의 모습을 잃고 완전히 다른 모습이 되었습니다. 모래나 점토를 정의했던 성질들의 목록도 완전히 변했습니다. 가열한 모래는 투명한 유리가 됩니다. 점토는 도기가 됩니다. 포도즙은 도수 높은 술이 되지요. 실험실이 있기 전에도 세상의 물질들이 변형되는 이런 장소들, 때로는 비법을 단단히 단속하는 다소 신비로운 장소들이 있었습니다. 세계는 작업장에 의해서, 작업장 안에서 그 성질을 바꾸기 시작했습니다. 디드로는 『백과전서』에서 그러한 작업장에 경탄하는데, 사실 경탄할 만합니다. 의학, 생물학, 물리학, 건축학, 광학, 무기학에서 장인은 언제나 기술자보다 앞서 있었고, 학자는 더 뒤처져서 그런 기술자라도 따라잡으려 애썼습니다. 그런 상황이 역전된 것은 나중에 19세기에 와서, 그나마도 몇몇 직업에 한해서의 일입니다. 지금도 어떤 실험실에 들어가 보세요. 거기서 존재들이 당하는 모든 시험에 깊은 인상을 받을 겁니다. 실험실의 연구자들을 우선적으로 정의하는 것도 그들의 능숙한 몸짓, 도구 관리, 길고 힘든 수련이지요. 복잡하기 짝이 없는 현대 실험실의 작업대가 요리사의 화덕까지는 아니더라도 장인의 작업장 같은 면을 갖고 있다는 데에는 어떤 의심의 여지도 없습니다.

이상은 다 잘 알려진 바입니다. 하지만 내가 실험실이 '사무실'에서도 비롯됐다고 말하면 학생은 좀 놀랄 겁니다. '지적 기술' technologies intellectuelles이라고 불러야 할 것이 수천 년 동안 만들어졌던 사무실은 장인의 작업장만큼이나 잊혀진 공간이지요. 불의 시험은 참으로 다양한 물질을 변형시킵니다. 하지만 또 다른 유형의 시험이 있습니다. 결코 덜 물질적이지 않으면서 '구체적인' 활동을 '추상적인' 활동으로 변화시킬 수 있는, 일반적인 두뇌를 학자의 두뇌로 조금씩 변화시킬 수 있는 시험이지요!

기원전 수천 년 전 메소포타미아의 곳간에서 옥수수대와 점토판을 들고 차가운 방에 와 있다고 상상할 수 있습니까? 처음에 당신의 임무는 주인을 위하여 곳간에서 곡식 한 짐이 들어오고 나갈 때마다 점토판에 표시를 하는 것이었겠지요. ☞ 그러니까 당신이 메소포타미아의 창고 출납서기가 되었다고 상상하는 겁니다…. 무슨 일이 일어날까요? 당신과 다른 서기들은(그 소집단에 과연 여성들도 있었을지는 모르겠습니다만) 곡물, 소금판, 소, 양털 따위의 출납을 다양한 형태의 기호로 표시한 점토판에 둘러싸여 있습니다. 당신을 비롯한 서기들은 그 표시들을 각기 한 꾸러미, 한 판과 연결 지을 뿐 아니라 그 표시들끼리도 연결 지어 생각할 수밖에 없을 겁니다. 당신은 최소한 일부 시간 동안은 이 관료제의 목적이 왕을 보필하고 채무와 세입을 확인하는 데 있음을 잊어버릴 테지요. 당신은 '계산을 위한 계산'을 하기 시작할 겁니다. 머지않아 당신은 수습 출납서기들을 어떤 재화에 대해서가 아니라 그 재화의 '기호' signe에 대해서 검사하게끔 훈련시킬 겁니다. 당신은 기호들을 '추상화하여' 다른 기호들과 연결 지을 것입니다. 자, 이렇게 해서 당신은 추상을 이루어냈습니다. 그러면서 당신은 사물과 분리된 숫자들 사이에서 예측하지 못했던 새로운 속성들이 발견되는 것을 보고 놀랍니다. 무두질한 가죽이나 녹인 광물에서 새로운 속성들이 나타나듯이 말입니다. 당신은 이제 십진법 연산을 하기 시작합니다. 연속적으로 나열되는 계산은 군주를 보필하는 일에서 점점 더 멀어져갑니다. 오래지 않아 당신은 점토판에서 비롯된 추상이 지닌 힘에 매료되고 열광하고 아연실색하여 점점 더 긴 추론을 전개하고 동료 서기들 앞에서 이런저런 증명을 해보일 겁니다. 동료 서기들만이 정신작업, 입문의식, 수련과정, 숫자들의 관계에 관한 놀라운 발견으로 이루어진 이 묘한 혼합물을 제대로 평가할 수 있겠지요. 하지만 이 종이의 실험실, 아니 파피루스와 점토의 실험실에서 만들어낸 기술들이 없었다면 그 혼합물은 결코 드러나지 못했을 겁니다.

내가 무슨 얘기를 하고 싶어서 이러는지 이해가 가겠지요. 장인의 재료가 작업장에서 유례없는 변화를 거치는 것이 사실이라면, 우리의 정신적 능력이 사무실의 시험과 지적 기술의 불을 거침으로써 변화한다는 것은 더욱 분명한 사실입니다. 기록을 유지한다는 조건에서, 학교에서나 사무실에서 서기들의 엄정한 학문분과를 지켜나간다는 조건에서, 그렇게 언제나 닫힌 공간의 보호벽 안에서 두뇌를 계발함으로써 당신은 이전에 없던 계산능력과 추상능력을 획득하게 될 것입니다. 그렇다고 당신이 예전보다 더 영리해졌다는 뜻은 아닙니다. 사무실에서 동료들과 기록들에 둘러싸여 기입으로 뒤덮인 연약한 물질을 다루다 보니 당신 직업의 의례rituel를 습득한 것뿐입니다. 그리고 당신이 스스로의 '자율성'을 유지하려면 계속 군주를 위해 봉사하면서 군주의 후원을 받아야만 할 겁니다.

장인이 있기에 우리가 그릇, 의자, 탁자, 컴퓨터, 전기를 가질 수 있다는 점은 누구도 잊지 않습니다. 반면에, 우리는 우리의 타고난 자질에서 다른 능력, 다른 기능을 끌어낼 수 있는 지적 기술을 성급하게 제쳐버리는 오류는 자주 범하지요. 부디 당부하건대, 당신에게 추상능력과 계산능력을 '갖게' 해준 시험과 기술을 잊지 마세요. 아직도 믿기지 않거든 어렸을 때 구구단을 외우는 데 얼마나 시간이 걸렸는지 생각해보세요. 청소년기에 2차 방정식이나 미분계산식을 푸는 데 얼마나 오랜 시간이 걸렸는지 생각해보세요. 그래요, 학생은 아마 수학을 좋아하겠지만 그래도 어느 날 갑자기 그런 문제를 풀 수 있는 건 아니지요. 다행히도 우리의 능력을 두뇌, 습관, 지적 기술로 '분배하는'distribuer 데 도움을 줄 수 있는 심리학자나 인지과학자들이 부족하진 않습니다. 분배 방법의 규칙은 이러합니다. 카이사르에게는 카이사르의 것을, 도구에게는 도구의 것을 돌리세요. 오로지 우리 머리로만 생성될 수 없다고 생각되는 것들은 사무실, 동료들, 기입의 기술 덕분에 나왔다고 생각하라는 뜻입니다.☞

이제 실험실을 어떻게 정의할까요? 내가 실험실을 '우아한 시체'*, 작업장과 지적 기술의 있을 법하지 않은 만남으로 정의한다고 해도 지나치게 단순화하는 셈은 아닐 겁니다. 우리는 경험에서 실험으로, 장인에서 연금술사를 거쳐 화학자로 넘어가면서 물질에 의한 시험이 이제 어떤 자료, 기입으로 나아간다는 데 주목합니다. 도구는 탄생했습니다. 이 작은 기적을 통하여 우리는 세계의 존재들을 변신시킬 뿐 아니라 그것들이 '사람들이 하는 말에 대하여 스스로 반박할 수 있게 합니다.'

여기에는 최소한 두 개의 기원이 있을 겁니다.☞ 생각을 정리하기 위해서 한쪽에는 이탈리아의 갈릴레이의 전통이 있다고 합시다. 또 다른 한쪽에는 영국의 로버트 보일의 전통이 있다고 합시다. 갈릴레이는 실험실을 필요로 하지 않았습니다(그는 후원자 앞에서 실험을 할 때 왕의 식탁보를 치우기만 하면 됐습니다). 갈릴레이는 필수적인 두 요소를 만들어냈습니다. 이제 접근해야 하는 현상들을 아주 '희박하게 만들지 않고는' 증거를 생성할 수 없게 됐지요(그는 모든 종류

---

* '우아한 시체'cadavre exquis란 작품 전체에 대한 구상 없이 한 사람이 데생이나 문장을 시작하면 참가자들이 그다음을 이어가는 식으로 이루어지는 유희적 창작 방식이다. 이러한 방식 자체는 기존에도 있었으나 1925년 무렵 초현실주의자들이 즐겨 하면서 '우아한 시체'라는 명칭이 붙게 되었다.

의 운동 중에서 물체의 낙하만을 취하고 마찰은 한쪽으로 제쳐놓았습니다). 또 다른 중요한 전통은 실험 대상을 우선 기하학에서, 그다음은 대수학에서 비롯된 양식과 양립할 수 있게 했습니다. 이게 바로 '수학적 언어로 쓰여진 자연이라는 책'이라는 유명한 주제입니다. 보일은 현상들을 단순화하는 것을 용인했을 뿐 아니라 기관들로부터 연구 자금을 조달받아 값비싼 도구(예를 들면 진공펌프 따위)들을 이용하여 '인위적으로' 새로운 현상들을 만들어냈습니다. 그는 믿을 만한 증인들의 공동체(그가 하나에서 열까지 만들어내야 할 공동체)에게 가시적 성과를 보여야 했지요. 그 공동체는 너무 광범위한 해석과 너무 빨리 실리를 추구하는 관행과는 조심스럽게 구별된 특수한 양식—실험 이야기—을 통하여 정보를 얻게 됩니다. 이 두 흐름은 19세기에 와서야 겨우 글자판, 즉 글자를 읽을 수 있는 스크린이나 인터페이스의 발명을 통하여 융합되었습니다. 그런 발명품들은 직접적으로—다시 말하자면 매우 간접적이라고 할 수도 있겠지만—현상들을 수학적 기호로—온갖 형태와 모델의 계산기, 픽업*, 스크립터 등으로—나타낼 수 있으니까요. 현재 의학 실험실에서 검사를 받는 환자는 누구나 자신의 몸을 읽고 보고 수치화하고 계산할 수 있게 하는 이 오만 가지 방법들에 익숙할 겁니다(144쪽 그림). (게다가 이런 검사를 한번 할 때마다 돈이 많이 든다는 것도 잘 알지요. 덕분에 정확한 지식의 현실적 조건에 대해서 관념주의를 품을 일은 없네요…)

* 여기서는 열, 음성 신호 따위를 전기 신호로 변환하는 장치를 뜻한다.

• 왼쪽 Houdart, 오른쪽 Jean Rossier.

여전히 현상들은 증언의 관계자 집단 내에 출두하도록 소환되어야 합니다(나는 의도적으로 법정에서 구사하는 용어들을 썼습니다). 이 말은 실험실의 오랜 계보학에 제3의 계통을 도입해야 한다는 얘기지요. 그것은 바로 아카데미의 전통입니다. 여기서 아카데미는 철학적 논쟁, 말하자면 논증에 익숙한 공동체입니다. 이 공동체는 왕들의 후원 덕분에 다른 공동체들(상업, 종교, 정치 공동체들)의 지나친 압박, 지나친 요구를 면할 수 있습니다. '상대적으로 자율적인' 이 공동체들의 창립과 존속에 대한 문헌은 엄연히 존재합니다. 학생도 잘 알겠지만 '상대적으로 자율적인'이라는 표현은 어떤 서비스의 대가로 일정한 독립성을 획득하는 의존관계의 한 형태를 요약하고 있습니다(우리는 아르키메데스 이래로 과학의 자율성이라는 말이 흔히 이 말에 부여되는 치외법권적인 의미를 가질 수 없다는 것을 알고 있습니다). '과학자'(이 말 자체는 19세기에 등장했지요)를 오랫동안 '철학자', '자연철학자'로 불렀던 이유는 과학자들이 2000년이나 계속된 논쟁적 전통을 계승

했기 때문입니다. 그 전통은 이미 오래전부터 증명에 대한 요구에 수사학적 방법들을 끌어들일 줄 알았습니다.

학생은 내가 왜 앞에서 비판한 수사학과 증명의 근본적인 구분을 사용하지 못하는지 잘 알 겁니다. 약한 능변에서 강한 능변으로 넘어갈 수 있게 한 것은 실험실이라는 기관이었습니다. 우리는 논증에 대해서 이야기할 때 언제나 그 점을 잊곤 하지요. 게다가 하얀 가운 부족들은 좋은 실험과 나쁜 실험, 좋은 동료와 나쁜 동료를 조심스럽게 구분하게 하는 방대한 어휘를 갖고 있지요. 또한 하얀 가운을 입은 부족들은 어떤 명제에서 '뜨거운 것', '차가운 것', '생산적인 것', '우아한 것', '영리한 것', '수익성 있는 것', 나아가 (이 표현이 참 절묘하다고 생각합니다만) '거짓이지만은 않은 것'을 알아볼 수 있습니다. '방법'이니 '과학정신'이니 하는 용어들이 정확하게 밝혀주지 않는 직업적 습관들을 이해하려면 바로 이 일상적이고 평범한 어휘에 주목해야 합니다. 물론 우리가 '방법의 담론'에 대해 쓰거나 '방법론적 규칙'을 제공하고자 했던 것은 옳은 일이었습니다. 여기에 학계에서 존중해야 하는 직업적 특수용어가 있습니다. 법조인에게는 그들 고유의 관용어가 있고, 정보과학자에게는 그들 나름대로, 배관공에게도 그들 나름대로 쓰는 말들이 있지요. 이 과학적 방법의 방언들은 오로지 하얀 가운 부족들에게만, 또한 그들이 실험실과 접촉해 있는 동안에만 의미를 갖습니다. 그 말들은 어디에서나, 모든 사람에게, 모든 것에 노력과 대가 없이 확산될 수 있는 보편언어가 아닙니다.

우리가 실험실을 잊어버린다면 그저 진부하기만 한 것들을 과학적 방법의 이름으로 옹호할 위험이 있습니다. 그놈의 '가설연역법'으로 초심자들을 피곤하게 만들며 그 방법이야말로 '과학적 합리성'의 전형이라고 주장한다면 우리도 저마다 시장에서 버찌나 딸기를 살까 말까, 버스를 탈까 지하철을 탈까, 현금으로 계산을 할까 카드를 낼까 등을 결정할 때 동일한 방법론적 규칙을 적용한다는 사실을 망각하는 셈입니다. 우리도 일단 가설을 세우고, 그다음에 그 가설을 시험에 부쳐서 수정을 가하거나, 오류가 있음을 증명하거나, 확증을 하니까요…. 이런 의미에서 보면 그 '방법론'보다 결코 덜 '과학적'이지 않단 말입니다. 과학적 방법론이 대단히 놀라운 결실을 거두는 듯 보이는 것은 그 '대상들'이 완전히 특수하기 때문입니다. 아주 일반적인 규칙들을 특수한 대상들에 적용한 것뿐이지요. 사람들은 아세틸콜린 수용체 전문가의 과학적 방법론에 경탄하지만 내가 딸기를 사거나 버스를 타기로 결심한다고 해서 나에게 경탄하진 않습니다. 그 이유는 사람들이 그 전문가가 수용체들에게 받아들이게 한 합성물의 새로움에 경탄하기 때문입니다. 그 점을 제외하고 보면 그 사람이나 나나 추론은 거기서 거기입니다. 그 사람과 나의 모든 차이는 그 사람이 다루고 분명히 규명하기에 이른 '사물들'에서 오지요….

일단 실험실이 분명하게 무대에 오르면 우리는 연구자들이 '그들이 논하는 사물이 말을 할 수 있다면 할 법한 이야기를 한다고' 주장할 수 있습니다. 더욱이 그들은 사물이 '말을 하게' 하거나 도구들을 통하여 '증언하게' 합니다. 이리하여 그들은 유동적인 해석에 대하여 새로운 순환 과정cycle을 시작합니다. 이 순환 과정 속에서 (직접적 증언, 글쓰기, 강연, 공개실험을 통하여) 실험적 시험을 좇게끔 소환된 증인들은 이제 최초의 연구자들이 그들의 이름을 걸고 논하는 사물들로부터 허가를 받았는지를 결정해야 합니다. 해석학herméneutique이라는 용어가 '자연에 대한' 학문에 대립하여 '해석에 대한' 학문이라는 뜻으로 자주 쓰이지만—특히 독일에서 그렇지요—학생은 이 용어가 '능변'이라는 용어가 그렇듯 자기가 말하는 바를 증명할 수 있고 앞에서 정의된 의미에 대해 논쟁을 열 수 있는 '모든 학문분과'에 적용된다는 것을 이해할 겁니다. 다시 한번 '코기토'가 아니라 '코기타무스'인 것입니다.

실험실의 역사와 그 모든 계통을 추적한다면 방대한 책이 여러 권 나올 겁니다. 논의를 완전하게 하려면 작업장, 사무실, 아카데미에다가 석학의 작업실, 재판기록보관소, 주석가의 사택, 그리고 진열실을 추가해야겠지요. 아주 흥미로운 역사를 지닌 이 진열실은 독일어로는 '분더카머'(Wunderkammer, 경이로운 것들의 방)라고 부르는 곳으로 미술관과 박물관의 전신前身입니다. 게다가 이제는 도처에 실험실들이 흩어져 있기 때문에 이러한 형식들이 무수히 많아졌지요. 제어검사 실험실, 임상진단 실험실, 도량계측 실험실까지 있습니다. 우리는 그런 실험실들을 도살장에서나 양조장에서나, 비행기 공장에서나 의사의 진료소에서나 다 같이 볼 수 있을 겁니다.☞

하지만 자질구레한 사항들은 중요하지 않습니다. 여기서 문제가 되는 것이 특정한 장소들이라는 점을 일깨우는 것이 중요하지요. 그 특정한 장소들을 차지하는 소집단들은 서로 논쟁을 함으로써, 그리고 대개 비싸고 복잡한 도구들을 사용함으로써 현상들에 특수하고 전문적인 시험을 가하며 그 부분적 결과로 단편적인 기입들을 얻습니다. 그 기입들은 다른 글을 확증하고, 보장하고, 논박하고, 동요시키며 자꾸만 복잡해지고 확장되어가는 논쟁적인 해석 과정들을 거쳐서 차츰 확신을 도출합니다. 또한 때때로 그 기입들은 세련된 해석학의 유동적인 규칙에 따라 초심자를 위한 개론서에서 다른 추론의 전제들로 쓰이며 보장된 결과로 굳어집니다. (지난번 강의로 돌아가자면) 과학 문헌은 이러한 해석학의 추적조사 follow-up를 잘 제공합니다. 특히 데이터베이스의 디지털화가 이루어진 이래로 더욱 그렇지요. 학생은 일부러 군소리를 많이 늘어놓은 이 문장의 목적이 과학혁명이라는 광대한 맨틀을 보잘것없는 실험실들의 연결망으로 곧장 대체하지 않게 하려는 것뿐임을 이미 이해할 겁니다(내가 학생의 맨 처음 질문을 잊지 않았다는 것도 알 테고요). 그 질문에 답하기 위해서 나는 이 거대한 혁명의 이야기가 돌이킬 수 없는 것이 되게끔 아무 어려움 없이 '통합하려' 하는 것을, 될 수 있는 대로 단편적이고, 가역적이며, '불연속적인' 것으로 붙잡아두고자 노력합니다.

실험실과 현실 세계의 얽힘

너무 성급하게 연속성을 말하지 않기 위해서 어째서 이렇게까지 고집과 강박(어쩌면 당신이 이렇게 도발적인 표현을 쓸지도 모르겠어서요)을 밀고 나갈까요? 내가 '규모의 변화'changement d'échelle라고 부르는 아주 중요한 현상, 혁명적 해석이 너무 자주 잊곤 하는 그 현상 때문입니다. 우리는 아르키메데스 이래로 실험실이—비록 아르키메데스의 시대에는 이 용어가 없었지만 그에게까지 거슬러 올라갈 수 있음을 받아들인다면—모든 행위 경로를 비집고 들어가 구성을 수정할 수 있다는 것을 압니다. 우리는 또한 비록 신화적인 이야기이긴 해도 기하학적으로 계산된 비례법칙들이 도입됨으로써 시라쿠사를 방어하는 데 쓰인 기계들의 크기, 아니 '규모의 결정'dimensionnement이 달라졌다는 이 예가 다분히 놀랍다는 것도 압니다. 우리는 이러한 기하학에 의한 우회가 일단 한번 작동하면 군사기술이 이제 재구성된다는 것도 이해합니다. 왜냐하면 그러한 우회는 최소한 요새공방기술에서의 기술자의 재능과 계산을 포함하게 되니까요. 내가 번역이라는 단어로 분류한 우회와 구성의 전체를 조금이라도 존중하기만 한다면, 우리는 수학이 아르키메데스가 이룩한 쾌거의 유일한 원인이라고 보는 함정에서 얼마든지 벗어날 수 있습니다. 그렇더라도 수학의 결정적 역할까지 부인하지는 않으면서 말입니다.

내가 항상 이 위대한 기술자 아르키메데스에게로 돌아가는 이유는 그의 고정점, 모든 것을 움직이고 지구마저 들어 올릴 수 있게 하는 그 '받침점' 때문입니다. 사실 지렛대의 은유는 아르키메데스가 계산을 통해 수립할 수 있었던 작은 것과 큰 것의 관계로써 실험실 고유의 효력을, 또한 실험실과 그 실험실이 근본적으로 변화시키는 것과의 관계를 기막히게 잘 정의합니다. 지렛대의 은유를 다른 방식으로 말해보면 과학의 실제 세계에 대한 '적용'이라는 개념 말고 다른 식으로 실험실의 효과를 이해할 수 있게 됩니다. 학생도 앞으로 보겠지만 적용이라기보다는 '연루'implication, 나아가 '얽힘'complication이라고 해야 할 겁니다….

나는 학생들에게 이 점을 이해시키기 위해서 시계제작자 존 해리슨John Harrison, 1693~1778의 예를 듭니다. 존 해리슨에 대해서 데이바 소벨Dava Sobel이 쓴 대중적인 책과 훌륭한 영화가 나와 있습니다.☞ 영국 해군에게 영국 시골에 처박힌 시계공이 무슨 의미가 될 수 있습니까? 당연히 별 의미가 없을 겁니다. 하나를 다른 것과 연결하고 결합하고 '번역'할 수 있게 하는 여지가 전혀 없지요. 그렇게 될 수 있었던 것은 공공의 문제가 된 어떤 문제 때문이었습니다. 1714년에 영국 의회는 '오차범위 0.5도(약 55킬로미터) 내에서 경도를 측정할 수 있는 모델'을 개발하는 자에게 2만 파운드의 상금을 내리겠다는 법을 만들었습니다. 위도는 수평선에서 바라보는 별과 태양의 높이가 상대적으로 변하기 때문에 계산하기가 쉽지만, 경도는 현지에서 태양이 머리 위에 떠오르는 정오와 바로 그 시간의 출발지(예를 들면 런던) 시각을 파악하여 그 시간차를 알아야 하기 때문에 쉽게 계산할 수 없었다는 사실을 굳이 설명하여 학생을 무시하는 짓은 하지 않겠습니다. 자, 여기 번역들의 연쇄의 아주 좋은 예가 있지요. 고대로부터 뱃사람들에게 경도를 측정하는 문제는 늘 있어왔지만 그 문제가 심각해진 것은 신대륙 발견과 대항해 시대 이후부터였습니다. 그 문제가 해군 사령부, 의회, 영국 전체의 '관심을 끌기'intéresser 위해서는 암초에 부딪쳐 난파할 위험에 처한 수백 척의 선박들, 무역 제국, 주식회사들, 해군대장들, 시계들이 이미 자리를 잡고 있어야 했습니다(시계의 구성요소들은 호이겐스의 실험실, 갈릴레이의 발견 등에서 나왔지요). 더욱이 사전에 그 문제가 어떤 현상금의 형태로, 오늘날 식으로 말하자면 '프로젝트 공모전'의 형태로 표현되어야 했습니다. 그러한 형태는 하나의 '문제' 안에 법적, 정치적, 재정적 전제조건들을 혼합해놓습니다. 제도들을 통해 이미 명시된 문제로 구성되고, 층층이 겹치고, 얽히고, 연루되고, 요약된 세계가 없다면 어떤 구성도 가능하지 않습니다.

존 해리슨의 예가 지닌 이점은 18세기 선박 전투의 끔찍하게 소란스러운 세계에도 잘 버틸 수 있는 견고하고 정확한 해상시계를 영국 선박의 항해에 이용하게 되기까지 거의 30년이나 걸려야 했다는 바로 그 사실에서 비롯됩니다. 존 해리슨의 첫 번째 원형은 육지에서, 그의 집에서, 영국 내륙 시골에서는 시간이 잘 맞았습니다. 다시 말해 해상시계가 아무 짝에도 쓸모없는 곳에서는 그랬습니다! 그 원형 제품의 무게는 100킬로그램이 넘었고 일단 바닥의 경사, 옆질과 키질에 한번 흔들리면(배가 집중포격을 당하거나 하는 경우도 빼놓을 수 없지요) 시간이 맞지 않을 여지가 있었습니다. 가장 딱

한 일, 그 가엾은 시계공의 건강을 심히 상하게 한 점은 육지로 돌아와 자신의 해상시계를 덩치만 크고 취약하기 그지없는 다른 시계와 비교해보지 않으면 정말로 시간을 잘 측정하는지 그렇지 않은지 확인할 수 없다는 데 있었지요. 얼마나 불안했겠으며 얼마나 많은 낭패를 보았겠습니까. 데이바 소벨의 책을 참조하기 바랍니다. 해리슨은 과학은 숭고하고 초자연적이지만 과학의 적용은 멸시할 만하다는 플루타르코스의 판단을 반복할 수 없었습니다. 또한 자신의 시계가 이상적인 해결책이라고 적당한 말을 하는 선에서 그치고 종지부를 찍을 만한 증거는 내놓지 않을 수도 없었습니다. 18세기에는 모두가 그 정도는 생각할 수 있었습니다(비록 당시에도 목성의 위성들을 천체망원경으로 추적한다든가 하는 다소 어려운 해결책들이 있긴 했지만 말입니다). 안 될 말이었습니다. 글자판 위에 조립한 그놈의 케이스는 몇 달이 지나도록 어떤 충격에도 파손되지 않아야 했습니다. 해리슨이 선박의 난리법석에서도 버틸 수 있게끔 해상시계를 안정화하고, 축소화하고, 작동을 확실하게 할 때에야 비로소 이상적 시계의 '적용'이 있을 터였습니다. 바로 그렇기 때문에 가엾은 해리슨은 자신이 개발한 원형 제품을 가지고 직접 힘들게 여행을 해가면서(그는 뱃멀미로 고생을 했지요!) 해상시계를 해군의 필요, 요구, 관습과 통약 가능하게 고쳐나갔던 겁니다. 번역이라는 참으로 깔끔한 이 단어 하나에 어려 있는 땀과 수고를 헤아렸으면 합니다. 어떤 과학의 적용을 말하는 순간부터 이 모든 수고는 마법처럼 사라지지요. 그때부터는 아무 노력 없이도 이동하는 관념들밖에 남지 않고, 관념들은 땀을 흘리지 않거든요.

이 예에서 어떤 가르침을 끌어낼 수 있을까요? 실험실은 일단 일련의 시침질 작업부터 성공시켜야만 비로소 '현실 세계에 적용할 수 있다는' 가르침 아닐까요. 일단 실험실은 현실 세계에서, '규모 1에서'à échelle un 현상의 몇몇 측면들을 '채취할'prélever 수 있어야 합니다. 우리가 통제하기 원하고 그다음에는 이동시키는 법—언제나 옮김, 언제나 번역입니다—을 배워야 할 측면들이지요. 그러고 나서는 학자들이 안전한 보호 아래에서, 이를테면 닫힌 단지 안에서 새로운 해결책들을 탐색하고 그들이 길들이고자 하는 존재들에게 인위적인 일련의 시험을 가할 수 있어야 합니다. 하지만 그 후에는 실험실이라는 보호받는 공간 안에서 얻어낸 결과들을 다른 방향으로, 현실 세계로, 규모 1로 이동시킬 수 있어야 합니다. 그로써 현실 세계에, 혹은 성과로서 얻어낸 원형에 충분한 변형을 가하여 그 두 가지를 양립 가능하게 해야 한다는 조건에서 말입니다. 그러자면 온갖 테스트, 정도의 차이는 있으나 다소간 공개적인 시험들이 전제되고, 그 각각의 시험은 실패하거나 실험을 종결시키거나 둘 중 하나입니다. 그때, 오직 그때에만 우리는 어떤 과학적 결과가 '실제적인 효과'가 있노라 말하겠지요. 그때, 오직 그때에만 우리는 입이 떡 벌어질 겁니다. 이를테면 '일개 영국 시계공'이 '대영제국' 전체 선단의 운항을 책임질 수 있게 되었다는 데에서요. 그때, 오직 그때에만 19세기의 배에는 몇 백 그램의 무게밖에 나가지 않는 여러 개의 해상시계가 장착되어 있어서 선장이 현재 위치를 측정하고 지도에서 배의 지점을 찾을 수 있었다는 사실에 우리는 더 이상 놀라지 않을 겁니다. 이제 첨단 시계 산업을 '경유'하지 않는 항해란 있을 수 없게 됐지요. 하지만 우리는 갑판에서 태양이 머리 위에 오는 정오에 해상시계들이 가리키는 시각을 읽고 그 결과들을 서로 비교하여 평균 오차를 계산하게끔 선원들이 일반적으로 훈련을 받고, 선박에 그러한 장비들이 일반적으로 갖추어져 있다는 사실을 잊어버릴 겁니다. 그 모든 것이 마침내 설명하거나 증명하지 않아도 저절로 명백해지겠지요. 구성은 잊히고 말 겁니다. 아니, 위치를 파악하려면 해상시계가 필요하다는 자각조차 없을 겁니다.

나는 이러한 지렛대 운동의 예들을 학생도 얼마든지 찾을 수 있으리라 생각합니다. 이러한 예에서 연구자들은 무수히 많은 실태 속에 파고들고, 어떤 요소들을 이동시키고, 그것들을 재처리하고, 그 후에 맨 처음 상황으로 다시 삽입시킴으로써 첫 상황에 지속적 변화를 낳습니다. 그러다 나중에는 이 모든 시침질이 자연스럽게 되어naturalisé 잊히는 겁니다.☞ 우리의 일지는 이러한 예들로 넘쳐납니다. 감히 말하자면, 우리가 과학의 풍요함을 이해하기 위해서는 가능한 모든 입장을 요약하는 하나의 논설, 요컨대 '지식에 대한 욕망'libido sciendi의 카마수트라가 필요하다고 할까요…. 작은 것이 큰 것을 지탱하고, 지엽적인 것이 전체적인 것을 지탱하며, 계산이나 이론에서의 미미한 변화가 어마어마한 힘으로 큰 변화를 낳고 엄청난 결과를 불러온다는 말을 들을 때마다 잊지 말고 그 놀라운 술책의 움직임을 추적해보세요. 그러한 술책은 실행의 일반적인 추이 속에서 실험실에 부단히 도입되었던 혁신들을 우회와 구성을 통해 설명합니다. 오직 구불구불한 '메티스'(mētis, 기교)만이 '에피스테메'(epistēmē, 지식)를 똑바로 나아가게 할 수 있지요.

둘로 쪼개진 세상

학생은 나의 실험실 이야기가 엄밀히 말해서 코이레의 과학혁명 이야기와 아무 상관도 없다고 말할 겁니다. 사실, 아무 상관도 없어요! 그게 바로 내가 주장하는 바입니다…. 이 이야기가 얼마나 다른가를 이해하려면 우리의 친애하는 데카르트에게로 돌아가야 합니다. 그가 『세계론』을 쓸 때 『방법서설』에서의 데카르트는 어디 갔습니까? 르네 데카르트는 그때 어떤 카드들을 쥐고 게임을 했던 걸까요? 카드는 별로 없었습니다. 광학에서 얻은 약간의 성과, 약간의 대수학, 코페르니쿠스 모델이 일개 모델 이상이라는 점점 더 커져가는 확신, 갈릴레이의 물체의 낙하법칙, 약간의 음향학, 연금술사들에게서 비롯된 방대한 노하우, 2000년간 지지고 볶으며 전해 내려온 의학적 처방들이 전부였지요. 실제로는 대단한 결과 없이 부분적 성과들만이 따로따로 떨어져 있었습니다. 여기서 어떤 결론을 끌어낼까요? 실제로는 우주적 차원의 결론이 나왔지요. 코스모스가 우주가 되었으니까요.

얼마나 대단한 허풍입니까! 혹은, 좀 더 정중하게 말하자면 얼마나 대단한 힘의 관계의 전복, 얼마나 기막힌 미니맥스*입니까! 아르키메데스와 지렛대는 여기에 비교하면 애들 장난이지요. 일찍이 쓰여진 적이 없는 '물질의 소설'에서 가장 놀라운 것은 데카르트 혼자 난로—말하자면 그 시대의 유럽 실험 공동체 전체와 관련된 난로—옆에서 물질을 상상했다는 것입니다(나는 분명히 상상이라는 표현을 썼습니다). 즉, 데카르트는 '생각하는 실체'res cogitans를 우리가 생각할 수 있듯이 '연장된 실체'res extensa를 '생각할 수 있다'고 상상했습니다. 그런데 이때 생각되는 것은 '연장된 실체'의 '관념'이라는 데 주목하세요. 왜냐하면 'res'(실체)라는 단어가 붙기는 해도 이것은 사물이나 실재의 한 영역이 아니라 분명히 관념, 그것도 상상력이라는 '집안의 미친년'folle du logis**이 만들어낸 관념이거든요. 학생에게 이 '연장된 실체' 문제는 꽤나 기이하게 보일 겁니다.☞ 실제로 이는 3세기 동안이나 모든 과학, 모든 철학과 관계될 아주 특별한 작용이었고, 우리는 이 작용을 '유물론적 관념론'이라고 부를 수 있을 겁니다. 관념을 통해 상상된, 물질의 새로운 개념화지요. 그런데 이 관념 자체는 오직 상상력의 도움으로만 물질적 뿌리내림에서 벗어난 겁니다….

학생은 아마도 데카르트가 밀랍을 촛불에 가까이 가져가보는 저 유명한 일화를 기억할 겁니다. 밀랍은 색깔, 냄새, 저항력을 잃

---

* minimax. 게임 이론에서 사용되는 용어로서, 추정되는 손실을 최소화하고 이익을 최대화하는 기법을 가리킨다.

** 문맥상 약간 풀어서 직역했지만 원래 'folle du logis'는 상상력, 공상을 뜻하는 관용 표현이다.

어버리고 결국 남는 것은 밀랍의 연장과 운동뿐입니다. 학생은 분명히 다소 어이없어 하면서 학생 자신의 몸이나 고양이의 신체도 이와 마찬가지라고 말할 수 있을지 의문을 품었을 테지요. 네, 그렇습니다. 생각하는 데카르트는 그에 대해 아무 의혹도 품지 않았습니다. '생각하는 실체'의 눈으로 바라보면 세계에는 연장된 사물들 외에는 아무것도 없고 그 사물들에서는 기하학으로 파악할 수 있는 속성밖에 보이지 않습니다. 내가 여기에 덧붙여 말하자면, 하얀 종잇장에 투사하여 그릴 수 있는 것 외에는 다른 속성이 보이지 않는 겁니다. 있을 법하지 않은 얘기라고요? 그래요, 실천적 물질주의자로서는, 세계 속에 잠겨 있는 대상이라는 것을 실재적으로 바라보는 관점에서라면, 모든 생명체에 대해서는, 모든 사유 공동체에 대해서라면 있음직하지 않은 얘기지요.

하지만 데카르트의 작용은 사실임직함vraisemblance을 겨냥하지 않습니다. 그 작용은 다른 방식으로 깜짝 놀랄 만한 일을 가능케 했지요. 그 작용은 전혀 수고를 들이지 않고 새로운 세계의 '연속성'을 보장하고 실험실에서 도출된 부분적 성과들을 즉시 온 우주로 확장하게 했습니다. 다시 말해, '연장된 실체'는 흩어져 있는 실험실들에서 알록달록한 프로시니엄 아치*만큼이나 다양한 연구자들이 수많은 학문분과의 다형적 지식을 통해 차츰 이끌어낸 부분적 성과들에 연속성을 더할 수 있게 해주었습니다. 그리고 그 연

* 연극 무대와 관객 사이를 갈라놓는 액자 모양의 건축 구조로서 화려한 커튼으로 장식되어 무대기계, 조명장치 등을 관객의 시야에서 숨겨주는 동시에 관객에게 무대와의 일체감을 준다.

속성은 다시 모든 학자들에게 사유에서의 진전을 '도처로' 확대하려는 열의를 불러일으킵니다. 마치 학자들에게 이렇게 말하는 식이지요. "여러분의 시도와 수고에서 비롯된 성과가 아무리 작고 부분적이고 결함이 있을지라도 여러분은 어디든 갈 수 있고, 모든 것을 이해할 수 있고, 모든 것을 추론할 수 있고, 모든 것을 소유할 수 있을 겁니다." 자연철학자들이 어떻게 넘어가지 않을 수 있겠습니까? 충격은 기가 막히고, 내기는 끝내주고, 이득은 천문학적이며, 잃게 되는 판돈보다 더 큰 금액이 보장되는데요. 완전히 있을 법하지 않은 것을 대가로 치르고(정말로 기하학적 영역에서만 고려될 수 있는 사물은 없으니까요) 지엽적인 결과들이 어디서나 타당한 것처럼 굴 수 있게 됐잖습니까. 사유와 대립적으로 파악되는, 우주의 한 구간을 뜻하는 '연장된 실체'res extensa라는 단어를 읽을 때마다 관념적 정복 프로그램의 놀라운 '확장'extension을 추적해야 한다는 점을 알아두기 바랍니다.

학생이 여기까지 잘 따라왔다면(내 학생들에게 이 이야기는 하지 않습니다. 너무 복잡하고 어렵기 때문에 학생들이 폭동을 일으킬걸요…) 코이레의 우주가 존재론적 실재가 아니라 형이상학적 개념이라는 것을 이해했을 겁니다. 그 개념 자체도 하나의 코스모스로 구성되어 있고(코스모스 외에는 우주를 구성할 만한 다른 것을 알지 못하니까요), 거기에 그림의 배경으로 내기, 소설, 가설, 그리고 대상들의 관념이 덧붙여진 것이지요. 여기서 우리는 그러한 대상들의 한 측면만을 보고, 그 대상들은 오로지 선행하는 원인들에 의해서만 이동합니다. 그게 바로 관념으로 사유된 물질이지요. 물론 코이레가 하는 이야기는 전혀 다릅니다. 이 이야기에서는 갈릴레이, 보일, 데카르트, 그리고 머지않아 등장할 뉴턴, 라플라스, 좀 더 나중에는 아인슈타인이 각기 이루어내는 부분적 발견 이면에서 매번 물질적 세계가 점점 더 드러난다고 봅니다. 그 세계는 실재적이고 무한하며 법칙들이 어디서나 동질적입니다.

이 두 이야기는 전면과 후면의 관계를 거꾸로 한 것 같습니다. '코기타무스' 이야기에는 실험실들이 우회와 구성, 잡다한 코스모그램을 거느리고 전면에 나와 있습니다. '연장된 실체'는 일종의 인위적이고 관념적인, 거의 피상적인 연속성으로 나타나고요(그게 아니라면 각각의 부분적 성과가 바로 보편법칙으로 나아갈 수 있기 때문에 대번에 귀납의 문제를 와해시키고 자연철학자들에게 열의를 불러일으켰다고 할까요). 반면에 '코기토' 이야기에서는 무한한 우주의 물질이 수학적 기호로 직접 표시된 인과의 기나긴 연쇄를 끌고 전면에 등장하지요. 실험실은 저기 뒤쪽에, 자연의 보편법칙을 '그때그때' 드러내는 데 쓰인다는 점 외에는 아무 중요성이 없는 '세부사항들'의 집합으로 물러나 있습니다. 과학의 진보는 이 보편법칙들을 역학, 천문학으로 시작해서 20세기에는 분자생물학, 신경과학, 경제학 등에 이르기까지 점점 더 많은 사례들을 통하여 드러내지요…. 첫 번째 경우에서 '연장된 실체'는 상상력을 통해서가 아니면 어느 곳에서도 확장되지 못합니다. 두 번째 경우에는 도처에 퍼져 이미 우주적으로 확장되고요. 학생에게 미리 말해두었듯이, 우리는 과학의 사정, 과학의 역사에 대해서 너무 빨리 합의를 볼 수 없으며, 그래서도 안 됩니다.

특히 내가 데카르트의 발상이 아무 대가도 요하지 않는다고 말한 것은 다소 성급했습니다. 오히려 그 대가는 어마어마하고 천문학적이라고(이 단어의 본래 의미에서) 해야겠지요. 3세기 동안 우리를 둘러싼 사물, 원인, 사건 속에서 'res'(실체), 실재론, 물질이 사라지게 될 테니까요. 마치 세계가 결코 양립할 수 없는 두 유형의 실재로 갈라진 것처럼 되어버렸지요.

나는 앞에서 가엾은 갈릴레이가 둘로 쪼개진 세상 속의 정신분열증 환자 꼴이 됐다고 말한 바 있습니다. 그래요, 세상은 둘로 나뉘었습니다. 그 분열된 세상에 거창한 해방 이야기의 책임이 있습니다. 만약 '연장된 실체'에 관념, 상상력이라는 실용적 의미가 아니라 '물리적 실재'라는 의미를 부여한다면 어떤 일이 일어날까요? 그러한 실용적 의미 덕분에 보완적 연속성을 미리 앞당겨 보장함으로써 실험실들에서 튀어나오는 사유와 대상의 모든 기회들을 연결할 수 있었는데 말입니다. 아마 실재가 두 집합으로 나뉘게 될 겁니다. 한쪽에는 철학에서 '일차적 특질'이라고 부르는 것의 집합이 있습니다. 밀랍조각을 예로 들자면 밀랍의 연장과 운동만이 그러한 일차적 특질입니다. 반면에 밀랍조각의 냄새, 맛, 촉감, 점도는 '이차적 특질'이지요. 일단 이 단절이 이루어지고 나면 데카르트 이후로 아무도 그 반쪽들을 연결하지 않을 겁니다. 일차적 특질들만이 현실적이지만 그것들은 사유이고(주의할 것은, 이게 특정인의 사유가 아니라 모든 애착을 벗어난 '코기토' 그 자체에 의한 사유라는 겁니다) 아무런 인간적(윤리적, 정서적, 정치적) 가치가 없지요. 이차적 특질로 말하자면 이것들은 아예 존재하지 않거나… 주관적으로만 존재한다는 가벼운 결함이 있지요. 이제 게임판 위에 우리보고 대가를 지불하라는 청구서가 올라옵니다. 그 청구서는 바가지 씌우기에 가까울 겁니다. 실재 없는 주체들과 주체 없는 객관성들이 존재하게 되니까요.☞

학생은 여기서 문제되는 것이 잘못된 형이상학적 비전이라고 할지 모르지만 실제 결과가 없지는 않습니다. 그런데 한없이 심각한 것은, 바로 잘못된 그 형이상학적 비전 때문에 우리가 더 이상 '세계에 대해서 서로 합의를 보지' 못하게 됐다는 겁니다. 왜냐하면 이제 그 무엇으로도 주체와 객체를 연결할 수 없을 테니까요. 물론 데카르트는 그 둘을 연결하는 다리를 놓기 위해 신을 경유했습니다. 하지만 신이 얼마나 오래 버틸지는 확실치 않지요…. 세계, 세계에 대한 합의는 영영 사라져버렸습니다. 공포와 기쁨의 전율. 환멸은 커져만 가고 학자들 한 사람 한 사람은 이 비극적 계시에 의하여 십자가에 매혹적으로 못 박힌 영웅처럼 보입니다. 데카르트에서 오늘날의 신경생물학까지 이어져오는 가학-피학증은 언제나 철학분과의 기쁨이 되지요. 파스칼이 말했듯이 "무한한 공간의 침묵이 두려움을 자아낸다면" 그렇게 두려워하는 자들은 공간을 침묵시킨 바로 그들이겠지요. 다시 말해—놀라운 일이지만—학자들이 바로 그 무한한 공간으로 하여금 말하게 했던 자들이기도 하고요….

학생이 이 유해한 장면들을 피하기를 내가 얼마나 바라는지요! 다행히도 학생은 우주가 학자들에게 지상낙원에서 쫓겨난 아담과 이브처럼 자신들이 모든 코스모스에서 쫓겨났다는 믿음을 강요하지 않게 된 후에 태어났지요. 우리는 이성으로, 사물로, 물질로, 실재론으로 돌아갈 수 있습니다. 따라서 한없이 진정하고 지속 가능한 사랑으로써 과학을 사랑할 수 있습니다. 하지만 그 얘기는 다른 편지에서 쓰겠습니다.

친애하는 학생에게, 우정을 담아 보냅니다….

다섯 번째 편지

무엇을 할 것인가?

신문이 인간들의 의회로 대표된 시민들에게 필요한 장비를 갖춰줌으로써 민주주의를 가능케 했다면, 새로운 플랫폼들이 사물들의 의회에서 대표되기를 추구하는 시민들에게 다시금 장비를 마련해줌으로써 기술민주주의를 가능케 하지 못할 이유가 없습니다. 우리는 시민으로서 태어나는 것이 아니라 시민이 되어가는 것입니다.

아, 학생이 온라인 강의를 들은 것은 참으로 잘한 일입니다. 나로서는 그리 유쾌하지 않지만 훨씬 편하게 됐지요. 음, 확실히 내가 적응을 해야겠네요. 학기는 곧 끝날 터이고 학생을 강의실에서 볼 일은 없겠군요…. 그렇더라도 일지는 잘 쓰기 바랍니다. 학생이 일지를 쓰지 않으면 내가 재빨리 요약하고자 애쓰는 이 모든 내용이 다시 순전히 추상적인 얘기가 되어버릴 테고, 학생은 결코 자신의 의문에 대한 답을 찾지 못할 테니까요. 특히 학생이 처음부터 다분히 실용주의자의 자세로 제기했던 "무엇을 할 것인가?"라는 질문에 대해서요. 그래요, 그건 분명히 중대한 질문입니다. 세계에 대한 합의가 없다면 우리는 어떻게 의견을 일치시킬까요? 우리가 정말로 모든 것을 뒤죽박죽으로 만들었다면 어떻게 정의되지 않은 논란들에서 벗어날 수 있을까요? 어떻게 지금까지 우리에게 대번에, 한 덩어리로, 다 만들어져 주어졌던 것을 조금씩 구성할 수 있을까요?

나는 연구자, 학자, 근대화 추진자, 혹은 소위 '진보의 사람들'이 오늘날 얼마나 불행한가를 잘 의식하고 있습니다. 그 이유는 그들이 무엇을 잃었는지는 똑똑히 알고 있지만 어떻게 이 혼란의 한복판에서 자신감, 확신, 그리고 이성과 비이성, 과학과 정치의 구분이 줄 수 있었던 뚜렷한 경계를 다시 느낄 수 있을지 막막하기 때문입니다. 그들은 반박할 수 없는 사실의 권위를 지닌 것과 의견, 소문, 동요, 이데올로기, 파워게임, 단순한 수다에 지나지 않는 것 사이의 '구획'démarcation으로 돌아가고 싶을 겁니다('구획'은 과학철학의 고전적 용어입니다*). 나는 그들의 혼란을 이해합니다. 그들은 나, 당신, 그리고 다른 학생들의 일지를 읽으면서 가끔씩 머리털이 쭈뼛하는 기분을 느낄 겁니다. 3세기 동안 공공생활의 실천에 견고한 기반을 마련함으로써 폭력을 뿌리 뽑는 가장 확실한 방법을 **과학**에서 찾으려 노력해왔는데 지금 우리는 다시 과학과 정치를 한데 뒤섞지 않을 수 없으니까요. 기술과 과학이 다시 마녀들의 솥단지에 들어가는 꼴을 보면서 어떻게 끔찍한 상실감을 느끼지 않을 수 있겠습니까? 그 무서운 에어포켓을 느끼지 못한다면 제대로 된 인문학 교수라고 할 수 없을 겁니다.

▶ 우리 둘이 같은 기사를 스크랩했군요. 확실히 11월 25일자『르몽드』의 생태발자국 계산에 대한 기사는 대단히 인상적입니다. **"생태발자국 개념은 1990년대 초에 처음 나왔다. 생태발자국의 단위는 '글로벌 헥타르'gha다. (…) 한 나라의 생태발자국은 그 나라 국민이 소비하는 식량과 섬유를 제공하고, 도시와 인프라를 구축하며, 쓰레기를 처리하는 데 필요한 글로벌 헥타르의 수에 해당한다."** 이러한 계산에서 지구는 하나의 측정 단위가 됩니다. 이를테면 프랑스인 한

---

* 과학과 비과학의 '구획'은 과학철학의 중심 문제 중 하나다.

사람이 현재와 같은 방식대로 살아가기 위한 생태발자국은 2.7글로벌 헥타르라는 결론을 내릴 수 있습니다. 미국인이라면 5글로벌 헥타르가 필요할 테지요!

영화 〈아바타〉에서는 지구가 판도라라는 행성을 이용할 수 있다고 설정되어 있지만 우리에겐 그걸로도 부족할걸요…. 더욱이 이 측정도구가 다른 연구자들에게 몹시 비판을 받고 있고 그 자체가 논란의 대상이라고 말한대도 학생은 그리 놀라지 않을 겁니다.

▶ 나 역시 아젤방드르라는 사람이 유전자주입 포도나무 그루들을 망가뜨렸다는 기사를 말없이 주목했습니다(2009년 10월 10일자 『르몽드』). 심지어 **"그의 결단에 경의를 표하는"** 농민연합이라는 노조도 있다고 하는군요. 우리가 새로운 농업 형태들에 대해서 전혀 실험을 할 수 없다면 우리는 어떻게 해야 할까요? 국립농업연구소 INRA 소장이 이를 부당하다고 말하는 것도 옳지 않습니까? **"데이터가 없으면 우리는 토론을 나눌 수도, 기술민주주의를 실현할 수도 없습니다."**

이 사례가 더욱더 이해하기 힘든 것은 INRA는 GMO(유전자조작생물)에 반대하는 운동가들의 의견을 듣고자 최선을 다했고 기술민주주의 및 공개토론 전문 사회학자들을 통해 모순적인 토론 절차들을 바로잡으려는 노력까지 했기 때문입니다. 여기서 '기술민주주의' 혹은 '과학민주주의'라는 단어가 흥미로운 이유는 상식이 여전히 분리하고 싶어 하는 것을 같은 표현 안에 끌어들이고 있기 때문이지요.

▶ 나노테크놀로지에 대한 공개토론을 보이콧해야 할까요? 소피 베르네 카이야가 2009년 10월 15일에 Rue89*에 올린 글을 봅시다. **"공개토론은 증기를 뿜어내기 위한 배출구일 뿐이다. 정부가 지난 5월에 착수했으며 7,000만 유로의 공적 자금이 투입될 것으로 예상되는 나노혁신 계획은 사람들이 나노세계에 반대하는 공개토론의 관할에서 벗어나지 않는 한 전면적으로 재고되지 못할 것이다."** 이 반대자들은 국가가 무슨 수를 써서라도 'GMO 신드롬', 다시 말해 **"우리의 삶을 우리에게 알맞지 않게 변화시키는 기술혁명에 대한 여론의 거부"**를 피하려 한다고 봅니다. **"이는 사회학자들이 혁신의 '허용 가능성'**acceptabilité**이라고 부르는 온갖 수단들의 일부다. 어떻게 해야 하나의 혁신이 허용 가능해지는가? 거꾸로 생각해야 한다. 기술은 이미 확인된 필요들에 부응하는 것이 아니라 반대로 일단 기술이 있고 나서 그것으로 어떻게 수익을 낳을까 생각하는 것이다."**

우리는 논란의 여지가 있는 혁신 문제, 즉 나노테크놀로지 문제에 대하여 공개토론이 조직되는 모습을 다시 한 번 볼 수 있습니다. 하지만 여기서는 그 절차 자체가 반발을 사고 있는 듯 보입니다. 모든 것이 '짜고 치는 수작'이 되지 않으려면 어떻게 해야 하나요? 참여자들에게 혁신의 근본까지 거슬러 올라가 흐름을 바꿀 수

* Rue89는 프랑스의 시사 정보 및 토론 사이트다.

도 있게끔 보장해야만 할 것입니다. 하지만 그렇다고 해서 그들이 혁신의 세부사항까지 철저하게 이해할 수 있다는 뜻은 아닙니다. 진보는 이제 불가피한 전진, 그저 혁신들을 '허용 가능하게' 함으로써 준비하기만 하면 되는 전진으로 여겨지지 않습니다.

▶ 당신과 나처럼 다른 학생들도 '기후게이트'를 즐겨 음미하는데요. 하지만 최고의 전채요리는 2009년 11월 29일에 발행된『르 피가로 마가진』의 기사입니다. 여기서 전前 교육연구기술부 장관 클로드 알레그르는 자신과 같은 동료 기후학자들을 매우 과격하게 비난하는데요. 클로드 알레그르에 따르면 다른 기후학자들이 과학적 방법론을 존중하지 않고 기후 온난화의 원인이 인간 활동에 있다고 주장한다는 겁니다. **"1세기 후에 대한 예언을 기반으로 이산화탄소 배출량만 줄이면 된다는 믿음을 심어주는 짓은 파렴치할 뿐 아니라 범죄 행위다. 그들은 과학적으로 진지하지 않다. 그들은 상당한 연구자금을 끌어오는 데 성공했고, 그 돈은 관찰에 대한 고려 없이 컴퓨터 프로그램을 돌리는 데에만 쓰인다."**

구획에서 난장판으로

맨 마지막 예가 단지에 받은 물을 넘치게 하는 마지막 한 방울에 해당한다는 것을 알겠지요(혹은, 빙하를 붕괴시키는 이산화탄소 초과분이라고 할까요…). 그 자신도 연구자인 전 교육연구기술부 장관이 자기만큼 박식한 다른 과학자들을 통렬히 비난하는데 어떻게 학생이 이성과 비이성의 '**구획**' Démarcation*을 유지하기 바라겠습니까? 이런 종류의 싸움에서 우리는 모든 과학자들이 한쪽에 있고 정치인, 대중, 서민, 무지한 자들이 다른 한쪽에 '있는 동안에만' **구획**이 기능한다는 것을 알 수 있지요. 이런 경우들에는 한쪽에는 반박할 수 없는 사실들이 있고 (전에 논의가 되긴 했지만 어디까지나 학자들끼리만, 실험실과 아카데미의 담장 안에서만, 우리로서는 알 수 없는 방식으로 논의되지요), 다른 쪽에는 다양한 여론들이 있다는 식으로 구분이 가능할 겁니다. 이때 학자들은 자기들은 **구획**의 한쪽, 사실의 영역만을 차지하므로 담장 너머에서 해야 할 일은 정치가들과 '사회'가 결정할 소관이라고 겸손을 떠는 호사도 누릴 수 있었습니다. 학생은 이 겸손에서 저 유명한 사실과 가치의 구분을 알아보겠지요.

하지만 이게 다 학자들 사이에 이견이 지나치게 대립하지 않을 때에나 가능한 일입니다. 아니면, 그 분파들 모두에게 큰소리를 내며 보통사람들에게 자기네 주장을 관철시킬 만한 권위가 없을 때에나 가능한 일이지요. 그리고 블로그나 집회로 연구자들의 토론에 간섭하고 참견할 수많은 운동가들, 이해관계가 있는 사람들, 독학으로 지식을 쌓은 전문가들이 대중 쪽에 없는 한에서 가능한 일이고요. 다소는 법적이고 다소는 행정적이며 다소는 정치적이기도 한 하이브리드 기관에서 토론을 주관하지 않는 한에서나 그렇

---

* 저자는 뒤에 나올 다른 '구획'démarcation과의 구분을 위해서 이 단어를 대문자 D로 썼다. 대문자 D를 쓰는 **구획**Démarcation은 이후에 나올 때마다 고딕체로 표시해서 구분하였다.

겠지요. 주제들이 너무 많은 사람의 관심을 끌지 않고(이해관계를 개입시키지 않고) 제한된 이해관계의 전문가 소모임 안에만 머물 수 있다면요. 하지만 지금은 과학자들이 더 이상 연합전선을 펴지 않습니다. 대중도 토론에 참여합니다. 국제기관들이, 아니 국가정상들까지 관여합니다. 마지막으로, 이것은 모두의 이해와 관련된 문제, 나아가 기후 논쟁의 경우가 그렇듯이 '온 세상'의 이해와 관련된 문제입니다. 그런데 어떻게 **구획**을 유지하길 바랄 수 있겠습니까? 정말로 중요한 주제들에 대해서는 난장판이 보장되어 있는 셈이지요.☞

우리는 목이 쉬도록 어떤 이들을 '진정한 학자'로 취급하고 다른 이들은 '반계몽주의자', '돈에 매수된 회의론자', 나아가 '부정주의자'로 취급할 수 있습니다. 하지만 이러한 비난들을 뱉어 마음은 편해질지언정 그 비난들은 '욕'에 지나지 않으며 사실들의 증명에 대해서는 어떠한 정확한 '기술'에도 이르지 못한다는 것을 느끼지요. '합리적', '비합리적', '상대주의자', '과학적', '관념론자'라는 딱지들을 닥치는 대로 붙여도 마음은 편안합니다. 이제 '토론'과 '논쟁'은 가시적으로 구분되지 않습니다. 그래도 과학이나 정치에서 '필요하고 건전한' 논의는 '토론'이라고 부르고 '논쟁'은 기만적이고, 피상적이고, 조작되거나, 불건전한 것으로 여겨지지요. 마치 종교개혁 시대로 돌아간 것 같은 기분이 들 정도입니다. 예전에나 오늘날에나, 선량한 백성들은 그들이 믿고 따르는 데 익숙한 권위자들의 분쟁을 멍하니 구경만 하지요. 그런데 그 권위자들은 서로 뿔뿔이 갈라져 해석의 '동일한 원칙들'을 내세우며 서로를 욕합니다. 과거에는 종교가 어떻게 천국에 가느냐라는 문제를 두고 그랬다면 지금은 과학이 어떻게 하늘이 돌아가느냐라는 문제를 두고 그런다는 차이가 있을 뿐, 혼란은 예나 지금이나 동일합니다. 과학전쟁은 종교전쟁만큼 폭력적이지는 않을 것이고, 적어도 나는 그러기를 바랍니다. 하지만 과거에 '종교의 평화'가 있었듯이 우리도 빨리 '과학의 평화'를—가급적 학자로서의 소명을 저버리지 않으면서—만들어낼 필요가 있습니다. 달리 말하자면, 우리는 객관적 지식을 잃지 않으면서 **과학**을 '세속화할'séculariser 수 있을까요? 사실상, 과학인문학의 모든 의미는 여기에 있습니다.

확실히 역행의 유혹은 큽니다. 그래서 오늘날의 진보주의자들은 어떤 면에서 반동분자가 될 위험이 있지요. 그들은 탄식합니다. "우리가 과학과 정치를 분리할 수만 있다면, 토론과 논쟁, 반박할 수 없는 것과 한없이 논박당하는 가치들 사이의 구분을 다시 세울 수만 있다면 좋으련만." 좀 다르게 말하자면 "우리가 과학인문학에서 벗어날 수만 있다면!"이지요. 나의 제안이 그들의 바람과 다르다는 말은 굳이 할 필요도 없겠지요. 내가 학생들에게 옛 **구획**의 길보다 훨씬 더 이정표가 잘 마련된 길을 약속할 자신도 없으면서 학생들에게 옛 믿음을 저버리게 하는 사람이라고 생각하지 않았으면 좋겠습니다. 나는 학생들의 냉소에 맞장구치지 않습니다. 내가 닦고, 지표를 세우고, 포석을 깔려는 그 길은 여전히 이성의 길입니다. 사람들 말마따나 '상대주의에 빠지지 않고' 떠 있는 법을 배워야 한다면 적어도 '모든 근대적 안락'을 구비한 배 안에 있어야 할 것입니다. 나는 학생들이 그들의 것이 될, 이 새로운 세계에서 안심하기를 바랍니다. 논쟁 속을 항해하면서도 '편안한'confortable 기분을 느끼는 법을 배우기 바랍니다. 우리의 탐구를 연장함으로써 그러한 논쟁들이 전개되는 장場을 정의하는 방법, 지표, 도구를 얻게 된다는 조건에서 그렇게 될 것입니다. 이 새로운 장을 '지도로 나타내는'cartographier 법을 배워야 합니다.

과학을 세속화하기

(타당한) 토론과 (부당하게도 타당치 않은 것으로 여겨지는) 논쟁 사이의 옛 구분을 종결지은 난장판은 사실은 **구획**이 얼마나 불완전한지 보여준다는 점에서 매우 유용합니다. 마치 허구한 날 뚫리기 일쑤라서 야만족들이 침입할 때 별 문제가 되지 않았던 중국의 만리장성과 비슷하다고 할까요. ☞

우리는 이미 어떤 성과를 '과학적 방법론'에 회부하여 받아들이거나 거부할 수 없다는 것을 알고 있습니다. 방법론이라는 용어는 모든 활동에 적용될 수 있을 만큼 평범한 규칙들을 가리키든지, 아니면 각각의 원형을 분석해야만 좋고 나쁨을 판별할 수 있을 정도로 특정한 본보기들을 가리킵니다. 첫 번째 경우라면 방법론에 회부해봤자 아무런 차이도 발생하지 않습니다. 두 번째 경우라면 논쟁 내부 깊숙이 세세하게 파고들어가야 할 것입니다. 따라서 건전한 방법론을 적용하고 그러한 방법론에서 괴리된 것을 구분함으로써 분쟁에 종지부를 찍을 수는 없습니다. 증명과 수사학 사이의 불분명한 중간단계들을 기억하세요. 학생들은 이미 그러한 중간단계들을 추적하고 기술하는 법을 배웠지요. 연구자 겸 장관이 탁자를 쾅 내리치며 "이것은 자명하고 반박할 수 없는 것이오"라고 외칠 수는 있습니다만 아무도 그 말에 설득되지 않을 것이요, 괜히 그 사람 주먹만 아플 겁니다. 나는 '반박할 수 없는'과 '자명한'이라는 형용사들이 잠정적이고 개정될 수 있는 기한 한정적 의미를 띤다는 것을 이미 보여주었다고 생각합니다. 반박할 수 없는 사실들에는 언제나 논쟁의 여지가 있고, 적어도 처음에는 논쟁이 벌어졌었습니다. 명백한 증명도 적어도 처음에는 결코 명백하지 않았고요. 그렇지만 우리가 판단의 수고를 한없이 나중으로 미룰 수는 없습니다.

구획은 끊임없이 연기되는 미래의 판단에 호소해야 한다는 점에서 아주 괴상한 데가 있습니다. "당신이 하는 말은 비합리적입니다"라고 누가 주장합니다. "좋습니다, 그런데 그것을 어떻게 입증합니까?" "내일, 학자들이 모이거든 나와 같은 판단을 내릴 겁니다." "하지만 과학은 그 정의상 재검토할 수 있는 겁니다. 나는 오늘 증거를 원하는데 과학자들이 오늘 합의를 보지 못하고 있잖습니까." "내가 장담하는데, 내일은 그들이 합의를 볼 겁니다. 그건 자명합니다. 반박할 수 없다고요." 옛날에 종교적 영혼의 소유자들도 이와 동일한 방식으로 악인이 벌을 받고 응분의 대가를 치르게 된다는 것을 보장하기 위해 최후의 심판을 내세웠지요. 하지만 이 보장은 정치적, 학술적 논쟁들 속에서 **구획**이 제공하는 보장 못지않게 아주 궁색하게 이용되었습니다. 이를테면 기후에 대한 논란에서도 우리는 십 년, 오십 년, 백 년 후에는 사실들이 뚜렷이 드러날 거라며 마냥 기다리고 있을 수만은 없지요. 결정은 지금 해야 합니다. 이미 그 미래에 익숙한 것처럼, 마치 대천사 가브리엘의 검과 저울대를 벌써 손 안에 쥐고 있는 것처럼 결정을 할 수도 있을 겁니다. 하지만 그 검이 지금 행위의 불 속에서 목검에 지나지 않음을 인정해야지요. 그 검이 아직까지는 효과가 있습니다. 하지만 그 검은 이제 아무것도 베지 못할 수도 있습니다.

이성의 종교를 지닌 자들이 이렇게 외칩니다. "아! 당신들이 대중과 전문가를 '혼동하는' 논쟁 한복판에 우리를 밀어 넣었기 때문에 이렇게 된 겁니다. 이 허다한 이해관계자들과 귀찮은 인간들의 무리를 다 끌고 가주시오. 그러면 우리끼리 얼마든지 알아서 좋은 과학과 나쁜 과학을 구분할 수 있을 겁니다." "여러분이야말로 모든 대중이 이런 문제들에 '관심을 갖게'intéresser 해놓고서 어떻게 그럴 수가 있습니까? 그 문제들이 대중의 삶에서 가장 내밀한 부분까지 건드리는 마당에요. 3세기 전부터 여러분은 참으로 경탄스러우리만치 과학과 기술을 거의 '도처로' 확장시키지 않았습니까? 마침내 지식이 광범위한 인구의 '이해력의 범위 안에' 미치게 하고자 하는 여러분의 꿈이 실현된 셈 아닌가요? 그들이 지식을 손에 넣었으니 지극히 정상적인 일 아닙니까? 대중이 더 이상 이 문제들에 대해 논의하지 않길 원한다면 누구의 관심도 끌지 않는 사실들에 만족하세요. 어떤 산업의 이해관계도 뒤흔들지 않고, 어떤 편견도 수정하지 않으며, 어떤 바스티유도 공격하지 않는 사실들로만 만족하라고요." "하지만 비판하고 모든 것을 다시금 검토하는 것이 과학의 운동 그 자체입니다!" "그렇다면 논란을 받아들이시든가요." "하지만 이 수용자들은 아무것도 모른다고요. 그들은 판단을 내릴 만한 능력이 없어요. 결정을 내릴 만한 권위가 없고요. 우리는 논쟁이 아니라 토론을 원한단 말입니다." "하지만 바로 그 가장 권위 있다는 사람들이 당신네 학문분과 안에서도 아옹다옹하고 있잖습니까! 기후에 대한 논쟁을 생각해보세요. 프랑스에서 정평이 나 있는 연구자가 공개적 자리에서 다른 연구자들을 비판하는데요." "안타깝지만 그렇습니다. 하지만 그 사람은 가짜 학자입니다." "아, 그래요? 무능한 대중과 무능한 학자들을 동시에 내쫓고 싶으신 겁니까?" "네, 당연하죠, 우리는 토론이 정말로 '아는' 사람들에게만 한정되기를 바랍니다." "그 '아는' 사람들은 어떻게 정하는데요?" "좋은 과학과 나쁜 과학의 **구획**을 통해서요." "좋습니다. 하지만 혹시 아직 모르고 계실까 봐 말씀드리는데, 지금 문제가 되는 게 바로 그 **구획**이거든요…."

이 새로운 『우신예찬』을 집필하려면 에라스무스에 버금가는 필력이 있어야겠지요. 바로 초월적 관점, 즉 **이성**의 관점이 부재하기 때문에 '지금' 행위의 불 속에서, '한 경우 한 경우에 있어서', 이 사안과 '관련된' 이들에 둘러싸여, '반박 가능한' 사실들과 나중에야 비로소 '반박할 수 없게 될' 사실들에 대해서 판단할 만한 '분별력'이 자신들에게 얼마나 부족한지를 깨닫는 사람들이 바보가 되어버리는 겁니다. 지금 우리가 감지할 수 있듯이, 초월적 **이성**에 호소함으로써 확보하는 권위라는 것은 실제로는 난해하고 실천적 여지가 별로 없는 문제들에 대해 전문가들이 꿈꾸는 만장일치의 예측 불가능하고 부서지기 쉬운 결과였을 뿐입니다. 만약 이 만장일치가 산산조각난다면, 만약 그 문제들이 모든 사람들의 흥미를 끈다면, 상위의 결정적 권위에 대한 호소는 즉시 사라지고 맙니다. 아니, 뒤로 빠질 방법은 분명히 없습니다. 전 지구의 흥미를 끄는 동시에 논란이 되는 문제들, 전문가들에게도 없는 확신들을 죄다 뒤집어엎는 문제들 속에서 끝까지 토론을 해야 할 테지요…. 우리는 초월적이고 결정적이지만 '효과가 없는'inopérant 판단에서 내재적이며 잠정적이고 수정 가능하지만 '조작적일'opératoire 만한 판단으로 옮겨갈 수 있을까요? 바로 이 경험적이고 실용 가능하며 도구적인 특징을 바탕으로 과학인문학의 운명이 결정될 겁니다. 학생은 내가 이론과 실천, 가장 복잡하게 꼬인 형이상학과 '사용자 친화적인'user-friendly 도구 양쪽 모두를 놓치지 않으려 노력하고 있다는 것을 알겠지요!

세계들의 정치

나는 학생들에게 두 불안 사이에서 길을 찾으라고 제안합니다. 군중의 불안과 상아탑의 불안, 광장공포증과 밀실공포증 사이에서라고 해두죠…. 군중은 플라톤의 『고르기아스』 이래로 가장 큰 불안거리였습니다. 왔다갔다 갈피를 잡지 못하는 민중의 투표에 사실의 문제들을 맡겨야 했으니까요. 여기에 무시무시한 괴물이 있는 것은 사실입니다. 아무리 그래도 기후변화의 원인이 인간 활동에 있는지를 '그렇다, 아니다, 기권'에서 고르는 식으로 의견을 물어 결정할 수는 없잖습니까. 블로고스피어에서 떠도는 주장들을 믿는다고 해도 딱히 더 안심이 되지는 않을 겁니다.

학생은 첫 번째 편지에서부터 이해를 했을 겁니다. 우리는 과학과 사회를 완전히 분리할 수도, 완전히 결합할 수도 없습니다. 모순처럼 보이지만 두 이야기는 번역 작업에 힘입어 동시에 참이 됩니다. 광장에서 '물러나지' 않는 한, 실험실을 '경유하지' 않는 한, 확실한 앎은 없습니다. 충분히 전문적인 고급 지식을 축적할 때까지 그저 사유하고, 타당한 실험들을 구상할 시간을 갖기 위해서 우리는 그 실험실들의 문을 어쩌면 아주 오랜 기간 동안 조심스레 닫아놓을 겁니다. 하지만 내가 이미 충분히 보여주었듯이 그곳에 '머물러 있기'도 동시에 불가능하지요. 그 담장 속의 침묵에 들어가자마자 다른 동료들을 설득하기 위해서, 연구자금 지원자들과 산업계의 관심을 끌어당기기 위해서, 학생들을 가르치기 위해서, 대중의 지식욕을 만족시키기 위해서 그곳에서 다시 나와야 하니까요. 그래서 우리는 다시 광장에 서게 됩니다. 학자들은 군중 속에 머물 수도, 자기들끼리만 있을 수도 없습니다. 다행히도 우리는 이제 이러한 수축과 이완의 움직임, 이 호흡, 우회와 구성을 통한 과학의 혈관 분포를 추적할 줄 압니다. 따라서 우리에게 필요한 것은 대중, 그것도 생각하는 대중, '코기타무스'를 말할 수 있고 가능하다면 '칼쿨레무스'calculemus*까지도 말할 수 있는 대중입니다. 하지만 어떻게 우리가 함께 생각하고 계산할까요? 어떤 도구를 이용해서요?

중도적이고 고전적이며 그럴싸하고 통상적인 답(그리고 현재 마구 망가지고 있는 답)을 제시하자면, '전문가'들에게 실험실과 군중 사이의 매개자 역할을 맡기는 방법이 있습니다.☞ 애석하게도 전문가들은 다소 수도원 문지기 같은 데가 있습니다. 안에서는 은거생활의 의무에 따라 무덤처럼 입을 꾹 다물고 지내야 하고, 밖에서는 수완을 발휘하며 입담도 좋아야 하니까요. 하지만 전문가들은 수도원 문지기처럼 영혼을 둘로 쪼개어 살며 언제나 불행하지요. 사실, 무수히 다양한 견해들의 평균을 내고 다양한 형태의 연구 전선들을 저쪽에서 이해할 수 있는 몇 가지 데이터로 정리하는 것이 바로 '과학적인' 것입니다. 전문가로서, 연구의 찬란한 불확실성을 이루는 모든 것을 버려야 했던 게지요. 하지만 동료들이 이해할 수 있는 언어로 대중의 관심과 목표를 자세히 말해야만 하는 전문가는 분명히 '정치적'이기도 합니다. 그런데 그는 전문가가 되기 위해서 정치적 계산의 찬란한 복합성을 버려야 했습니다. 게다가 정치가들이 유권자들과의 논란을 회피하기 위해 '오로지' 사실의 명령

---

* '계산하다'라는 라틴어 동사의 1인칭 복수 형태.

에 따라서만 행위를 취하는 척하므로 매개자 역할은 더욱더 불가능해집니다. 정치가들은 "우리는 우리가 아는 한에서만 나섭니다. 우리가 모르는 것에 대해서 행동을 취하진 않습니다"라고 말하지요. 공적 행위가 순전히 지식의 확실성에만 의존하게 되었으니 참 희한한 이론입니다. "과학자들이 A.B라고 주장하니 우리 정치가들도 행동에 나설 수 있겠습니다. 여러분(대중)은 정치적 결정이 아니라 그저 진리를 따르는 셈이니 동의할 수밖에 없습니다." 정치가들은 이런 식으로 브뤼셀이 유럽에서 맡았던 것과 거의 같은 역할을 **과학**에 떠넘겼습니다. 상위의 권위를 빙자하여 자기들 입으로 주장할 용기가 없는 결정들을 마치 불가피한 운명인 양 받아들이게 했지요. "지구 온난화의 원인이 인간 활동에 있다고 증명되었기 때문에 우리는 탄소발자국을 줄이는 조치를 취해야 합니다. 우리가 결정한 건 아무것도 없고 오로지 과학이 우리를 행동하게 한 거니까 빨리들 하십시다." 정치가들이 생태학을 들먹이지 않을 때에는 경제학, 생물학, 사회학, 법을 들먹여서 똑같은 말을 하지요.

가장 기이한 점은, 이 명령들이 종합적으로 보면 과학적이지도 않다는 겁니다. 그 명령들은 한없이 다채로운 연구들의 전선을 중재하는 전문가들의 단순화에 지나지 않으니까요. 그렇다고 정치적이냐 하면 그것도 아닙니다. 행위는 오직 지식에서 도출되는 것으로 상정되며 거기에 어떤 토의나 의결을 덧붙이지 않으니까요. 기막힌 결과 아닙니까. 합리론과 인식론으로 수백 년을 해먹고 나니, 과학에서는 진리에 대한 추구를 치워버리고 정치에서는 자율적 의사결정을 치워버리는 명령들을 중심으로 우리의 공공생활 전체를 조직하기에 이르렀네요! (내가 시간이 좀 있다면 그토록 중요하고 그토록 격렬하게 비판을 받는 '사전예방원칙'principe de précaution이 이 괴상한 행위 이론에 종지부를 찍었다는 것을 보여줄 수 있을 텐데요. 행위는 이제 지식을 뒤에서 따라가기만 하는 게 아니라 함께 가거나, 앞서거나, 때로는 뒤따라가게 됐지요.)☞

사실, 전문가는 (아무리 사람 좋고 겸손하더라도) 대중에게는 한창 분주하게 돌아가는 과학의 주방을 숨기려 하고 학자들을 대중의 정념과 이해관계에서 보호하는 척하기 때문에 불가능한 **구획**을 더욱 강화할 수밖에 없습니다. 가장 나쁜 것은 전문가들의 병풍이 꽤나 두텁기 때문에 정치가들이 자기 뜻에 맞게 자기가 결정을 내리지 않는 척 전문가들의 의견 뒤에 숨을 수 있다는 겁니다. 이게 진짜 웃기는 노릇이지요. 정치가들은 꼬맹이처럼 전문가 등 뒤에 숨고, 전문가들은 **과학**과 **정치**를 분리한다는 만리장성에서 허물어진 부분들을 숨기려고 필사적입니다. 그런데 사방에서 이견을 내세우는 연구자, 기업가, 운동가, 언론인, 블로거, 과학애호가들은 그러한 전문가들을 아랑곳하지 않고 성벽을 넘나들지요. 나는 코펜하겐 회의의 실패 후에 '기후게이트'가 과학기술 정책의 문제를 혼자서 해결한다는 전문가 역할을 포기하게 되기를 다소 바라고 있습니다. 하지만 주의하세요, 나는 이 전문가들이 실패했다는 얘기를 하는 게 아닙니다. 더 박식하고 결연한 '다른' 전문가들에게 맡겨야 한다는 얘기도 아니고요. 전문가들에게 주어진 역할이 도저히 지탱할 수 없는 역할이 되었으니 다른 거점들을 찾고 그 역할을 다른 조합들 속으로 끌어들여야 한다는 뜻이지요.

학생이 "무엇을 해야 할까요?"라는 물음을 좀 더 조바심을 실어 다시 한 번 던지는 것 같군요. 학생이 옳을 겁니다. 하지만 우리는 우리 작업의 결실을 거두게 될 것이고 마침내 일지를 제대로 써먹게 될 겁니다.

매일매일 언론에서 과학과 정치의 관계들을 집어내면서 우리는 **구획**을 무시하는 습관을 들여왔고, 내가 코스모그램이라고 불렀던 것을 조금씩 '등록'enregistrement했습니다. 우리가 익히 알다시피, 코스모그램은 과학이나 기술이나 정치에 맡겨지지 않고 다소의 차이는 있으나 다른 결합들과 양립 가능하거나 배타적인 다양한 존재들의 연쇄에 맡겨집니다. 우리가 기술하고자 애쓰는 것은 이제 과학과 정치의 '구분'La Distinction이 아니라—이러한 절대적 구분이 성립하지 않는다는 점은 첫 번째 강의에서부터 알았지요—'세계들의' 구성들 사이의 다수의 구분들이지요. 이제 우주가 무엇인가를 정의하고 그다음에 행위 규칙들을 이끌어내는 것이 중요한 게 아니라, 각 부분들이 그것(들)의 코스모스를 '명시하게끔' 하는 것이 중요합니다. 여기에서 멀티버스multivers라는 표현이 나왔습니다. 당신은 누구와 결합하기 원합니까? 어떤 산업과 결합하고 싶습니까? 어떤 학문분과와? 어떤 권리로? 어떤 나라들과? 어떤 정당들과? 어떤 투사들과? 어떤 도시를 구상하기 위해서? 어떤 공생자들과? 어떤 동물과? 어떤 식물? 어떤 바람? 어떤 하늘? 어떤 도구들을 신뢰하는지? 어떤 규약들에 따라서 주장하는 바의 증거들을 내놓을 건가요?

이러한 질문들은 각각의 이해관계자들에게 '사실물'—영어로 'matters of fact'라고 부르는 것—이 아니라 '우려물'—계속 영어를 써서 미안합니다만, 'issue'라는 이상한 단어, 혹은 좀 더 좋은 표현으로는 'matters of concern'이 있겠지요—을 이룹니다.* 마치 '사실물'에 대한 연구에서 '우려물'에 대한 탐색으로 넘어온 것 같지요. **과학**의 권역이 있고 **정치**의 권역이 따로 있어서 그 교차지점을 차지한 전문가들이 음식 나가는 창구 노릇을 하며 매개를 하는 것이 아닙니다. 우리는 중첩되어 있는 코스모그램들을 상대합니다. 우리는 그 코스모그램들을 기술하고 공개하는 법을 배워야 합니다. 결국 내가 학생들에게 요구하는 것은 다양한 세계들, 받아들일 수 있는 것과 받아들일 수 없는 것, 양립 가능한 것과 양립 불가능한 것의 분배와 배치를 기술하라는 겁니다. 일지를 한 번 쓸 때마다 작은 세상 하나가 세워집니다. 그 세상은 다른 이해관계자들의 세상을 와해시켜 자기만의 것을 만듭니다. 좋은 배치와 나쁜 배치의 차이점은 뭘까요? 나쁜 배치에서는 코스모그램을 명시적으로 밝히기를, 그 코스모그램이 다른 코스모그램들과 정말로 어떤 점

* 'matters of fact'와 'matters of concern'은 사물thing을 바라보는 두 가지의 상반된 관점을 가리키기 위해 라투르가 자주 사용하는 용어이다. 'matters of fact'는 근대주의에서 사물을 바라보는 관점으로 논쟁의 여지가 없는 '사실'fact로 간주되는 것을 말하고, 이에 반해 'matters of concern'이란 라투르의 비근대주의에서 사물을 바라보는 관점으로 사물도 항상 불확실성과 위험 때문에 논쟁을 낳는 '우려'concern의 대상이라는 점을 강조하기 위해 만들어낸 개념이다. 이 책에서는 감수자의 제안에 따라 'matters of fact'는 '사실물'로, 'matters of concern'은 '우려물'로 번역했다.

에서 다른지 드러내기를 거부합니다. 따라서 어떤 싸움의 주역들 중에서 다소간 '투사' 역할을 하는 사람들, 자기들만의 '독단'에 호소하는 사람들과 그렇지 않은 사람들을 구분하는 것은 아주 중요한 작업입니다. 진부하지만 기막히게 좋은 표현으로 함께 살아가는 삶의 양식을 뜻하는 '모두스 비벤디'modus vivendi*를 만들자는 데 싫은 기색을 보이는 사람들이 있다는 말입니다.☞ 요컨대, '구성'해야 한다는 것을 거부하는 사람들이지요. 네, 우리는 멀티버스에 진입하는 순간부터 그런 '세계들의 싸움'을 상대해야 합니다.

나는 이 싸움들을 기술하기 위해 벨기에 철학자 이자벨 스텡거스Isabelle Stengers에게서 '코스모폴리티크'(cosmopolitique, 코스모스의 정치)라는 다소 통상적이지 않은 용어를 빌려옵니다. 논쟁, 과학 인문학, 밀착의 거대한 이야기와 더불어 우리는 집단적으로 아직 매우 혼란스러운 코스모폴리티크의 장에 진입합니다.☞

학생은 '코스모폴리트'(cosmopolite, 세계시민)라는 말이 매우 오래되고 근사한 기원을 지니고 있다는 점을 모르지 않을 겁니다. 고대 그리스에서 우리에게 이르기까지, 문명의 모든 위대한 진보는 스스로를 '세계시민'으로 여겼던 이들이 오랜 세월을 거쳐 계발했던 '세계시민 정신'에 달려 있었습니다. 하지만 지금의 시대는 우리에게 이 단어 속에 들어 있는 어휘 '코스모스'(공통세계)를 점점 더 강조하지 않을 수 없게 합니다. 이제 더 이상 도시(그리스어 polis)와 문

---

* 다양한 사람들이 서로 다투지 않고 함께 살아가기 위한 협정으로서의 생활양식을 뜻한다.

명(라틴어 civis)이 문제가 되는 것이 아니라 훨씬 더 문자 그대로 세계에 일어나는 것, 이를테면 기후에, 짐승에, 식물에, 바이러스에, 뉴런에, 입자에, 원자에 일어나는 것이 중요합니다. 과학과 기술에 대한 논쟁의 확장은 우리로 하여금 새로운 코스모폴리티크를 진지하게 생각하지 않을 수 없게 하지요. 그 새로운 코스모폴리티크는 비단 우리가 세계시민이라는 느낌을 가져야 한다든가 우리가 도시민이라는 얘기(인류의 절반 이상이 도시민이 되었으니 확실히 할 수 있는 얘기죠)만 하는 게 아니라, 이제 코스모스의 합의가 공공생활에 달려 있다고 말합니다. 과거에 코스모폴리트라는 말은 엘리트들이 가진 하나의 보편적인 공동체 감정을 뜻했습니다. 하지만 코스모폴리티크의 공동체 감정은 훨씬 더 갈등을 함축하며 훨씬 더 격렬합니다. 왜냐하면 그것은 권력과 반反권력의 상호작용, 코스모스를 고려하지 않는 정치와 정치의 장에 파고들지 못하는 코스모스가 없게끔 방법을 고안해가는 '견제와 균형'checks and balances의 상호작용을 가리키기 때문입니다.

이건 모든 과학의 문제들이 동일한 대중에 의해 토론되어야 한다는 말이 분명히 아닙니다. 각 논쟁 주제, 각 논란은 어떤 면에서 자기와 결합된 대중을 지닌다고 말할 수 있을 겁니다. 유일한 대중, 유일한 우주, 유일한 **과학**이 없어진 이래로 모든 것을 대번에, 영원히 통합하기가 극도로 어려워진 겁니다. 우리가 작성한 일지의 범상치 않은 다양성을 한번 훑어보기만 해도 알 수 있지 않습니까. 정말로 난해한 몇몇 주제들은 전 세계에 흩어져 있는 소수의 전문가들의 관심만 끕니다. 반대로, 다른 주제들은 엄청나게 많은 심급들을 뒤흔들고 국가적 사안이 됩니다. GMO 분쟁이나 줄기세포 연구를, 더 명백하게는 기후를 둘러싼 전 세계의 논쟁을 생각해보세요. 또 어떤 주제들은 차라리 규제의 대상이라고 할 만합니다. 어떤 약품의 시판 허가라든가 하는 주제들이 그렇지요. 이런 주제들은 폐쇄적인 몇몇 사무소에서 해결을 봅니다. 마지막으로, 집단적 의식에서 완전히 사라져버린 나머지 논쟁이 되었던 기원조차 잊고 일상생활의 정상적인 틀 안에 그냥 포함시켜버린 주제들이 있습니다(어떤 아가씨도 경구피임약을 복용하면서 핀커스의 화학, 생어의 투쟁, 그리고 이 발견이 의회에 불러일으킨 과격한 논쟁을 떠올리지는 않을 겁니다). 그렇지만 이 모든 사안들은—그래요, 이것들은 사안, 그것도 '우려물'matters of concern입니다—참으로 판이한 경로, 참으로 다양하고 변덕스러운 대중을 지니고, 코스모폴리티크의 '모든' 부분들을 이루고, 천재적인 학자의 머릿속에서나 공공의 장에서 해결을 봅니다. 매번 다른 결합들과 다른 연쇄들을 양립 가능하게 하거나 양립 불가능하게 만들기 때문에 세계의 구성은 변하게 되고요. 확실히 우리가 학자들의 확실성과 정치인들의 권위에 동시에 의탁할 수 있다면 얼마나 쉽고, 편리하고, 안심이 될까요! 그 얼마나 근사한 코스모폴리티크일까요…. 이 두 가지 초월은 우리로 하여금 모든 근심을 면하게 해주겠지요. 그 둘을 합쳐서 인간들의 정부와 사물들의 정부를 얻기만 하면 될 테니까요. 그런데 안타깝게도 과학의 편에도, 정치의 편에도 그런 초월은 없습니다. 매번 증거와 시험, 모색과 망설임, 사전예방과 집단적 탐색의 불확실한 행보에 의탁해야만 합니다. 어떤 것도 속력을 내게 할 수 없습니다.

나는 학생들이 이러한 논증을 통상적 사유방식에 적응시키면서도 지나친 실망을 느끼지 않게 하기 위해서 '대변인'porte-parole이라는 편리한 개념을 사용할 것을 제안합니다. 우리는 코스모폴리티크 사안들에서 인간의 이름으로 말하는 자들—대체로 정치인들—과 비인간의 이름으로 말하는 자들—학자들이라고 해둡시다. 우리는 학자들이 실험실을 매개로 사물들이 말하게 한다는 것을 배웠지요—그 외에도 수많은 행위자, 운동가, 실무자, 소비자, 박식한 애호가, 온갖 유형의 전문가들을 만납니다. 그들의 예측 불가능한 능력은 영향력을 지니지요. 그래서 모든 코스모폴리티크 문제가 울타리를 건설할 방법을 찾는 문제로 바뀝니다. 그 울타리 속에 이 대변인들이 모여서 그들의 '대표/재현'représentation의 질적 불확실성을 공유하게 되겠지요. '대표/재현'이라는 유서 깊은 단어는 두 가지 의미로 이해되어야 합니다. 정치철학에서의 의미('대표 정부'gouvernement représentatif란 무엇입니까?)와 과학철학에서의 의미('정확한 재현'représentation exacte이란 무엇입니까?)로 말입니다. 이때 나는 학생들에게 다음의 세 질문을 제기하면서 논쟁들을 따라갈 것을 요청합니다. (학자들이든 정치인들이든) 대표자/재현자들이 정당하고 권한을 부여받았는가? 사물의 재현과 사안의 대표라는 작용들이 충분히 명확하게 논의되었는가? 그들은 적법한 울타리 안에 있으며 경우에 따라서는 자신들의 견해를 바꿀 수 있는가? 이보다 더 잘

할 수는 없습니다. 이 이상은 아무것도 없거든요. 내가 20년 전에 한마디로 요약했던 표현 '사물들의 의회'Parlement des choses가 당시에는 도발적으로 보였습니다. 오늘날 상식은 코펜하겐 기후회의—국가정상, 학자, 로비스트, 운동가, 기자들의 보이 스카우트식 야영 대회—가 일종의 '기후 의회'를 나타낸다는 것을 무리 없이 이해합니다. 이제 자연은 정치의 방황에 대한 상위 법원 구실을 하는 대신에 정치에 진입했고, 모두가 자연에 걸맞은 울타리를 만들어주어야 한다는 것을 이해합니다.

기술민주주의를 향하여

학생은 이 모든 논증들이 괜찮기는 하지만 항상 논쟁 속에서 정말로 자신의 위치를 파악하게 해주지는 않는다고 말하겠지요. 나는 상대주의에 빠지지 않고 그 위로 떠다닐 수 있게 하는 여객선 대신 아직 구명보트와 근사한 말밖에 던져주지 않았습니다. 그 이유는 우리에게 최소한 구명보트는, 혹은 다른 메타포를 쓰자면, 다소 믿을 수 있는 '도구', 어쨌든 새로운 매개médium는 있어야 하기 때문이라고 할까요.

학생은 신문과 언론의 발명이 민주주의의 습관들에서 어떤 역할을 했는지 알 것입니다. 18세기 한창 때에는 강자들의 의사결정에 대해서 의견을 표명하는 법을 한결 자연스럽게 배울 수 있었습니다만, 21세기에는 과학과 기술에 대한 논쟁들에 대해서 자기 의견을 갖기가 그렇게 쉽지 않습니다.☞ 신문을 매일매일 읽지 않으면 다른 의견에 맞서서 자기 의견을 갖는다는 것이 어떤 것인지조차 모를 겁니다. 얽히고설킨 의견들의 공적 장은 언론기관들에 달려 있습니다. 나는 전문가들 못지않게 신문 또한 위협받고 있다는 주장에 모두들 동의하고 있다는 것을 잘 압니다. 그래요, 물론 종이 신문을 생각한다면 그렇습니다. 하지만 우리는 점점 더 늘어만 가는 디지털 도구들 속에서 신문의 '후계자'를 발견할 수 있지 않을까요? 되돌아보면 종이 신문의 위기는 우리에게 일간지와 잡지들이 항상 '멀티미디어 플랫폼'이었음을 보여줍니다. 그러한 플랫폼들은 중요하지도 않은 이유에서 완전히 다른 장르들을 걸쭉한 잉크 속에 뒤섞었습니다. 증권가 동향, 사교계 소식, 여론, 이야기, 앙케이트, 뉴스, 잡담, 캐리커처 등등, 요컨대 우리 사이에 가상의 장을 형성한다는 점 외에는 아무 관련도 없는 정보들의 세계를 열었지요. 우리는 그 가상의 장 속에서 매일매일 우리의 세계—사실, 이게 바로 우리의 코스모그램이지요—를 구성하는 것을 반복했고요. 이제 종이, 이 잠정적이고 비용이 많이 드는 매개수단은 잊으세요. 웹에 뛰어들어 당신의 흥미를 끄는 논쟁들에 대해서 다양한 형태의multiforme 도구들을 모으세요. 수많은 검색 및 추적 도구 제작자들이 이를 가능케 해줄 겁니다. 그럼 당신은 새로운 멀티미디어 플랫폼을 갖게 되지 않겠습니까? 그 플랫폼이 다시 한 번—하지만 더욱 확대된 규모로—당신의 의견을 표명하게 해주고 다른 이들의 의견과 대조시키지 않겠습니까?

당신은 다름 아닌 웹과 디지털 도구의 만연이 소위 전통적인 미디어들의 권위를 실추시킨 게 아니냐고 반박할 테지요. 위키피디아, 윅셔너리 등의 편집증이 없었더라면 그 누가 사전과 백과사전의 가치에 의혹을 제기했겠습니까. 초보 해커도 무리 없이 훔쳐낼 수 있는 이메일들이 아니었으면 기후학 연구자들 가운데 사사건건 트집잡히는 사람도 없었을 테지요. 블로거들이 증가하지 않았다면 아무도 전문가들의 말을 의심하지 않았을 겁니다. 그래요, 나도 디지털 도구들이 일종의 독毒이라는 건 인정합니다. 하지만 그 도구들이 아마 해독약도 제공할 겁니다. 적어도 내가 15년간 소위 '논쟁의 지도 작성'cartographie de controverses이라는 강의를 수강하는 학생들과 살펴본 바로는 그렇습니다. 앞으로 만들어내야 할 가상의 대중에게 충분한 수준의 표준화된 플랫폼을 이용하여 공통의 습관을 부여한다는 조건 아래에서, 우리는 논쟁 속에서 자기 위치를 파악하는 법을 배울 수 있을 겁니다. 신문이 인간들의 의회로 대표된 시민들에게 필요한 장비를 갖춰줌으로써 민주주의를 가능케 했다면, 새로운 플랫폼들이 사물들의 의회에서 대표되기를 추구하는 시민들에게 다시금 장비를 마련해줌으로써 기술민주주의를 가능케 하지 못할 이유가 없습니다. 우리는 시민으로서 태어나는 것이 아니라 시민이 되어가는 것입니다. 의견을 개진하는 법을 가르쳐주는 기관이 있다는 조건에서 말입니다.

좋은 과학과 나쁜 과학 사이의 근본적이지만 효과 없는 '**구획선**'이 기억납니까? 이제 이를테면 설득력 있는 결과와 불확실한 결과를 구별하고자 저마다 노력하는 '수백만' 인구가 있다고 상상해보겠습니까? 그 수백만 인구는 기업가, 검색도구, '데이터마이닝'data mining*의 도움을 받겠지요? 기업가, 검색도구, 데이터마이닝 역시 어느 출처가 나름대로 권위를 지니는지 결정하기 위해서 일하는 중에 있고요. 또한 도서관에서는 수십만 명이 가장 타당한 자료들을 색인 분류할 테고, 또 다른 수백만 명은 저마다 그 동일한 자료들을 자기 관심에 맞게 분류하겠지요? 나아가, 학자들의 문헌에서 이차적으로 취급된 데이터만 보여주거나 일차자료들만 보여주는 것이 아니라, 광범위하게 확산된 협약에 따라 다수의 데이터 소비자들을 데이터 '생산자'로 바꾸기까지 하는 웹사이트들이 존재한다는 것을 생각해보세요. 여기에 이미 오만 가지 수단을 통하여 자발적으로 논쟁들의 지도를 작성하고 자기만의 고유한 방식으로 기술하며 고유한 도구를 제안하고자 했던 수백만 인구를 더해보세요. 이때 **구획**의 문제는 어떻게 되겠습니까? 당연히 **구획**Démarcation은 (절대성을 잃기에) 대문자 D를 쓸 수 없을 겁니다. 당연히 '구획들'이라는 복수로 쓰여야 할 겁니다. 하지만 이로써 구획들은 비로소 '조작적'이 될 테지요. 한 건 한 건 그 경우에 따라서, 코스모그램을 정의하는 일련의 논증들을 점점 더 상세하고, 점점 더 많은 이들의 공감을 얻을 만하며, 점점 더 수정하기 쉽게 기술할 수 있을 테니까요. 우리는 이렇게 논쟁의 장에서 우리 입장을 파악하는 법을 배울 겁니다. 논쟁이 되는 문제들에 대해서 논쟁이

---

* 많은 데이터 가운데 숨겨져 있는 유용한 상관관계를 발견하여 미래에 실행 가능한 정보를 도출하고 의사결정에 이용하는 과정.

종결될 때까지 기다리지 않고도 자기 의견을 내놓기 시작할 테고요. 누가, 무엇을, 어떤 재정지원을 받아, 어떤 도구로, 어떤 패러다임에 따라서, 어떤 권위를 갖고, 어떤 산업들과 결탁하여, 어떤 이해관계와 어떤 세계관을 가지고 말하는지 우리는 알게 될 겁니다. 우리가 이미 다룬 바 있는 '떠다니는 발화체'가 아니라, 발화체들은 묶이고, 추적되고, 뿌리내릴 것입니다. 무엇보다도, 발화체들은 논의될 것입니다.

그런데 이 모든 도구들은 이미 존재하며 산재해 있습니다. 비록 원시적이고 초보적이기는 해도 이 도구들은 점점 더 성능이 뛰어난 플랫폼들을 통하여 분류되기 시작했지요. 그러한 플랫폼들의 판별력은 하루가 다르게 발전합니다. 내가 인터넷 기술 열광에 빠졌다거나 이른바 '디지털 민주주의'를 신봉한다는 생각은 하지 마세요. 나는 하나의 신문이 존재하기 위해서 얼마나 많은 기자들이 필요한지 잘 압니다. 포맷을 잡고 단순화하는 작업에도 지금으로서는 디지털의 범람으로 감당할 수 없는 여러 능력이 필요하다는 것을 압니다. 하지만 내가 이 도구들을 사용하는 까닭은 과학철학의 고전적 문제들에 새로운 생명을 불어넣기 위해서입니다. 모니터에서 특히 흥미롭게 나타나는 이 인터페이스들을 종이 위에 설명하기란 참 어려운데요. 학생이 직접 봐야 합니다(193쪽 그림). 이메일을 사용하면 이런 부분이 편리하지요.

이 도구들에 대해서 어떠한 판단을 내리든 간에 이것들의 증가에 놀라운 점이 있다는 것만은 인정하세요. 과학철학자들은 여

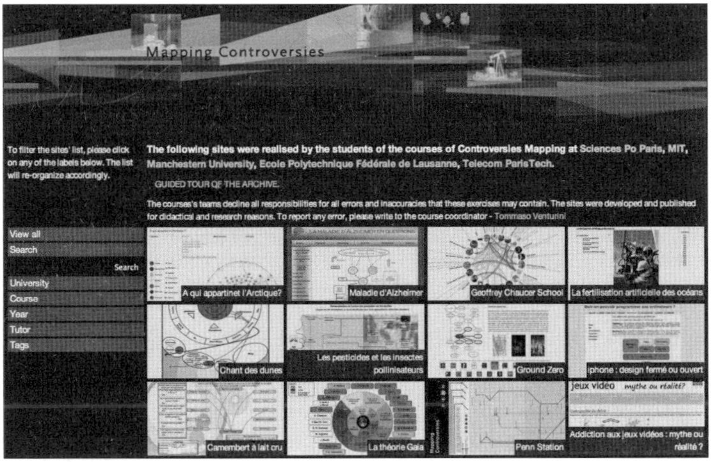

• http://medialab.science-po.fr/controversies에서 볼 수 있는 여러 기관 학생들의 작업은 이미 일종의 논쟁백과사전을 정의한다. 여기서 각 사례는 공통의 방법론에 의거하여 다루어지지만 서로 다른 결과들을 낳음으로써 '우려물'들의 일반화된 결의론casuistique*를 생성한다

* 'casuistique'는 라틴어 'casus'(영어의 case)에서 파생된 단어로서 사례에 기반한 추론과 결의라고 볼 수 있다. 따라서 이 단어가 때로는 (궤변에 가까운) 공연한 구분이라는 의미를 띠기도 한다.

전히 합리적인 것과 비합리적인 것의 정확한 구분을 놓고 서로 머리를 쥐어뜯으며 싸우든가, 아니면 반대로 지금의 시대에는 그러한 낡은 구분을 포기해야 한다고 금욕적으로 주장하는 것이 좋다고 여깁니다. 거대한 디지털 장치가 돌아가기 시작한 이 시대에서는 우리가 매일매일 생각 없이 사용하는 강력한 도구들 덕분에 가장 고전적인 인식론적 문제들을 모두 내려놓을 수 있다는 겁니다. ☞ 네, 그렇죠, 학생도 매일 구글스콜라Google-scholar™에서 교수들의 상대적 권위를 확인해보지 않습니까. 매일같이 가장 적절한 블로그들을 찾기 위해 테크노라티Technorati™를 이용하잖아요. 매일같이 자신에게 관심 있는 사안들의 추이를 보기 위해 RSS 피드를 참조할 테고요. 도서관에 처박힌 일개 색인 작업자들이 도입한 수많은 작은 구획들을 매일같이 의식하지도 못한 채 이용하고 있을 겁니다. 지금까지 접근할 수 없었던 자료들, 공개되기 전까지는 몹시 비싼 대가를 치러야 했던 자료들을 지금은 매일같이 공개문서보관소에서 가져오고 있습니다. 당신은 매일같이 이미지나 동영상을 포스팅하고 다른 이들은 그것들을 통해서 당신의 고유한 의견이나 독자적 증명을 추적할 수 있습니다. 역설적인 것은 **구획**이 결정적으로 폐기되는 듯 보이는 바로 그 순간에 '구획들' démarcations이 결정을 본다는 것입니다. 과학철학자 칼 포퍼Karl Popper, 1902~1994는 자신이 '반증'falsification이라고 부른 것에서 가라지와 좋은 씨를 구별하는 방법론적 원칙을 구했습니다. 또 다른 철학자 임레 라카토슈Imre Lakatos, 1922~1974는 생산적인 연구

프로그램들과 '변질될' 여지가 많은 프로그램들을 구별하기 원했습니다. 그러나 현재 좋은 연구와 나쁜 연구의 구획이라는 이 동일한 문제들을 다양한 수단들로 제기하는 것은 바로 웹입니다. 인식론은 마침내 진실로 민주화되었지요…. 그리고 다시 한 번 '코기타무스'라는 표현은 과거의 '코기토'와 전혀 다른 울림을 갖게 됩니다.

우리는 종종 디지털 도구들이 실질적 권위의 타당성에 근거하지 않고 평판에만 근거한다고 반발합니다. 이를테면 사람들은 구글의 '페이지 랭킹'이 '논증의 질적 우수성과 상관없이' 이미 알려져 있는 것들만 끌고 온다고 불평합니다. 어떤 약이 해로운가, 그렇지 않은가라는 문제를 두고 검색을 했을 때 첫 화면에 뜨는(네티즌이 바로 볼 수 있는) 10개의 검색결과에서 보건부 소속 전문가들의 의견과 음모론자의 블로그, 엉터리 약을 권하는 멍청이의 웹사이트를 동시에 보게 될 정도죠. '입증된 논증'과 '단순한 의견'의 이 같은 혼동에서 어떻게 벗어날까요? 웹을 믿는다는 것은 물에 뛰어들면서 젖지 않을 거라고 생각하는 얼간이 노릇과 마찬가지입니다. 그러나 이제는 우리가 **구획**이라는 오랜 문제를 마주하는 데에도 새로운 이점이 있습니다. 동일한 검색 도구, 동일한 로봇, 동일한 '크롤러'*는 입증된 논증은 물론이요, 지극히 말도 안 되는 소문까지도 그 연쇄를 거슬러 올라갈 수 있습니다. 이 도구들이 사실과 의견을 구분하지 '않는다는' 바로 그 이유 때문에 사실과 의견이 마

---

* crawler. 웹상의 다양한 정보를 자동으로 검색하고 색인하기 위해 검색 엔진을 운영하는 사이트에서 사용하는 소프트웨어. 스파이더spider, 봇bot, 지능 에이전트라고도 한다.

구 '뒤섞여 있는' 논쟁들의 지도를 작성할 때에는 그토록 효과가 있는 겁니다! 물론 처음에는 웹페이지들의 '표결'에만 의지한다는 것이 말도 안 되게 여겨질 겁니다. 하지만 조사를 '연장'해보세요. 금세 다양한 출처들의 '내용'contenu을 덧붙일 수 있고 클릭 몇 번 만에 음모와 증거를 구분할 수 있을 겁니다. 내가 과학인문학 혹은 디지털인문학을 하는 동료들과 함께 추구하는 사상은, 이 편지들에서 요약한 모든 원칙들을 이용하여 시민들이 제기하는 문제들과 디지털 바다 사이의 '인터페이스'를 구축하자는 것입니다. 그러면 학생도 저널, 매체, 미래에 대한 생각을 갖게 될 겁니다(197쪽 그림).

이 다양한 구획들이 결코 잃어버린 **구획**을 대체할 수 없을 거라고 반박한다면, 나는 이러한 디지털 결의론casuistique이 고전 수학에서 시뮬레이션 도구들로의 이행과 마찬가지라고 대꾸할 겁니다. 학생은 비행기를 타기를 망설이거나 초대형 경기장의 돔형 지붕 아래 앉기를 두려워하지 않겠지요. 하지만 벌써 오래전부터 이 대담한 장비들은 적분 가능한 방정식의 계산 결과가 아니라 디지털 '시뮬레이션'의 결과입니다. 그러한 시뮬레이션은 컴퓨터 계산의 효력에 근거하여 견고하기 그지없습니다. 진리의 여부를 논쟁들의 지도에 맡길 사람이 어디 있겠느냐고 말한다면, 나는 그게 다 관점들의 '다수성'을 계산하고 그 관점들이 변화되는 '동태'를 추적하게 하는 도구의 해결 역량에 달렸다고 대답하겠습니다. 달리 말하자면, 연구자와 '검색 엔진' 사이의 차이는 하루가 다르게 줄어들고 있다는 애기입니다.

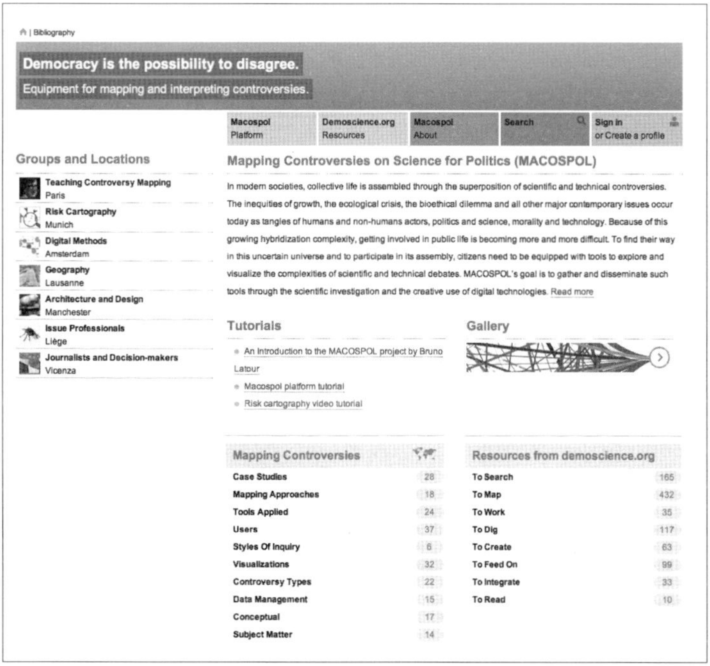

• http://www.mappingcontroversies.net에서는 유럽연합의 MACOSPOL* 협정에 따라 디지털 세계에서 사용할 수 있는 매우 많은 도구들이 분류될 수 있었다. 이러한 도구들은 논쟁이 되는 정보들을 효과적으로 탐색할 수 있게 하는, 이 새로운 매개의 기본적인 초안을 제공한다.

---

* MACOSPOL은 '정치를 위한 과학기술의 논쟁 지도 작성'mapping controversies in science and technology for politics이라는 뜻의 유럽연합 차원 프로젝트로서 저자 브뤼노 라투르가 이 프로젝트의 총괄책임을 맡고 있다.

더욱이 잘 생각해보면 모든 것이 결국은 항상 수數의 문제입니다. 진리가 결코 어떤 참된 의견을 지닌 '사람들의 수'로 결정될 수 없다고 한다면 뭔가 대단히 깊이 있는 얘기를 하는 것 같지요. 하지만 우리는 수로 따질 수밖에 없습니다. 대신 '다른 식으로', 다른 도구들을 사용해서 다른 것을 헤아릴 뿐이지요. 갈릴레이가 그의 증명 중 하나만으로도 '열 명의 아리스토텔레스와 열 명의 데모스테네스'를 반박할 수 있다고 했던 말은, 수로 환산되지 않는 어떤 것을 철학자들과 수사학자들의 다수결로 정해서는 안 된다는 뜻이 아닙니다. 그는 양量과 다른 양을 대립시킨 것입니다. 실제로 갈릴레이는 잘 추론된 한 번의 실험이 숱한 의견들보다 '더욱 무게가 있다'고 하지 않았습니까? 그렇고말고요. 그럼 실험과 다수의 의견들 사이의 관계를 '계량할' 수 있는 도구를 한번 상상해봅시다. 아르키메데스는 지렛대를 놓을 고정점만을 필요로 했습니다. 자, 그럼 나에게 논증들의 무게를 가늠할 저울을 주시겠습니까? 그런 저울이 존재합니까? 이건 경험적 문제입니다. 실천적 문제라고요. 실증적 문제란 말입니다.

나는 일단 증명과 수사학을 '통약 가능하게' 함으로써, 그다음에는 각각의 무게를 계량할 디지털 도구들에로 눈을 돌림으로써 이 문제를 풀 수 있는 여지가 틀림없이 있다고 봅니다. 갈릴레이의 말마따나 '자연이라는 거대한 책'은 수학의 언어로 쓰여 있는 것이 사실이지만 '자연에 대한 논쟁들'에 관한 책의 거대한 '초고'는 0과

1로 줄이 좍좍 그어져 있는 것도 사실입니다. 어쨌든 학생이 한 가지만은 납득하기 바랍니다. 반박할 수 없는 사실의 영역과 끝없는 소란의 영역을 인위적으로 가르는 **구획**으로는 이 문제들에 접근할 수 없다는 것을요. 이건 내기, 과학인문학의 내기지요. '코기토'에서는 아무것도 연역되지 않습니다. 내가 존재한다는 것조차도요. 하지만 '코기타무스'에서는 모든 것이 연역될 수 있습니다. 어쨌거나 우리가 마침내 함께 생각하고, 계량하고, 계산할 세계를 점진적으로 구성하는 데 있어서 중요한 것은 모두 연역될 수 있지요. 코기타무스 에르고 수무스Cogitamus ergo sumus.* '우리는 생각합니다', 고로 우리는 구성해야 할 세계로 함께 들어갑니다. 나는 학생들을 격려하기 위해서 이렇게 말합니다. 사물들이 정말로 다시금 흥미로워졌다고요!

학생에게 온라인 강의 과정이 수월했기를, 인식론이 지금까지 풀지 못했던 문제들을 디지털 도구들의 역량으로 재정의할 수 있을 거라는 거짓 희망을 내가 너무 크게 불어 넣지는 않았기를 바라며,

당신의 인터넷 강의 선생으로부터.

---

* 데카르트의 '나는 생각한다. 고로 나는 존재한다'를 1인칭 복수형으로 변환한 문장으로 '우리는 생각한다. 고로 우리는 존재한다'는 뜻이다.

여섯 번째 편지

과학인문학이 그리는 하이브리드 세계

다윈을 그 이름난 학술여행을 하게 해준 비글호에 다시 태워야 합니다. 아인슈타인을 베른 특허국에 다시 앉혀야 합니다. 뉴턴을 성경 속 천사들의 이동 능력에 대해서 수많은 글을 쓰던 그 모습으로 다시 한 번 보아야 합니다. 요컨대, 요원한 것에 다다를 수 있게 하는 모든 변형의 길들을 되찾아야 합니다.

인터넷 강의가 잘 안 되더라고요? 사과의 말을 전합니다. 나도 압니다, 온라인 강의가 아직 다 제대로 올라와 있진 않지요. 정말 안타깝게 됐군요. 우리가 드디어 학생의 혼란을 야기한 그 문제, 학생이 왜 내 강의를 듣고 싶어 했는지 설명해주는 바로 그 문제에 접근한 마당에 말입니다.

어쩌면 그놈의 디지털 기술상의 버그 때문에 학생이 이를테면 내가 '과학'이라는 단어를 결코 정의하지 않았다는 말을 하게 됐는지도 모르겠군요. 하지만 난 정의를 내렸습니다. 하지만 결국 그 정의는 사이버스페이스 속에 표류했나 봅니다. 젠장, 이래서야 학생이 내가 지난번 편지에서 주장한 바를 믿을 수 있겠습니까…. 어쨌든 간에, 우리는 '과학'이라는 명사를 사용하면서부터 번역들의 층상 구조 속에서 결과들의 집합을 다소 닥치는 대로 재단하여 서둘러 함께 이어버립니다. 이렇게 제대로 한정되지 않는 영역을 가지고 뭘 어쩌고 싶은가요? 그건 마치 라자냐를 먹으면서 요리의 모든 질을 결정하는 층층이 쌓인 파스타, 토마토, 소스를 흐트러뜨리는 거나 마찬가지입니다. 그렇지만 나는 분명히 '과학적인'이라는 '형용사'를 정의한 바 있습니다.☞

나는 미덕 혹은 존재방식들의 전체를 가리키는 아주 대중적인 의미를 먼저 지적합니다. 스포크 박사가 감정을 잘 통제하고, 중립적 태도로 말하며, 항상 계산을 염두에 두고, 진지하면서도 살짝 까다롭고, '객관적으로' 보인다면 사람들은 그가 정말 '과학자다운' 분위기를 지녔다고 말할 겁니다. 객관적이라는 말이 순전히 '주관적인' 특질들, 객관적 사실이나 대상과는 아무 상관도 없고 사람하고만 관련 있는 특질들을 지칭하고 있으니 참 재미있지요.

그다음에는 우리가 제대로 알기 시작한 두 번째 의미가 있습니다. 이 의미에 따라서 우리는 과학적인 것과 그렇지 않은 것—수사학, 정치학, 종교, 예술 등—을 근본적으로 구분합니다. 여기서는 겉으로 드러나지 않은 객관적 실재, 일차적 특질들의 실재를 이차적 특질들, 감각의 허상, 상식의 믿음, 그 외의 여러 가지와 대립적으로 파악하여 지칭하지요. 내가 앞에서 충분히 보여주었듯이 이 두 번째 의미의 난처한 문제점은 합리적인 것과 비합리적인 것의 대조를 낳을 뿐 다른 내용이 전혀 없으므로 이 의미 자체가 완전히 '논쟁적'polémique이라는 데 있습니다. 이 두 번째 의미에 힘입어 우리를 옛 코스모스에서 무한한 우주로 넘어오게 한 거대한 이야기가 전개되었지요(하지만 안타깝게도 이 이야기는 환멸스럽고 의미도 없습니다).

우리는 세 번째 의미, 좀 평범하지만 아마도 가장 널리 퍼져 있을 의미를 덧붙일 수 있습니다. 우리는 단순히 주장하는 바의 근거가 될 수 있는 수많은 데이터들을 먼저 모았다는 뜻으로 어떤 결과를 두고 '과학적이다'라고 할 때가 있습니다. 이 데이터들이 증명되었고 일련의 기관들이 보장하는 협약들에 따라서 허가를 받았다는 뜻으로 말입니다. 그래서 뭔가 의심이 들거나 불확실성이 보이는 경우에는 그러한 기관들에로 거슬러 올라갈 수 있을 겁니다. 그로써 어디에 데이터들을 저장했는가를, 그 데이터들을 신속한 매개들의 총체에 힘입어 빠르게 동원할 수도 있다는 것을 그저 알리기 원하지요. 이것은 저장 능력, 접근과 시각화의 속도 문제입니다.

이 세 가지 의미들만 해도 이미 충분히 서로 판이하다는 것을 알겠지요. 더욱이 나는 네 번째 의미에 주목을 끌려고 노력하는 바입니다. 어떤 결과가 '과학적'이라는 말은 우리를 (넓은 의미에서의) 실험실로 이끈다는 뜻입니다. 그러한 실험실에서 우리는 어떤 도구를 둘러싸고 모인 증인들의 집합과 맞닥뜨립니다. 그 도구는 다시 시험에 놓인 다른 개체들의 집합에 대한 증언들을 수집할 수 있게 해주지요. 그러한 시험들 덕분에 개체들은 어떤 방식으로든 사람들이 그것들에 대해서 말하는 바에 가담할 수 있게 됩니다. 이러한 장소에서 '인간들의 분절언어는 세계의 분절언어를 떠안습니다.' 내가 관심 있게 보는 점은 이 네 번째 의미가 주관적 특질들로(첫 번째 의미에서처럼), 혹은 논쟁적 특질들로(두 번째 의미에서처럼), 혹은 단순히 뒷받침하는 특질들로(세 번째 의미처럼) 주의를 끌어당기지 않고 '몽땅 실패할 수도 있는' 조립montage의 전체를 보게 만든다는 점입니다. 증인들은 애매할 수 있고, 도구들이 잘 조정되지 않았을 수도 있으며, 시험들이 잘못 선택되거나, 결과들이 잘못 해석될 수 있습니다. '과학적인'이라는 형용사를 이렇게 새로이 받아들임에 있어서 증거들의 제한되지 않은 확장에 더 이상 '자율적인' 것이라곤 전혀 없습니다. 어떤 조립이 과학적이라고 말한다면 이는 논의를 '일으키는' 것이지, 다른 의미들의 경우처럼 '종지부를 찍는' 게 아닙니다. 그런 말은 사실들의 확장 작업을 '시작'합니다. 더 이상 '완료된 사실'을 믿지 않는다는 뜻이니까요. 이 네 번째 의미는 증거 작업자들과 그 밖에 하얀 가운 부족들이 어렵게 얻어낸 결과의 연속성, 보편성, 확장 가능성, 반박 불가능성을 미리 내세우지 않고도 실험실의 모든 성과들을 제대로 인정할 수 있게 한다는 점에서 매우 흥미롭습니다. 이러한 사전예방은 대단히 중요합니다. 과학자들에게 약속을 없었던 것으로 해줄 뿐 아니라 연구자들이 상대하는 이들에 대해서도—이로써 연구자들이 말하던 것들에 대해서까지도—약속을 없었던 것으로 해주기 때문이지요. 내가 앞에서 정의했듯이 능변은 '잘 말하기'를 배우는 것이요, 이보다 더 어려운 일은 없다는 것을 우리는 다 압니다.

네 번째 의미는 취하고 세 번째 의미는 취하지 않을 수 있다는 점에 주목하세요(예를 들어 민족지학 현장의 경우가 그렇지요). 또한 첫 번째 의미만 빼고 둘째, 셋째, 넷째 의미들을 다 취할 수 있다는 점도요(대단한 연구자가 되기 위해 스포크 박사 행세를 할 필요는 없답니다!). 두 번째 의미에 대해서는 이성의 추구를 합리론 논쟁으로 대체하고 싶은 의도가 있는 게 아니라면 이제부터 전적으로 사용하지 말 것을 강력히 권합니다. 게다가 이 네 가지 의미들을 구분함으로써 우리는 소위 '하드'hard한 과학(자연과학)과 '소프트'soft하다고 잘못 일

컫고 있는 과학(인문과학) 사이에 사실상 어떤 구분도 없음을 깨달습니다. 증거를 표명할 수 있도록 시험들을 조직하기란 항상 어렵고 힘듭니다. 그래요, 정말로 '하드'하지요. 나는 기꺼이 그 증인이 될 수 있습니다. 아세틸콜린 수용체, 입자, 기관, 사람들, 개념들을 상대해야 하니까요. 견고한 과학과 물렁하거나 부드러운 과학이 있는 게 아닙니다. 구별을 두지 않는 과학자들과 지금까지 뒤섞여 있던 사물들의 상태에 '구별을 둘'faire la différence 수 있는 과학자들이 있을 뿐이지요.

내 설명이 너무 빠르게 여겨진다면 유튜브youtube.com나 디엔에이튜브dnatube.com, 혹은 그 밖의 웹사이트를 클릭해보세요. 그리고 그들이 마침내 나타낼 수 있게 된 존재들에게 부여하고 있는 설명에 심취한 연구자들의 '움직임'에 집중하세요. 그 움직임들을 잘 보세요. 나는 학생이 나처럼 연구자들의 '제스처'가 그들을 드러냄을 납득하게 되리라 믿습니다. 그들이 어떻게 방정식을 실제 삶으로 살고 있는지 보면서 감동하게 될 겁니다. 어떻게 그들이 어떤 블랙홀, 어떤 입자, 어떤 바이러스의 입장을 스스로 취하게 되었는지, 어떻게 그들이 생태계, 화학반응, 통계 산포도의 놀라운 독창성을 행동방식을 통하여 모방하는지 보면서 말입니다. 그러고서 학생은 중립적 대상의 객관성과 차가운 '코기토'의 주관성 사이의 넘을 수 없는 거리를 마침내 진실로 발견했노라 말할 테지요. 오히려 연구자들이 그들의 모든 신체능력, 감정, 지식욕을 물질의 가장 내재적인 속성들과 융합하는 데 성공했다고 말하지는 않을까요?

그들이 그러기까지는 오랜 수련, 반복, 재연의 세월이 필요했습니다. 네, 네, 서커스 곡예사와 공중그네 타는 이와 광대를 보고 탄복하세요. 하지만 부디 일개 인간들을 겹겹의 존재로 감싸게 해준 이 장들의 믿을 수 없는 아름다움에도 탄복해주세요. 그들은 완전히 낯설었던 그 존재들을 표명되거나 발화될 수 있게 만들었습니다. 그다음에는 주체와 대상을 하나의 안무로 융합시킨 이 전대미문의 무대가 어떻게 지워지고, 제거되고, 부정당하고, 금지되고, 검열을 당했는지 분노의 눈물을 머금고 탄복해주세요. 그 무대는 막대기처럼 뻣뻣한 스포크 박사의 부조리한 무대, 자신에게 아무 '관심도 끌지 않는' 괴리된 대상에 대해서 기계적인 목소리로 말하는 스포크 박사의 무대로 대체되었습니다! 그러고는 젊은 사람들이 너무 과학을 외면한다느니, 대중들에게는 과학정신이 너무 부족하다느니 놀라워하는 겁니다…. (그리고 우리는, 적어도 나는, 반과학이라고 비난을 받고요?!). 아, 근대화를 추진하는 그대들이여, 그대들의 가장 위대한 승리를 기념하기가 얼마나 어려운지요.

자연의 정치

하지만 학생이 이제—이 단어의 모든 의미에서—우리가 '자연을 공격해야'attaquer à la nature 한다고 한 말은 일리가 있습니다! 코이레의 책에 준하여 말하자면, 해방과 근대화의 거대한 이야기 속에서 이 무한한 우주는 마침내 인간들의 눈에 비밀들을 드러낸 자연이 분명합니다. 인간들이 유한하고 낡은 코스모스의 한계에서 빠져나옴에 따라 그러한 비밀들이 드러나게 된 것이지요. 이 이점이 보완되면서 자연이 펼쳐질수록 인간들 사이의 '합의'도 커져야만 합니다. 그들 모두가 이렇게 탄식합니다. "아! 우리가 마침내 방황하는 주관성, 종교적 소속과 이데올로기와 정념의 다양성, 정치의 소란을 자연법칙의 보편성으로 대체할 수만 있다면 우리는 공동생활의 안정적인 기반을 보장할 수 있을 텐데. 그러면 우리는 모두 합리적이 되고, 모두 하나가 되며, 모두 합의를 볼 텐데. 정치가 드디어 이성에 의해 정초될 수 있을 텐데." 근대화를 추진하는 자는 이런 식으로 생각합니다. 비록 이게 아주 어려운 일이라는 것을 알더라도, 수백 년이 걸릴 일이라는 것을 알면서도 그는('그녀'가 아니라 분명히 '그'입니다) 이차적 특질들의 낡은 건물을 도중에 버리기만 하면 일차적 특질들로 옮겨갈 수 있다고 항상 믿습니다. 그래서 자신이 우주에 있다고 믿는 자들의 외침은 이렇습니다. "자연으로 돌아갑시다!"Naturalisons-nous!

내가 보기에 우리 모두는 '자연의 종말'을 목도하고 있다는 공포를 느끼는 것 같습니다. 일단, 자연이 도처로 뻗어나가지 않을 수 있습니다. 나는 대문자 N으로 쓰는 **자연**Nature 개념을 말하는 겁니다. 나는 학생들에게 클로드 레비스트로스Claude Lévi-Strausse, 1908~2009가 언급한 경이로운 일화를 즐겨 들려주곤 합니다.☞ 학생도 1550년의 바야돌리드 논쟁에 대해서는 들어봤을 겁니다. 새로 발견된 인디언들에게도 영혼이 있어서 세례를 받으면 구원받을 수 있는가 그렇지 않은가를 두고 인디언들의 옹호자 라스 카사스Las Casas, 1474~1566와 교회의 정통교리를 옹호하는 후안 히네스 데 세풀베다Juan Gines de Sepulveda, 1490~1573가 맞붙었지요. 하지만 정확히 같은 시대에 그 반대편에서는—브라질 페르남부크 연안이나 코스타리카 연안에서는—인디언들이 그들에게 불행을 불러일으키러 나타난 스페인 사람들에게 과연 '신체'가 있느냐 없느냐를 두고 고민했다는 사실도 아나요? 그래요, 신체 말이에요. 인디언들이 이 문제를 풀기 위해서 어떻게 했는지도 아나요? 그들은 포로가 된 스페인 정복자들을 거대한 호수에 빠뜨려서 일단 익사시킨 후에 그 시신이 부패하는지 그렇지 않은지 살폈답니다…. 시신이 썩는다면 그들에게도 신체가 있다는 사실은 의심할 수 없지요. 그들은 영혼이 있느냐 없느냐를 문제 삼지 않았습니다. 그들은 어차피 세상 모든 존재에 영혼이 있고 인간에겐 인간적인 모양새의 영혼이 있을 뿐이라고 믿었으니까요. 선택하고 말고도 없이, 그저 큰부리새의 영혼이냐, 맥貘의 영혼이냐, 재규어의 영혼이냐, 종려나무의 영혼이냐, 부족의 영혼이냐가 문제였다고나 할까요. 그 존재들의 차이를 낳는 것은 영혼이 아니라 신체였습니다. 신체가 각자에게 다른 '관점'perspective을 제공하니까요. 여기서 이러한 입장을 설명하는 관점주의perspectivisme라는 단어가 나왔습니다. 우리 서양인들에게 이러한 입장은 생소하지 않습니다. 우리 역시 선택의 여지없이 또 다른 입장에 매여 있으니까요. 우리는 반대로 신체는 모든 것에 있다고 생각합니다. 큰부리새, 맥, 인간, 종려나무 할 것 없이 몸뚱이는 다 있지요. 그런데 이 존재들 중 일부만이, 요컨대 인간만이 영혼을 지닙니다. 레비스트로스는 전반적으로 고려하건대 인디언들이 포르투갈 성직자들보다 훨씬 과학적이었다고 다분히 신랄하게 말합니다. 어쨌든 인디언들은 성경이라는 논증의 근거가 되는 자료들에만 기대지 않고 자연과학에서 방법론을 빌려오긴 했으니까요….

학생은 이미 자연이 보편적 도식이라고 생각하면 커다란 과오를 범하게 된다는 것을 알았습니다(말이 났으니 말인데, 아마조니아 인디언들이 '자연에 더욱 가깝다'는 진부한 고정관념 따위는 벗어던지세요. 전혀 그렇지 않거든요. 그들에겐 아예 자연의 개념 자체가 없다고요!). 필리프 데스콜라 Philippe Descola가 보여주듯이(이 사람 강의는 놓치지 마세요. 케케묵은 콜레주 드 프랑스의 먼지를 털어낼 만한 몇 안 되는 강의 중 하나랍니다) 인류학자의 관점에서 보면 '자연주의'naturalisme는 오히려 이상한 것, 보기 드문 것입니다. 자연주의가 최근에 온 지구로 퍼진 것은 사실입니다만, 그건 어디까지나 근대화, 근대화의 '이념', 혹은 좀 더 정확히 말하자면 근대화의 '도구들'을 중개해서였습니다. 자연을 '보호'한다느니, '수호'한다느니 하는 사람들의 말을 들으면 자연이 (문화, 사상, 가치와 대립적으로 파악되는) 어떤 실재의 구간처럼 생각될 수도 있겠지만 자연은 그런 게 아닙니다. 자연은 역사적으로 16세기와 17세기 사이에 비롯되어 19세기에 비로소 실현된 어떤 방식, 즉 '다양한 존재들'의 모든 속성들을 '한데 연결함으로써' 그 존재들에게 (대체로 유용하지만 때로는 불필요하게 겉도는) '보완적 연속성'을 보장하는 방식입니다. 학생이 나의 네 번째 편지를 기억하고 있다면 이 말이 놀랍지 않을 겁니다. 자연이나 '연장된 실체'res extensa나 마찬가지니까요. 그런 것은 다 생각, 도식, 상상적인 것, 그리고 앞으로 보겠지만 일종의 확대와 팽창의 '정치'입니다.

우리에게는 바야돌리드와 코스타리카에서 각기 있었던 두 실험, 두 논쟁을 어느 한쪽에 치우치지 않고 양립시킬 만한 용어가 있어야 할 겁니다(설명을 제공하는 듯 보이는 것을 오히려 설명해야 할 법한 것으로 바꾸기 위해 내가 얼마나 공을 들이는지 이제 학생도 알겠지요). 바로 이러한 이유에서 나는 제임스에게서 '우주'univers와 대립되는 '멀티버스'multivers, 혹은 '다원우주'plurivers라는 용어를 빌려왔습니다. 나는 다양한 코스모스들을 통합하거나 통합하지 않는 도구들의 문제를 '열어놓기' 위해서 이 용어를 쓸 것을 제안했는데요. 따라서 나는 사물과 사람이 함께 '다원우주 속에서' 살아가고 있으며 이제 우리가 이 다원우주에 '단위' 혹은 '단위들'을 부여하는 다양한 방식들, 종종 서로 모순되기도 하는 그 방식들을 간파할 수 있다고 말하는 겁니다. 통일된 하나의 자연이라는 명백한 생각에서 출발하는 대신, 이제 자연의 도식에 따른(또한 다른 여러 도식들에 따른) '통일 작업'이 전면에 놓일 것입니다. 바로 여기서 코스모그램들을 그리는 연습이 비로소 쓸모 있게 여겨집니다. 코스모그램들 덕분에 자연을 다른 현상들, 이를테면 문화 따위가 튀어나오는 바탕화면으로 사용하는 대신 우리는 멀티버스가 '얼마나 다양한 방식들'로 '구성'될 수 있는지 관찰할 겁니다. 학생도 능히 짐작하겠지만 생태학적 위기들에 본격적으로 접근할 때에는 이러한 변화가 상당한 결과를 불러옵니다. 금세기의 모든 정치가 이 문제에 달려 있습니다. '자연의 도식이 너무 성급히 통합한 것을 어떻게 서서히 통합해나갈 수 있을 것인가?'라는 문제예요.

나도 인정합니다만, 이 논증은 미묘합니다. 옆걸음질 한 번으로 우리는 다시 탈주술화된 **과학**에 대한 온갖 진부한 생각들로 다시 돌아가고 말지요. **과학**은 '기계론적 원인으로 모든 것을 이해할 수 있다고 생각하기에 영혼이 있을 리 없다'는 둥, **과학**은 인간, 가치, 정신을 '단순한 대상들'로 '환원'해버린다는 둥 하는 생각들이지요. 학생도 잘 알겠지만 나는 그런 말을 하는 게 아닙니다. 내가 처음부터 '과학인문학'이라는 평범하지 않은 표현을 강조한 이유는 차갑고 물질적인 '자연의' 세계에 '영혼'을 '보완'하기 위해서가 아니었습니다. 그 같은 입장은 영국인들이 "바늘, 낚싯대, 찌"라고 나누듯 자연의 분기를 다시 곧이 믿겠다는 것 아닙니까. 그건 머리가 돈 사람들끼리 일종의 얄타 회담을 조직해서 일차적 특질과 이차적 특질의 구별을 받아들이겠다는 소리나 마찬가지예요. "과학자들은 물질세계를 가지시오. 우리 인문주의자들은 가치의 세계를 갖겠소"라는 식으로요. 나의 제안은 절대로 이런 게 아닙니다. 데카르트처럼 우리의 영혼 혹은 정신이 '생각하는 실체'res cogitans에 있다고 믿을 수 없는 것은 사실이지만, 우리의 신체와 그 신체를 둘러싼 세계에 대해서 데카르트처럼 생각할 수 없음은 더욱더 사실입니다. 어떻게 그것들이 버티겠습니까? 어떻게 '연장된 실체'

res extensa에서, 그토록 '모든 생명에 대하여 적대적인' 환경에서 살아남겠습니까?

진정한 자연과학자, 다윈과 윅스퀼

나는 우리가 '연장된 실체'의 확장과 진정한 과학을 혼동함으로써 완전히 헛다리를 짚었다는 점을 보여주고 싶습니다. 진정한 과학은 그 전개를 통하여 멀티버스의 존재들에게 완전히 다른 또 하나의 '서식지'habitat를 창조합니다. 우리는 그 서식지를 '과학적 세계관'이라고 부르고요. 다윈만큼 그 세계관을 잘 이해한 사람은 없었습니다. 아무도 다윈처럼 생명체들의 어수선한 결과들을 전부 **자연**이라는 보편적이고 특징 없는 차가운 환경에 집어넣는다는 생각에 강력하게 저항했던 사람은 없었습니다.

다윈 시대에서 참으로 감동적인 것은(2009년이 마침 다윈 탄생 200주년이었지요), 그의 찬란한 발견과 서글픈 자연주의 사이의 어마어마하고 한없는 거리를 가늠하는 것입니다. 우리는 그 거리를 좁히려고 부단히 애써 왔지요.☞ 다윈이 충격을 주었던 것은 그가 인간을 원숭이의 후손으로 만들었다거나, 인간중심주의에 종지부를 찍었다거나, 창조주 하느님을 상정하지 않았다거나 하는 것이 아닙니다. 그건 바로 그가 보편적이고 연속된 환경으로 구상된 **자연**을 생략했다는 겁니다. 그러한 **자연**이 모든 생명체들을 '그들 모두의 상위에 있는 인과법칙의 점진적 실현'으로 삼아서 그 생명체들에게 의미를 부여할 텐데 말입니다. 다윈에게 충격을 받은 이들은 사제들이 아니었습니다. 유물론과 '연장된 실체'의 이상을 혼동했던 학자들의 사제들이 제일 먼저 충격을 받았더랬지요. 다윈은 각 존재와 그다음 존재 사이에 아찔한 '불연속성'이 있다고 보았고, 그러한 불연속성은 마치 결과가 항상 원인을 다소 넘어서는 것처럼 각 세대에 유일하고 독보적인 발명이 있음을 상정합니다. 학생은 여기에 덧붙일 것이 아무것도 없음을 알아차릴 겁니다. 하지만 다윈의 책이 나온 지 150년이 됐는데 우리는 여전히 가엾은 다윈을 **창조** 대 **자연**, 창조주 하느님 대 눈먼 시계공이라는 거창한 거짓 논쟁에만 못박아두려 합니다. 생명체들에 '외재적인' 하나의 의미를 제공한다는 점에서 완벽하게 대체 가능한 두 형식을 대립시키려고만 합니다.

그런데 다윈이 발견한 것은 이게 전부가 아닙니다. 그가 발견한 것은 훨씬 더 흥미롭고 더욱더 급진적입니다. 전후고저를 막론하고, 어떤 야생마 집단을 그보다 좀 더 진화된 다음 집단으로 이어주는 법칙 따위는 없습니다. 우리는 각각의 말을 그 자체로, 그 개체가 보전되거나 멸종될 그 나름의 위험과 기회를 통하여 고려해야 하는 것입니다. 어떠한 말의 '관념'도 그런 스토리를 쭉 이끌어가지 않습니다. 그런 이야기는 '어디로도' 향하지 않습니다. 바로 그 점이 모든 종교의—학술적인 분파들까지 포함해서—성직자들을 충격에 몰아넣었던 겁니다. 어떠한 신의 섭리도 그 이야기를 이끌지 않습니다. 이른바 '최적 환경'Optimum, '적자생존'適者生存

이라는 세속의 섭리도 그럴 수 없고요. 당연히 어떤 창조도, 어떤 의미도 안 됩니다. 다윈과 더불어 신은 물론 패했습니다만 **자연**도 그건 마찬가지입니다. 이제 **자연**도 없고 에테르도 없습니다. 저마다 자기를 위합니다. 이 놀라운 불연속성은 어떤 잠정적인 통일로도 미리부터 다시 덮을 수 없습니다. '생의 약동'Elan Vital으로도, 물질적 제약의 엄격한 작용으로도 안 됩니다. 다윈은 멀티버스의 수호성인입니다. 그의 사상은 '연장된 실체'의 환원주의를 절대적으로 벗어나기 때문에 매일매일 묵상해야 마땅합니다. 내가 이미 말했지만 생명체들은 생존하기 위해서 **자연**의 환경과는 전혀 다른 '환경'을 필요로 합니다.

어쩌면 지금이 바로 그 환경, 그 움벨트(Umwelt, 환경세계)를 이야기할 때가 아닌가 싶습니다(내가 독일어에 손댔다는 것 알겠지요?). ☞ 오늘날 정치에서 대단히 중요한 이 말은 완전히 독창적인 사상가 야콥 폰 윅스퀼Jakob von Uexküll, 1864~1944이 만들어냈습니다. 그는 마르틴 하이데거, 질 들뢰즈, 페터 슬로터다이크는 물론, 민족지학자들의 전통 전체에 영향을 주었습니다. 표면적으로 폰 윅스퀼은 전혀 다윈주의자가 아닙니다. 하지만 이 위대한 두 자연학자들은 그들이 연구하는 존재들을 '인위적 연속성'으로 환원하지 않았다는 공통점이 있습니다. 그러한 인위적 연속성은 모든 존재를 단순한 원인과 결과의 전이로 미리 설명하려 들지요. 다윈과 폰 윅스퀼은 모두 하나의 원인과 숱한 결과들, 하나의 조상과 그 후손들, 하나의 동물과 그 이웃 동물들, 혹은 좀 더 일반적으로는 하나의 선행현상과 그 이후의 현상들 사이의 수많은 불연속성들을 강조합니다. 다윈은 생명체들을 이끄는 상위의 의미 없이, 그저 단독적인 사소한 발명이 생명체들의 적응과 변이를 가능케 한다고 봅니다. 폰 윅스퀼의 경우, '움벨트' 관념은 인간이 순전히 편의에 따라 모든 생명체를 둘러싸고 있다고 생각하는 보편적 층을 지칭하기 위해 만들어낸 추상적 개념 '주위'entourage와 대립됩니다. 그런데 폰 윅스퀼은 오히려 '각각의 동물'이—달팽이, 진드기, 까마귀, 개, 물론 인간도—자기 주위에 일종의 거품을 형성한다고 보았습니다. 그 거품은 주위에서 몇 가지 적절한 기호들을 추출해낼 것입니다. 그 기호들은 분명히 '주관적인' 것들이라고 해야 할 것입니다. 살아 있는 자연에는 대상들이라고 말할 만한 것이 없고 폰 윅스퀼의 말마따나 그저 "의미작용을 담지하는 주체들"만 있다는 뜻에서 말입니다. 하지만 이 주체들은 동물이 거하는 이 세계 내에 있다는 뜻에서 객관적입니다. 진드기가 개나 인간만큼 유기적으로 구성되어 있지는 않습니다. 무한한 지각들 속에서 진드기가 완전히 파악할 수 있는 것은 네 가지 가치들뿐이지요. 그러나 진드기도 그 가치들로 자기만의 관점, 의미작용의 세계, 다시 말해 진드기 고유의 환경세계Umwelt를 생성할 수 있습니다(내가 진드기에 대해서 멋있는 영화를 한 편 찍을 테니 절대 놓치지 마세요). 진드기의 세계가 (우리에게) 아무리 보잘것없다 해도 그 세계는 우리의 세계, 혹은 코끼리의 세계 못지않게 유기적으로 구성되어 있습니다.

요컨대 우리는 주관적인 것과 객관적인 것의 끝없는 대립을 완벽하게 벗어날 수 있다는 겁니다. 폰 윅스퀼이 살아 있는 세계에는 주체들밖에 없고 그 주체들끼리 (인과관계가 아니라) 의미작용의 관계를 맺는다고 말했을 때, 그는 결코 유물론, 실험에 반대한 것이 아니었습니다. 여기에는 지나치게 차갑고, 지나치게 객관적이며, 지나치게 탈주술화된 옛 과학보다 상위에 있을 그 어떤 지혜에 대한 '뉴에이지적인' 요청도 없다는 것을 모르겠나요? 그는 '진정한 실증과학'의 '엄밀한 객관성'에 모든 생명체들—진드기를 포함하는!—의 주관성을 덧붙일 필요가 전혀 없었습니다. 그럴 필요는 없고 말고요. 그는 다만 우리에게 '모든' 생명체들의 공통의 장을 만들어낸다는 것이 얼마나 부조리한지 보라고 할 뿐입니다. 그 공통의 장은 그 자체에 모든 의미작용이 '결여되어' 있다는 특이한 속성을 지닐 테니까요. 그 장을 '자연'이라고 부를까요?

언제나 은유들은 신중하게 살펴봐야 합니다. 그 은유들이 분명한 추상처럼 보일 때조차 말입니다. '과학적 세계관'이라는 말에서 그 '관'觀에 해당하는 시각은 어느 거대한 존재의 시각, 그 어떤 눈의 시각입니까? 네, 도대체 어느 생명체를 두고 '연장된 실체'의 공간, 거품, 체험되는 환경, 움벨트를 말하는 겁니까? 대답은 이렇습니다. 그런 생명체는 존재하지 않고 존재했던 적도 없습니다. 그 생명체는 19세기의 신화적 창조물입니다. 알다시피, 라플라스의 악마는 하나의 원인에서 출발하여 모든 결과들을 추리할 수 있는 전지적 계산자이지만 어디까지나 사색적인 존재로만 남아 있습니다. 폰 윅스퀼은 차분하게 이렇게 씁니다. "우리가 보편적으로 포괄하는 공간의 허구에 매달리는 이유는 단순히 그 같은 관습적 사유가 우리의 소통을 편하게 해주기 때문이다." 이 결론이 얼마나 급진적인지 학생도 이해하겠지요. 폰 윅스퀼에게 '모든 생명체들'을 대번에 포괄할 수 있는 '메타-수프라-슈퍼-움벨트' 따위란 없습니다. "주체들에게 의존하지 않는 공간은 없다." 따라서 '연장된 실체'도 전혀 없지요. 상상된 공간과 움벨트들의 현실적인 교차 사이에서 선택을 해야 합니다. 아니, 차라리 선택을 하는 게 아니라 멀티버스 안에서 그 둘을 다 받아들여야 한다고 해야겠군요. 다시 말해, 우주는 일종의 특수한 경우로서, 역사적으로 진기한 경우로서, 정치 혹은 정치적 인식론의 지나간 형식으로서 멀티버스 안에 '포함되어' 있습니다.

내가 여기서 세계에 대한 '기계론적 설명'에 매달린다고 생각해선 안 됩니다. 우리가 이제 잘 알기 시작한 거대한 이야기에 힘입어 '합리적 접근의 단순한 확장'이 된 기계론적 설명 말입니다. 혹은 내가 숱한 다른 이들처럼 과학의 환원주의를 불평하는 것이라고 생각해서도 안 됩니다. 연루와 밀착의 이야기, 그 대안적인 이야기가 실증과학을 '넘어서' 그 '너머'로 나아가기 위한 것인 양 생각해서도 안 된다는 말입니다. 내가 이미 여러 차례 보여주었듯이 사실은 그 반대입니다. 이 두 번째 거대한 이야기에서 우리는 과학이 자신의 '진정한 환경', 그 과학이 지속적으로 생산적일 수 있는 그 '움벨트'에만 몰두할 것을 요청합니다. 과학을 뛰어넘어야 할 필요는 전혀 없습니다. 과학이 '재주술화될'réenchanté 필요도 없습니다. 과학이 정말로 자신의 소임을 생각하고 은폐의 의무를 우직하게 믿는 것으로 충분합니다. 예를 들어, 과학이 도처에 확고부동하게 세웠다고 자랑하고 각양각색의 인문주의자들 또한 과학이 함부로 확장했다고 신랄하게 성토했던 '기계론' 관념을 누가 진지하게 받아들일 수 있겠습니까? 유물론, 자연주의, 환원주의도 경계해야 하기는 거의 마찬가지입니다. 이 세 경우에서 현실의 욕망은 순전히 비현실적인 어떤 것으로 바뀌었습니다. 어떤 학자의 정신도, 어떤 하얀 가운의 연구자도 범할 수 없을 세 가지 죄, 어쩌면 꿈속에서나 저지를 세 가지 죄입니다. 다소 이상하다는 건 나도 압니다. 하지만 '**자연**과 결판을 내려면' 논증을 끝까지 밀어붙여야 합니다.

아인슈타인의 시계, 뉴턴의 천사

데카르트는 동물-기계를 논하면서 확실히 동물을 잘못 다루었습니다(다윈과 폰 윅스퀼은 서로 다른 입장을 보이지만 두 사람 모두 기꺼이 그 점은 증명할 것입니다). 하지만 데카르트는 기계 '또한' 잘못 다루었습니다. 우리는 기술의 미궁을 파고들면서 권양기, 도르래, 항공기 제트엔진, 원자력 발전소만큼 기계적이지 않은 것, 오로지 '연장된 실체'로 환원할 수 없는 것은 없음을 알았지요. 종이, 컴퓨터 모니터, 설계도의 기술적 도안과 거기에 그려진 것을 혼동해서는 안 됩니다. 나는 때때로 데카르트가 그토록 '연장된 실체'라는 생각에 열중했던 이유가 도면들의 독특한 아름다움 때문이었다고 주장하는데요. 실제로 도면들은 모든 점에서 감탄할 만하고, 17세기에는 판화제작술과 투시투영법에 힘입어 기계들을 그릴 수 있게 되었지요. 그로써 사람들은 기계의 다양한 부분들이 어떻게 변형되지 않고 하얀 종이라는 등방성等方性 공간에 옮겨질 수 있는지 이해하게 되었고요. 그리고 오늘날에는 그러한 도면들이 컴퓨터 모니터의 3차원 가상공간으로 옮겨지지만 사실 2차원과 크게 다를 것도 없고 가스파르 몽주Gaspard Monge, 1746~1818의 기하화법과 동일한 투영 법칙을 따르지요. 몽주도 나처럼 부르고뉴 지방의 본에서 태어난 동향 사람입니다. (생리학 도구들을 발명한 에티엔 쥘 마레Étienne-Jules Marey, 1830~1904도 마찬가지입니다. 이로써 부르고뉴 사람들이 좋은 술만 잘 만드는 것이 아니라는 사실이 증명됐지요…)

사유에 의해—혹은 시각에 의해—기술적 도안의 공간(222쪽 그림)으로 이동하기 시작한다면 어떤 혼란이 생길 위험이 있는지 알겠습니까?☞ 당신은 그 공간이 일단 만들어진 기계들 자체가 존재하는 환경인 양 생각하기 시작합니다. 그 기계들은 기술자들이 실제로 구현하고, 노동자들이 틀에서 부품 하나하나를 찍고 파고 맞추고 모양을 잡아서 조립하며, 연구소에서 성능을 검증하고, 정비하는 사람들이 살피고 관리를 함으로써 존속되지요. 흰 종이나 컴퓨터 속의 기술적 도안으로 옮겨진 기계들은 어떤 관계도 잃지 않고, 어떤 변형도 거치지 않고, 어떤 인간도, 어떤 표준화도, 어떤 규제도 필요 없는 듯이 보입니다. 그렇지만 밖으로 나가면 기계들

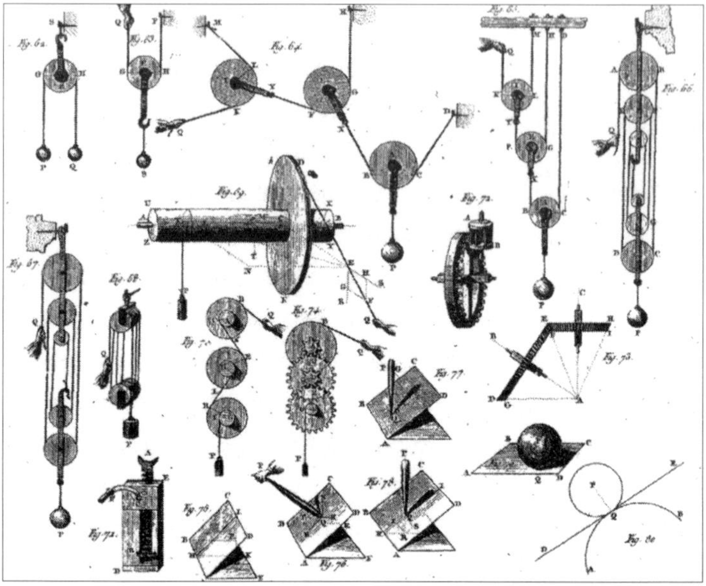

• 가스파르 몽주, 『해양학교를 위한 정역학 기초 개론』 중에서.

Gaspard Monge, *Traité élémentaire de statique à l'usage des écoles de marine* (3e édition) vue 207, Obéliane, Paris, 1798.

에게도 활발하고 생생하며 복잡다단한 환경이 필요할 것입니다. 기계들이 지속적으로 작동할 수 있으려면 허술하나마 생태학이 온전히 필요하다는 얘깁니다. 여기서 다시 한 번 실태의 부단한 불연속성들은 머릿속에만 존재하는 연속성 아래에 가려져 있습니다(연속성 그 자체도 인위적으로 연속적인 사유의 상상계에나 존재한다고 말하는 것이 좋겠군요. 삶의 격동, 꿈, 부주의, 습관은 물론이요, 분노와 욕망 따위에도 마구 동요하는 '코기토'만큼 불연속적인 것도 없으니까요). 어떤 기계가 제대로 갖춰지려면 하나의 멀티버스 전체가 모여 있어야 합니다.

그리고 우리는 그 기계의 다양한 구성요소들이 여차하면 얼마나 득달같이 흩어져버릴 수 있는지 잘 알지요. 의심스럽거든 로렌 지방의 황폐화된 공장지대나 루르 강 유역에 가보세요. 한 번의 조업중단, 파업, 사고, 공장 이전만으로도 이렇게 되기엔 충분합니다. 단순한 '대상'으로 보였던 것은 '사안'이 되지요. 나는 하이데거가 대상Gegenstand에서 사물Ding로의 추이를 따로 구별하면서 말하고 싶었던 내용이 바로 이것이라고 생각합니다. 나는 2003년 2월 발사 이전의 컬럼비아호와 폭발사고 이후에 산산조각 나서 흩어진membra disjecta 같은 우주선 사이의 고통스러운 변모에 대해서 정말 많이 생각해봤습니다. 사고 이전의 우주선은 엄연히 자율적인 대상이었고, 그 우주선의 비행에 관심을 가진 사람들은 그리 많지 않았지요. 사고 이후에는 예측하지 못했던 폭발의 원인을 찾기 위해 조사자들이 미국 남부 전체에 흩어져 그 우주선의 파편들을 주워서 어떤 홀에 한데 모아놓았지요(224쪽 그림). 이전의 우주선

• 왼쪽은 2003년 2월 16일 발사대에 오른 컬럼비아호. 오른쪽은 2003년 3월 7일 플로리다 주 케이프 캐너베럴 케네디센터 홀에 수집된 우주선 잔해들.

은 기술적 대상, 즉 'Gegenstand'였습니다. 나중의 우주선은 하나의 사회기술적 사안, 하나의 회합, 하나의 퍼즐, 하나의 'Ding'입니다. 이전에는 우주선이 '연장된 실체'의 하늘에서만 비행하지만 우주선이 그 안에서 존재했음을, 그 안에서 비행했음을, 우주선이 NASA라는 '기관'에 의존해 있었음을 깨닫는 것은 나중 일입니다.

하지만 분명히 이건 소급적으로 적용한 착각입니다. 왜냐하면 사고를 당하지 않고 지구로 무사 귀환한 우주선들 역시 허술한 사회기술적 조합들이니까요. 그 우주선들도 자기 기관들을 '가로질러' 여행을 하지요. 그것들 역시 허술한 회합들이라는 이유에서만 견고한 조합들이니까요. 문제가 뭔지 알겠습니까? 데카르트는 그의 NASA와 '더불어', 하늘 '안에서' 비행하는 우주선을 '어디에', 어떤 공간에 두어야 할까요? 무한한 우주를 만들어냈다 여겼던 자들에게는 참으로 놀라운 일이지요. '그들은 자리가 모자라요!' 그들에겐 자신들의 발견을 둘 만한 충분한 공간이 없습니다. 모든 문제가 여기에 있습니다. 근대사 전체가 이 기묘함으로 설명이 됩니다. 우리는 물질의 과학을 전개해왔는데 그 과학은 자신의 물질을 둘 만한 장소를 찾지 못합니다. 우리는 어쩌면 옛 코스모스가 좁다고 느꼈을지 모르지만 무한한 우주에서도 숨이 막히기는 마찬가지입니다. 우리에게 공기를 주십시오. 우리에게 멀티버스를 주십시오.

그리고 우리가 생명체들에서 혹은 기술적 조처들에서 멈출 거라고 생각하지 마세요. 무생물들에게도 이어지니까요. 학생이 아인슈타인에 대한 강의를 놓쳤다는 점이 정말로 안타깝군요. 어떤 변형 없이 무엇인가를 이동시키는 방식들의 도치야말로 아인슈타인이 '에테르'라는 명칭 아래 규탄하고자 했던 것입니다.☞ '상대성'이 각 점과 그다음 점 사이의 작은 불연속성을 복구하려는 노력이 아니고 무엇이겠습니까? 그 불연속성이 말 그대로 '추시계의 시간을 맞출 수 있게' 해주고, 자연법칙의 연속성은 결국 그로써 모든 점에서 보장되는 것 아닙니까? 여기서도 연속성은 분명히 획득되었습니다만 어디까지나 불연속성을 고려한다는 조건에서입니다. 이 경우에는 신호가 한 점에서 다른 점으로 넘어가는 데 걸리는 실제 시간의 불연속성과 관찰자가 시계의 큰 바늘과 작은 바늘이 겹치는 것을 보고 시간을 측정하는 현실적 작업을 생각해야 한다는 겁니다. 아인슈타인 이전의 물리학자들은 모든 장소를 비교할 수 있도록 보장하는 고정좌표계를 상상함으로써 편하게 넘어갔습니다. 그들은 자기들이 너무 많은 왜곡을 낳아서 자연법칙들을 모든 점에서 유사하게 만들 수 있는 기회를 잃게 될 거라고는 생각하지 못했습니다. 모두가 모순적인 속성을 지닌—한없이 유연하면서도 한없이 저항한다는—에테르에 잠겨버렸습니다. 그들은 고민 없이 인위적 연속성을 취했고 아인슈타인은—아무도 이 논증을 그르치지 않도록—'로렌츠 변환'이라고 부르는 계산의 필연성을 다시 도입함으로써 그 연속성을 깨뜨렸지요. 이제는 연속성이 불연속성의 새로운 원인을 흡수함으로써 다시 수립되는 겁니다. 에테르는 단박에 사라져버렸지요. 물리학자, 그의 작업, 그의 계산은 즉시 지워지기 시작하겠지만 상대성의 세계는 이제 더 이상 전과 같지 않을 것입니다. 왜냐하면 그 세계는 이제부터 준거의 틀에 정해져 있는 준거를 포함하게 될 테니까요. 이제 결코 세계의 건설에서 상대성을 지울 수 없을 것입니다. 다시 말해, 자연법칙들의 유사성을 모든 점에서 수립하고 보장하고 유지할 수 있게끔 신호들의 흐름, 도구, 연속을 수립할 의무는 사라지지 않습니다. 물리학이 아름답다면, 이 학문의 성과가 실로 놀랍다면, 물리학의 역사에서 새로운 전개들이 풍부하게 넘쳐난다면, 그 이유는 바로 강제된 연속주의가 꿈꾸던 엄밀한 물질성을 끊임없이 피해왔기 때문입니다. 그러한 연속주의는 '물질의 소설'이라 할 만하고, 그 소설을 가장 천재적으로 써낸 작가로는 지금까지도 데카르트를 꼽을 수 있을 겁니다.

아인슈타인이 재조명되고, 수정되고, 확대되고, 대체되고, 특히 피터 갤리슨Peter Galison에 의해 '새로운 위치로 정립되고' 있다고 내가 아직 말하지 않았던가요. 내가 조금 전에 말했던 도치의 도치를 보여주는 멋진 예입니다. 많은 이들이 아인슈타인을 아르키메데스처럼 너무나 비범하기에 물질계를 초월한 사상가, 모든 실천적 고려를 모르고 (플루타르코스의 표현을 인용하자면) "증명과 주제가 각축을 벌이니, 주제는 위대함과 아름다움을 주고 증명은 정확성과 초자연적인 힘을 주는" 대상들에만 관심을 두었던 사람으로 곧잘 그려내는 데 반하여, 갤리슨은 상당히 차분하게 아인슈타인을 열차와 전신의 혁명이 한창이던 그 시대 속에서 바라봅니다. 베른 특허국에서 그는 어떤 일에 매달렸었나요? 시계들의 직경을 정하고, 박자를 맞추고, 표준화하는, 수많은 기계들에 대한 수많은 특허들의 독창성을 평가하는 일을 했지요. 바로 이게 과학인문학의 세계입니다! 나를 믿으세요, '상대성의 아버지'를 이처럼 유물론적으로 묘사한다고 해서 베른 특허국의 아인슈타인이 천재성을 조금이라도 잃게 되는 건 아니니까요. 오히려 우주의 모든 준거들의 틀들을 통약 가능하게 하고자 한다면 실천적 고려가 얼마나 필요한가를 비로소 이해할 수 있습니다. 게다가 기적의 해로 통하는 1905년에 아인슈타인이 쓴 논문들을 읽어보기만 해도 이해가 갈 겁니다. 그가 베른에서 검사하는 실제 기계들과 그가 머릿속으로 재현하는 관념상의 기계들이 실로 복잡했던 이유는, 세계의 연속성이 그저 대번에 주어지지 '않기' 때문입니다. 통일성은 차츰차츰 획득해야 합니다. 네, 그러한 통일성은 '구성'해야만 합니다.

물리학이 먼저 존재했고 그다음에 남는 시간이 있어서, 철학을 하는 사람이라서, 인문주의자 혹은 도덕주의자라서 형이상학을 하게 됐을 거라고 생각하지 마세요. 빵 반죽 속에 효모가 있듯이 형이상학은 처음부터 물리학 '안에' 있었습니다. 지면이 부족하니 내가 사이먼 섀퍼Simon Schaffer에게 학생들에게 해주십사 요청했던 그 멋진 강의를 여기서 요약하고픈 유혹에 넘어갈 순 없군요. 섀퍼는 기막힌 전개를 통하여 학생들에게 믿음직한 정보의 체계 전체를 보여주었습니다. 뉴턴이 『프린키피아 마테마티카』와 고립된 것처럼 보이는 기념비적 작품을 쓰기 위해서 필요로 했던 바로 그 체계 말입니다.☞ 섀퍼는 뉴턴이, 그래요, 위대한 뉴턴 자신도 자기가 이제 막 발견하고 계산할 수 있게 한 중력을 하나의 물체에서 어마어마하게 멀리 떨어져 있는 다른 물체로 옮기려면 어떤 중개를 거쳐야 하는지 알기 위하여 천사들에 대해서 오랫동안 명상을 해야만 했습니다. 아뇨, 뉴턴이 데카르트주의자들 이상으로 원거리 작용을 믿었던 것은 아닙니다. 그는 비물질적이고 즉각적인 전달자를 필요로 했습니다. 그는 도처에서 그러한 역할을 감당할 수 있는 매개수단을 찾았지요. 그의 해석에 따른(게다가 적잖이 이단의 냄새를 풍기는!) 기독교의 천사 외에는 아무도 나서지 않았지요. 그럼, 천사로 결정합시다! 신학을 파고들어, 수천 페이지에 달하는 또 다른 학문분과를 집필한다는 조건에서 말입니다. 학생은 아마 그런 학문이 있는 줄도 몰랐겠지만 그 학문분과에도 '천사학'이라는 멋진 이름이 있답니다…. 그 후에 천사들은 차츰 날개를 잃고 힘force들이 되었지요. 그리하여 뉴턴의 신의 메시지를 전하는 천사들은 보편물리학의 계산들에까지 어렴풋이 남게 되었습니다. (중력을 담지하는 천사들—가장 위대한 과학사가 중 한 사람이 뉴턴에게서 재발견했던—과 마주한 열여덟 살 학생들의 모습을 보니까 참 좋더군요. 비록 그 학생들이 조금 겁먹은 듯 보였다는 말은 해야겠지만 말입니다.)

철학을 좀 더 파고들 시간이 있다면 물리학의 연결과 비연결 사이의 혼동이 항상 '이동'déplacement과 '변형'transformation이라는 두 용어의 관계가 도치된 탓에 나온다는 것을 보여줄 수 있을 텐데요. 혹은 '번역'을—학생이 '번역' 개념을 잘 이해했다면—'변형 없는' 단순 전달로 바꾸어놓게 되는 사소한 작용 때문에 그러한 혼동이 빚어진다고 할까요. 현실적이고, 살아 있으며, 과학이 체험되는 환경 속에서 이동은 일련의 변형들, 종종 현기증 나고 고통스러운 변형들을 대가로 치러야만 가능합니다. 기사들 속에 쏟아져 나오는 기입inscription들을 생각해보세요. 실험실의 증인들이 잇달아 감내하는 시험들을 생각해보세요. 변형transformation 없이는 정보information도 없습니다. 하지만 성과는 기가 막히지요. 학생은 어느 연구센터에서 출발하여 한 지점과 두 번째 지점 사이에 (불)연속적인 길이 있다고 단언함으로써 한없이 요원한 현상들을 이야기할 수 있고, 그 (불)연속적인 길의 각 단계마다 어떤 변형을 '대가'로 치러서 정보를 전달할 수 있습니다. 미국 패서디나에서 화성에 있는 로봇을 이동시키고, 파스퇴르 연구소의 가압 후드를 이용하여 지금까지 보이지 않았던 바이러스들의 행동방식을 조작하고, 방정식을 통하여 기후 전체를 모델화하고…. 그런 것들을 할 수 있지요. 부분이 전체의 가치를 지닙니다. 환유들은 모든 문학만큼 다채롭고 아름답습니다.

다만, 요원한 것들(무한히 작은 것, 무한히 큰 것, 무한히 복잡한 것, 무한히 위험한 것)에 대한 접근이 보장되면서부터 과학에서도 우리가 기술의 일주와 우회를 추적하면서 발견했던 것과 동일한 변형들이 일어나게 됩니다. 정보의 전달에 필요했던 변형들은 잊힐 것이고, 사람들은 마치 정보가 노력, 에너지, 대가, 조직화를 치르지 않고도 알 만한 사람은 다 알게끔 유통되는 것처럼 여길 테지요. 우리는 불연속을 통해 연속을 얻었다기보다는 어떤 변형도 거치지 않고 이동될 수 있는 것을 마침내 발견한 것 같은 기분이 들 겁니다. 마치 지식이 아무 손실 없이, 어떤 대가도 치르지 않고, 실험실 없이도 세계에 돌 수 있다는 듯이 말입니다. 이제 곧 그러한 몽환 속에서 '세계 그 자체가 지식—통합된 지식—이 될 것입니다.' 바로 이 시점에서 멀티버스는 우주가 됩니다. 밀랍 조각을 떠올려보세요. 일단 녹은 밀랍은 순수한 반투명색을 띱니다. 그것은 순전히 기하학적인 것, 순전히 계산적인 것이지요. 지식은 우리가 실험실들을 통하여 표명하고자 하는 세계에의 접근으로 남는 대신에, (착각에 의해) '물질'이 되고, 사람들은 세계가 '그 물질로' 이루어진 줄 압니다. 고로, 이제 세계는 질료가 아니라 지식으로 이루어진 셈입니다. 얼마나 기막힌 전복, 얼마나 심한 비현실성입니까! 이제 우주에는 '생각하는 실체'의 '연장된 실체' 외에는 아무것도 없습니다.

현실적이고 물질적인 세계는 사유의 몽상이 되어버렸습니다. 그리고 가장 끔찍한 것은 과학의 모든 작업이 이제 그러한 몽상으로—다행스럽게도—만족시킬 수 없는 회의주의의 공격에 무방비 상태로 놓였다는 겁니다. 환멸이 점점 더 커져간다는 점은 더욱 나쁘고요. 사람들은 과학을 혐오하기 시작할 겁니다. 학생도 왜 그토록 고집스럽게 과학을 보호해야 하는지—심지어 과학 자신에 대항해서까지—이해하겠지요.

지구로 돌아오기

알아요, 내가 다윈에서부터 아인슈타인이나 뉴턴까지 다소 급하게 끌고 왔지요. 그 이유는 나의 논증이 무척 간단하기 때문입니다. 그 논증은 불연속성이라는 핵심 문제만 다루니까요. 물리학에 에테르가 없어도 된다면 '연장된 실체'를 계속 믿을 필요도 없는 겁니다. 세계는 그것으로 이루어져 있지 않습니다. 세계는 지식'으로' 이루어져 있지 않거니와, 통합된 지식으로 이루어져 있는 것은 더욱더 아닙니다. 우리는 세계를 알 수 있습니다. 그건 또 다른 얘기죠. 이렇게 얻어진 지식의 파편들은 차츰차츰 구성될 수 있습니다. 게다가 이러한 지식은 있을 수 있거니와, 지속 가능하며, 과학을 가능하게 하는 진정한 환경을 과학에 되돌려준다는 조건만 충족된다면 누적될 수도 있습니다. 다윈을 그 이름난 학술여행을 하게 해준 비글호에 다시 태워야 합니다. 아인슈타인을 베른 특허국에 다시 앉혀야 합니다. 뉴턴을 성경 속 천사들의 이동 능력에 대해서 수많은 글을 쓰던 그 모습으로 다시 한 번 보아야 합니다. 아르키메데스를 시라쿠사 성벽에 데려다놓고 존 해리슨을 영국 해군 선박에 태우는 것도 잊으면 안 되겠지요. 요컨대, 요원한 것에 다다를 수 있게 하는 모든 변형의 길들을 되찾아야 합니다. 과학을 정의한다고 하는 환원주의, 자연주의, 기계론이라는 3대 용어가 기계, 신체, 질료의 미덕을 찬양하는 입장으로든 그 악덕을 비난하는 입장으로든 제대로 평가를 내리지 못하기는 마찬가지라는 점이 희한하지 않습니까?

학생은 환원주의를 경계해야 한다면 왜 반反환원주의도 당연히 경계해야 하는지 이해하겠지요. 반환원주의는 과학이 저지를 수 없는 죄를 과학에 전가하기 때문에 환원주의보다 더 나쁠 때가 많습니다. 과학이 결코 의식을 이해하지 못한다고 말할 때에는 어차피 그런 조건에서라면 화학반응도, 배아의 성장도, 산의 융기도, 항공기 제트엔진의 작동도 이해할 수 없을 거라는 것을 알아야 합니다. 혹은 과학이 그런 것들을 '이해한다'comprendre*고 말할 때에는, 소문자를 쓰는 복수형 '과학들'sciences의 모든 다양한 고립군들을 하나의 **자연**에 집어넣었노라 말하고 싶은 것뿐입니다. 그 자연의 확장과 보편성은 사전예방도 없이, 검토도 없이 그냥 단번에 만들어졌지요. 따라서 과학자들이 기계론자, 유물론자, 자연주의자가 되는 것이 잘못이라고 말해서는 안 됩니다. 오히려 '과학자

* 이 동사에는 '이해하다'라는 뜻과 '포함하다'라는 뜻이 모두 있다.

들이 마침내 진심으로 그렇게 되기를' 바라야 합니다. 그들이 '연장된 실체'의 유토피아를 제외하면 그 어느 곳에서도 실현할 수 없을 이 3대 관념론을 버리기를, 그리고 그들이 '말 그대로 지구Terre로 돌아오기를' 바라야지요. 그들이 에테르를 포기하기를 바라야지요. 그들이 마침내 우주에서 멀티버스로 넘어오기를 바라야지요. 그네들의 멀티버스로, 우리의 멀티버스로, 과거의 멀티버스가 아닌 오늘날의 멀티버스로 말입니다. (이제 과학을 포기했다는 학생들을 앉혀놓고 이 과학인문학 강의를 하고 싶은 나의 비밀스러운 소망을 고백해도 좋을까요? 나는 그들에게 마침내 실증적 앎에 어울릴 법한 소명을 다시금 불러일으키고 싶습니다.)

무한한 유니버스에서 복잡한 멀티버스로

우리는 지구로 돌아올 수 있을까요? 학생이 맨 처음에 나에게 던진 질문이 바로 이것 아닙니까? 내가 앞의 편지들에서 대립적으로—일부러 과장해서—간략하게 소개한 두 편의 거대한 이야기들 중간에서 매끄럽고 호감 가는 매개념을 찾기란 불가능합니다. 해방과 근대화의 거대한 이야기는 자연의 점진적 확장을 전제합니다. 그러한 자연의 법칙들은 차츰 다양한 주관적 신념들을 대체하겠지요. 밀착과 연루의 이야기라고 불렀던 또 다른 거대한 이야기로 말하자면, 주체의 세계와 대상의 세계 사이의 구분이 점진적으로 사라지면서 인간들의 정부와 사물들의 정부가 자꾸만 더 얽히고설키지요. 첫 번째 이야기에서는 마침내 **이성**의 지배와 더불어 **자연**이 도래합니다. 두 번째 이야기에서는 **이성**의 지배에 대한 꿈에서 깨어남과 동시에 마침내 **자연**이 사라집니다. 나는 내가 오늘날 과학인문학을 이야기하는 이유가 우리에게 **자연**이 없기 때문이요, 우리들이 하루가 다르게 다시금 무한에서 유한으로, 혹은 무한에서 다수성, 복합성, 연루된 것으로 넘어가고 있기 때문이라는 점을 분명히 의식하고 있습니다.

2009년이라는 묘한 한 해는 아폴로 우주선의 달 착륙 50주년이기도 했습니다. 나는 이제 사실상 아무도 아폴로 우주선 계획이 그 후로 이어져 왔을 하나의 모험의 첫 발걸음이었다는 식으로 생각하지 않는다는 점에 무척 놀랐었지요. 그러한 관점에서 본다면 같은 해에 100주년을 맞았던 루이 블레리오Louis Blériot, 1872~1936의 최초의 영국해협 횡단 비행기는 아무 상관도 없을 겁니다. 100년 동안 우리는 그 엔진 달린 연 같은 것에서 에어버스로 넘어왔습니다. 하지만 50년 후에 NASA에서 만들어낸 우주선들은 내가 어릴 때 인류가 꿈꾸던 우주에서의 삶을 이끌어낼 선구자라기보다는 오히려 어떤 것으로도 영속시킬 수 없을 감동적인 만용처럼 보였지요. 마치 모던한 실루엣의 콩코드 여객기가 루아시 공항의 계류장과 도로에서는 참으로 뒤떨어져 보이는 것처럼요. 학생도 그런 느낌을 받습니까? 마치 '과학혁명'이 무한한 우주가 전개될 수 있도록 달 위의 세계와 달 아래의 세계의 구분을 폐지했다고 생각했었는데 그 구분이 차츰 '돌아온' 것처럼, 다시금 지구에서의 생명이 연약하고 상하기 쉬워—그래도 '연장된 실체'의

적대적 우주와는 전혀 다르지만—사방으로 퍼져 나갈 수 없게 된 것처럼 느껴지나요?

우리는 시간의 흐름이 전복되는 양상을 보고 있는 걸까요? 뤼시앵 페브르Lucien Febvre가 라블레의 세계에 대해서 쓴 명저를 읽고 매료된 적이 있는데요. 내가 그 책에 그렇게 빠졌던 이유는 그 세계가 우리의 세계와 매일매일 조금씩 더 닮아가고 있기 때문이라고 생각합니다.☞ 페브르는 가르강튀아와 팡타그뤼엘의 학술적 교의를 지칭하는 형용사로 'gigantal'(거대한, 거인의)을 쓰는데요. 나는 이 단어가 근사하다고 생각합니다. 우리가 16세기를 이토록 가깝게 느끼는 이유는 통합된 자연이라는 요소를 제외하면 이미 그 시대에 과학의 모든 구성요소들이 마련되어 있었기 때문입니다. 그런데 바로 그 통합된 자연이 지금 우리의 눈앞에서 사라져가는 중 아닙니까! 과학의 결과들은 아직 흩어진 채 논란이 되었고 이론의 여지가 많았습니다. 아직은 우주를 '움벨트'로서 가질 수 있는 이 거인을 상상도 못할 때였지요. 자연은 아직 일차적 특질과 이차적 특질로 분기되어 있지 않았습니다. 아직은 과학이 이끌 탈주술화에 매혹되지 않았을 때였지요. 무엇보다도, 반박할 수 없는 사실들로 완전히 뒤덮인 **자연** 자체를 수단 삼아 반박할 수 없는 합의를 획득하려 하지 않았습니다. 오히려 어디서나 열심히 토론이 오갔지요. 아직은 미리 서둘러 통합된 **자연**의 이상을 경유하여 정치적 위기들을 해결한다는 심란한 해결책을 생각하지 않았습니다. 사실, 아직은 종교전쟁이라는 것이 얼마나 참혹한지 가늠하지 못할 때였습니다. 하지만 이제 곧 그러한 전쟁을 근절시킬 수단을 찾아야만 할 겁니다. 사람들은 종교의 이름으로 자행되는 범죄들을 보고서야 비로소, '연장된 실체'가 비록 사실임직하지 않더라도 반박할 수 없는 정신적 합의라는 이점을 제공한다면 그 정도 대가는 가볍게 치를 수 있다고 여기게 됩니다. 일찍이 플라톤도 이러한 해결책에 의지한 바 있지요.

하지만 400년 후에 우리는 세계들의 산재, 파편화, 다수성을 재발견합니다. 신화론의 말에 따르자면 "위대한 신 판Pan*은 죽었습니다." 이제 **자연**을 소환해도 합의를 얻기에 충분치 않습니다. 이제부터는 **자연**을 따르고, 구하고, 보호하자는 기묘한 생각이 너무 성급히 약속하는 통일을 얻기 위해서 성과에는 성과로, 실험실에는 실험실로, 효과에는 효과로 싸워야 할 겁니다. 물론 우리는 다행히 결코 16세기로 돌아가지 않을 겁니다. 하지만 아주 긴 괄호의 끝부분에 서 있는 것 같은 묘한 기분은 나 혼자만 느끼는 게 아닙니다. 16세기의 증인들은 그 괄호의 시작 부분을 살았습니다. 16세기는 괴물, 경탄, 괴상한 짓거리로 가득 찬 시대라고 조롱을 받았지요. 하지만 내가 보기에 우리 시대도 충분히 이상한 것들을 만들어내고 있습니다. 우리가 일상적으로 일지에 기록하는 사회정치적 혼돈들은 충분히 근사한 분더카머(Wunderkammer, 경이로운 것들의 방)를 그려내지요. 내가 보기엔 오늘날의 동물우화집과 이따금

* 'Pan'은 그리스 신화에 나오는 목신牧神을 가리키며, 고대 그리스어로는 '전체'를 뜻한다.

매우 민감한 정치관계들의 조직에 갇혀 있는 동물들이 르네상스 시대의 동물우화집의 상응과 유비의 조직망에 뒤질 것 없습니다. 코이레의 책이 지금 다시 쓰인다면 '유한한 세계에서 무한한 우주로'가 아니라 오히려 '무한한 우주에서 복잡한 멀티버스로' 비슷한 제목이 되어야 할걸요. 우리 일지의 증언들을 믿는다면 그 책은 그리 간략하게 되지 않을 겁니다. '기후게이트'나 올해 우리를 그렇게나 붙잡아놓았던 코펜하겐 회의의 실패만 생각해서 이러는 게 아닙니다. 실제로 자연의 모든 문제들이 오늘날 논쟁을 낳는 문제들이 되었으니까요.

이런 말을 하자니 조금 부끄럽습니다만, 캐머런 감독의 영화 〈아바타〉에서 우주와 새로운 코스모스들 사이에서 도치된 힘의 관계를 아주 강력하게 보여주는 은유를 찾았습니다. 고백하건대, 마지막 장면 바로 전 장면에서 근대화 개척 전선의 군대 같은 이들이 두들겨 맞고, 패하고, 포로가 되고, 강제로 판도라 행성에서 추방당해 희망을 잃고 자기네 행성으로 돌아가는 모습을 보면서 나는 충격을 받았습니다. 무한 경계의 종말이지요. 모든 것을 다시 시작해야 합니다. 지구인들도 이제 행성이 없는 것 같은 운명을 겪으라는 뜻이 아닙니다. 어떤 의미에서 우리는 '사물들', 사안들, 논쟁들, 모든 옛 '자연적' 주제들로 이루어진 일반화된 결의론casuistique, 어떤 지름길에도 의지하지 않고 해결 방법을 찾아야 할 분쟁의 장들이 대거 돌아오는 모습을 보고 있습니다. 그리고 결국 우리는 정치의 귀환을 보고 있는 겁니다. 이전에는 **자연** 개념을 과도하게 좋아하다 보니 정치를 몰아낸 셈이 되었다고 할까요. 우주가 아무 어려움 없이 얻어낸 합의를 이제부터는 '구성해야만' 합니다.

사실 여기에 새로운 것이라곤 전혀 없습니다. 왜냐하면 현실에서 정치는 항상 코스모스(공통세계)에 몰두했거든요. 오히려 **자연**과 **정치**의 구분이 이상한 겁니다. 그 구분이 17세기 중반부터 20세기 중반까지의 괄호 속 기간에, 그것도 아주 어설프게 유지되어 온 거죠. 시에나 시청의 '좋은 정부와 나쁜 정부'라는 저 유명한 벽화만 봐도 충분하지요. 화가 로렌체티는 중세 초기의 정치철학과 도덕철학 전체를 이 그림으로 요약해냈습니다.☞ 이 벽화가 아직 생태학 혹은 생태정치학이라는 것이 완성되지 않았음에도 그러한 것을 잘 보여준다는 점을 쉽게 눈치 챌 수 있을 겁니다. '나쁜 정부'의 코스모스는 황폐한 풍경, 파괴된 도시, 중단된 소통입니다. 반면에 '좋은 정부'의 코스모스는 보기 좋은 풍경, 풍요로운 농경지, 다양한 식물상과 동물상, 잘 건설된 도시, 수많은 기술들, 활발한 상업, 풍부한 산업이지요. 내가 젊은이들 스스로 지금 인간들의 정부나 사물들의 정부의 좋고 나쁨을 구별할 수 있는 기준이 무엇일까라는 문제에 관심을 갖게 하는 일을 귀찮게 여길 수 없는 이유를 알겠습니까? 이제 막 태어난 영혼들에게 이보다 더 중요한 문제가 있을까요?

우리가 처음 만났을 때 학생은 한쪽에서는 종말론을 예고하고 다른 한쪽에서는 과학과 기술의 불가피한 진보를 믿으니 이 엄청난 모순을 보고 있기가 불안하다고 말했었지요. 학생을 이 과학인문학의 몇 가지 가르침으로 끌어들여서 공연히 귀한 시간만 잃게 한 것은 아니었으면 좋겠습니다. 이제 나름대로 결론을 끌어내는 것은 학생 몫입니다.

독일에서 방학을 잘 보내기 바랍니다.

우정을 담아서
당신의
브뤼노 라투르

| 감사의 글 |

시앙스포에서 '과학인문학' 강의를 듣는 학생들에게, 인내심 있게 내 말을 들어주고 열의를 갖고 일지를 계속 써준 그들에게 감사한다. 2009년 강의의 지도교사들, 특히 게안 보파롱, 헬레나 새퍼, 마르고 뤼필라드는 나에게 매우 유익한 지적들을 해주었다. 하지만 도로테아 하인즈, 로뱅송 라투르, 토마소 벤투리니, 스테판 반 담의 제안이 없었다면 이 책은 더욱 불완전해졌을 것이다.

나는 가급적 이 보충자료에 과학인문학의 필수도서들을 섭렵하기 원하는 학생들이 보아야 할 책들을 제시하고자—될 수 있는 한 프랑스어 책, 그것도 포켓판으로—노력했다. 당연히 이 자료는 거대한 문헌 속의 미세한 지표들에 지나지 않으며 얼마든지 다른 방식으로도 접근할 수 있을 것이다.

첫 번째 편지

19쪽 '과학학'의 영역은 매우 광대하고 영어가 주 언어가 되어 있다. 최고의 입문서는 다양한 레퍼런스를 포함하고 있는 Dominique Pestre, *Introduction aux Science Studies*, La Découverte, Paris, 2006이다. 비판적 시각이 돋보이는 책으로는 Pierre Bourdieu, *Science de la science et réflexivité*, Raisons d'agir, Paris, 2001이 있다. 더욱 철학적이지만 아주 짧은 책으로는 Isabelle Stengers, *Sciences et Pouvoirs. La Démocratie face à la technoscience*, La Découverte, Paris, 2002를 추천한다. 다소 오래되고 접근하기 어렵지만 과학사 연구의 또 다른 방식을 대표하는 책으로는 미셸 세르가 책임 편집한 Michel Serres, *Éléments d'histoire des sciences*(Bordas, Paris, 1989, réédition, Larousse, "in extenso", 1997)가 있다. 여

기에 보충할 만한 빼어난 모음집으로 Jean-françoise Braustein, *L'Histoire des sciences. Méthodes, styles et controverses*, Vrin, Paris, 2008이 있다. *Le Dictionnaire culturel des sciences*, dirigé par Nicolas Witkowski(Éditions de l'Aube, La Tour d'Aigues, 2003)에는 학생들이 흥미를 가질 만한 사례들이 풍부하다. 영어를 읽는 데 어려움이 없는 학생이라면 지금까지 나온 최고의 모음집 Mario Biagioli, *The Science Studies Reader*, Routledge, London, 1999를 추천한다.

26쪽 『플루타르코스 영웅전』에서 마르켈루스와 펠로피다스에 대한 장에 나오는 이 사건에 대한 주해로는 Michel Authier, "Archimède, le canon du savant", in Michel Serres(dir.), *Éléments d'histoire des sciences*, Bordas, Paris, 1989, p. 101-127을 보라. 작지만 훌륭한 책 Paul Sandori, *Petite logique des forces: Constructions et machines*, Seuil, Paris, 1983(en poche)도 기술 문화를 따라잡는 데 유용하다.

35쪽 과학사회학 분야에는 여러 입문서가 있다. Dominique Vinck, *Sciences et société: Sociologie du travail scentifique*, Armand Colin, Paris, 2007. 좀 더 전통적인 입문서로는 Michel Dubois, *Introduction à la sociologie des sciences*, PUF, Paris, 1999. 좀 더 최근에 나온 설명을 원하는 학생들은 Bruno Latour, *La Science en action: introduction à la sociologie des sciences*, Découverte "Poche", Paris, 2006을 읽으면 된다. 심도 깊은 연구에 대해서는 영어 학술지 *Social Studies of Science*와 *Science Technology and Human Values*를 추천한다.

35쪽 인식론과 과학학의 차이를 이해하기 위해서는 유용하고도 권위 있는 책 앨런 차머스, 『과학이란 무엇인가?』, 서광사, 2003[Alan Chalmers, *What Is This Thing Called Science?*, 3rd ed., Open

University Press, 1999]을 권한다. 과학인문학과의 뚜렷한 대조를 파악하고 싶다면 Gaston Bachelard, *La Formation de l'esprit scientifique*, Vrin, 1967을 보라. 이 책과 비교해서 읽을 만한 책으로는 스티븐 샤핀, 『과학혁명』, 영림카디널, 2002[Steven Shapin, *The Scientific Revolution*, University Of Chicago Press, 2nd ed., 1998]가 있다.

36쪽 특히 Michel Serres, *La Traduction(Hermès III)*, Minuit, Paris, 1974에는 미셸 세르의 번역 개념이 잘 나타나 있다. 세르는 끊임없는 저술 활동을 통하여 과학인문학을 발전시켜 왔는데, 그의 저작은 접근하기가 쉽지는 않지만 학생들이 한번 읽어볼 만하다. 특히 *L'Origine de géométrie*, Flammarion, 1993(1998 en poche); *Le Contrat naturel, Bourin*, Paris, 1990(en poche, Flammarion, 1999); *Le Tiers instruit*, Bourin, Paris, 1991(en poche, Gallimard, 1992)를 추천한다. 마지막 책이 이 책의 정신에 가장 가까울 것이다.

40쪽 과학사회학에서의 번역 개념의 발전에 대해서는 다음 책에 수록된 글들을 참조할 수 있다. Madeleine Akrich, Michel Callon, Bruno Latour, *Sociologie de la traduction-textes fondateurs*, Presses de l'École nationale des mines de Paris, 2006.

41쪽 프랑스어로 되어 있는 이 이야기는 *Cahiers de Science et Vie*, n. 10, 1992에 실린 훌륭한 자료를 이용했다(이 잡지는 이 해의 발행분 전체가 주목할 만하다). 좀 더 알고 싶은 독자들은 접근하기 쉬운 다음 책을 읽기 바란다. Elaine Tyler May, *America and the Pill: A History of Promise*, Peril, and Liberation, Basic Books, New York, 2010.

55쪽 사회기술적 분석에 있어서는 프랑스어 참고문헌이 거의 없지만 앞에서 인용한 Madeleine Akrich가 편집한 책에 수록된 글과 고전적 논문을 모아놓은 영어 책 Wiebe Bijker, John Law(dir.), *Shaping Technology-Building Society. Studies in Sociotechnical Change*, MIT Press, Cambridge, Mass., 1992를 보라. Donald MacKenzie, Judy Wajcman, *The Social Shaping of Technology*, 2nd ed., Open University Press, Milton Keynes, 1999도 여전히 훌륭한 참고도서다. 따라가기 쉬운 예를 원하는 독자는 Bruno Latour, *Petites Leçons de sociologie des sciences*, Seuil, Paris, "Points", 1996을, 좀 더 깊이 들어가는 연구를 원한다면 *Aramis, ou l'amour des techniques*, La Découverte, Paris, 1992를 보라.

58쪽 인지과학과의 경계에 있는 도널드 노먼의 책에는 간단하면서도 사회기술적 분석을 잘 드러낸 예들이 풍부하다. 특히 도널드 노먼, 『디자인과 인간심리』, 학지사, 1996[Donald Norman, *The Design of Everyday Things*, MIT Press, Cambridge, Mass., 1998]; 『생각 있는 디자인』, 학지사, 1998[*Things that Make us Smart. Defending Human Attributes in the Age of Machine*, Perseus Books, New York, 1993]이 유용하다. 더욱 심각한 고장의 예들은 Charles Perrow, *Normal Accidents. Living with High-Risk Technologies*, Basic Books, New York, 1984에서 찾을 수 있다. 좀 더 자세한 전문적 예로는 Diane Vaughan, *The Challanger Launch Decision: Risky Technology, Culture and Deviance at NASA*, The University of Chicago Press, Chicago, 1996을 보라.

60쪽 다이달로스와 미궁에 대해서는 Françoise Frontisi-Ducroix, *Dédale, mythologie de l'artisan en Grèce ancienne*, Maspero, Paris, 1975; 고전으로는 Marcel Detienne, Jean-Pierre Vernent, *Les Ruses de l'intelligence. La métis des Grecs*, Flammarion, "Champs", Paris, 1974와 빼놓을 수 없는 책 G. E. R. Lloyd, *Origines et développement de la science grecque*, Flammarion, "Champs", Paris, 1999를 보라. 기술자에 대해서는 Hélène Vérin, *La Gloire des ingénieurs. L'intelligence technique du XVIe au XVIIIe siècle*, Albin Michel, Paris, 1993을 보라.

65쪽 경제와 관계된 기술의 변화를 다룬 프랑스 책으로는 Patrice Flichy, *L'innovation technique. Récents développements en sciences sociales. Vers une nouvelle théorie de l'innovation*, La Découverte, Paris, 2003과 고전으로 꼽히는 Foray, Christopher Freeman(dir.), *Technologie et richesse des nations*, Economica, Paris, 1992. 사회기술적 도식에 대해서 자세히 알고 싶은 독자는 Bruno Latour, Philippe Mauguin, Geneviève Teil, "Une méthode nouvelle de suivi des innovations. La chromatographe", in Dominique Vinck(dir.), *La Gestion de la recherche. Nouveaux problèmes, nouveaux outils*, De Boeck, Bruxelles, 1991.

68쪽 원숭이의 사회성에 대해서는 Shirley Strum, *Voyage chez les babouins*(réédition), Seuil, Paris, "Point", 1995; Frantz de Waal, *De la réconciliation chez les primates*, Flammarion, Paris, 1992(poche 2002).

70쪽 외치의 시대와 기술 변화와의 관계에 대해서는 Jean-Paul Demoule(dir.), *La Révolution néolithique en France*, La Découverte,

Paris, 2007을 보라. *Le mystére Ötzi l'homme des glaces*(2005, Arcades Vidéo)라는 흥미로운 DVD는 이 놀라운 예를 쉽게 파악하도록 도와줄 것이다.

78쪽 데이터가 좀 오래되긴 했지만 André Leroi-Gourhan, *Le Geste et la parole*, Albin Michel, Paris, 1964는 여전히 생물학과 기술의 기나긴 역사에 입문하기에 매우 유익한 책이다. 좀 더 최근작으로 많은 논쟁의 대상이 되었던 제레드 다이아몬드, 『총 균 쇠』, 문학사상사, 2005[Jared Diamond, *Guns, Germs, and Steel: The Fates of Human Societies*, W. W. Norton & Company, 2005]도 읽어볼 수 있겠다.

세 번째 편지

90쪽 수사학에 대해서는 Denis Bertrand, *Parler pour convaincre*, Gallimard Éducation, Paris, 1999가 훌륭한 입문서다. 하지만 그리스 쪽으로 분석을 확장하고 싶은 독자에게는 좀 더 전문적인 책인 Barbara Cassin, *L'Effet sophistique*, Gallimard, Paris, 1995를 추천한다. 과학적 수사학에 대해서는 입문서가 없으므로 좀 더 전문적인 책들을 읽어야 한다. Christian Licoppe, *La Formation de la pratique scientifique. Le discours de l'expérience en France et en Angleterre(1630-1820)*, La Découverte, Paris, 1996; Fernand Hallyn, *Les Structures rhétoriques de la science*, Seuil, Paris, 2004. 이미 앞에서 인용한 책 *La Science en action*에서 전체 논증을 다시 찾아볼 수 있다.

101쪽 과학적 문헌에 대한 연구 활동의 일반화에도 불구하고 Michel Callon, Jean-Pierre Courtial, Hervé Penan, *La Scientométrie*, PUF, Paris, "Que sais-je?", 1993을 제외하면 이 문제에 다가갈 다른 책이 없다. Yves-François Le Coadic, *La Science de l'information*, PUF, Paris, 2004를 함께 읽으면 보충이 될 것이다.

102쪽 과학의 시각화에 대해서는 방대한 문헌자료가 존재하지만 쉽게 읽을 만한 입문서는 없다. Bruno Latour, "Les 'Vues' de l'esprit", in *Sociologie de la traduction*, op. cit., p. 33-69로 첫 발짝을 떼고, 이 논문의 참고문헌에 인용된 저작들을 추후에 읽을 수 있겠다. 최근에 영어로 읽을 만한 종합적 저술이 나왔으나 상당한 역사적 지식을 필요로 한다. Lorraine Daston, Peter Galison, *Objectivity*, The University of Chicago Press, Chicago, 2007.

108쪽 수사학과 증명의 차이에 대해서는 이 차이를 처음으로 다룬 플라톤의 『고르기아스』, 앞에서 인용한 Barbara Cassin의 책, 그리고 고전으로 분류되어 계속 재간행되는 장 피에르 베르낭, 『그리스인들의 신화와 사유』, 아카넷, 2005[Jean-Pierre Vernant, *Mythe et pensée chez les Grecs: Études de psychologie historique*, La Découverte, Paris, 2005(en poche)]를 참조해야 할 것이다. 『고르기아스』에 대한 논평으로는 앞에서 언급한 *La Science en action*보다 다소 어렵지만 Bruno Latour, *L'Espoir de Pandore. Pour une version réaliste de l'activité scientifique*(traduit par Didier Gilles), La Découverte, Paris, 2001을 읽을 수 있겠다.

109쪽 비밀을 파헤쳐야 하는 여성으로서의 자연이라는 주제에 대해서는 고전으로 통하는 책 캐롤린 머천트, 『자연의 죽음』, 미토, 2005[Carolyn Merchant, *The Death of Nature. Women, Ecology and *the Scientific Revolution*, Wildwood House, Londres, 1980]를 보라. 이 책은 안타깝게도 프랑스어로 번역되지 않았다. 페미니즘과 과학의 관계에 대해서 좀 더 어렵지만 흥미로운 책으로는 Donna Haraway, *Le Manifeste Cyborg et autres essais. Sciences, fictions, féminismes*(anthropologie établie par Laurence Allard, Delphine Gardey et Natalie Magnan), Exils, Paris, 2007이 있다. 같은 문제에 대해서 가장 좋은 입문서는 지금까지도 Delphine Gardey, Ilana Lowy, *L'Invention du naturel: les sciences et la fabrication du féminin et du masculin*, Éditions d'archives contemporaines, Paris, 2000. Barbara Cassin도 히페레이데스의 행위에 대해서 "The evidence of Phryné or Phryne stripped bared by rhetoric even", in Bruno Latour, Peter Weibel(dir.), *Making Things Public*, MIT Press, Cambridge, Mass, 2005, p. 694-697에서 논평한 바 있다.

112쪽 이러한 비대칭에 대해서는 데이비드 블루어, 『지식과 사회의 상』, 한길사, 2000[David Bloor, *Sociologie de la logique ou les limites de l'épistémologie*(traduit par Dominique Ebnöther), Paddore, Paris, 1982]을 추천하나 안타깝게도 프랑스어판은 절판되었다. 영어 원서를 찾아서 참조할 수 있겠다. *Knowledge and Social Imagery*(2nd ed., avec une nouvelle préface), University of Chicago Press, Chicago, [1976] 1991.

115쪽 데카르트 이야기에 대해서는 Stéphane Van Damme, *Descartes*, Presses de Sciences Po, Paris, 2002를 보라. 루트비히 플렉에 대해서는 Ludwig Fleck, *Genèse et développement d'un fait scientifique*(traduit par Nathalie Jas, préface de Ilana Löwy, Postface de Bruno Latour), Les Belles Lettres, Paris, [1934], 2005. 플렉은 과

학사회학의 창시자라고 보아 마땅하다.

115쪽 반박할 수 없는 증거의 형성에 대해서는 다소 어렵지만 흥미로운 책 Reviel Netz, *The Shaping of Deduction in Greek Mathematics: A Study in Cognitive History*, Cambridge University Press, Cambridge, 2003과 이 책에 대한 나의 논평은 "The Netz-works of Greek deduction-A review of Raviel Netz's The Shaping of Deduction in Greek Mathematics", *Social Studies of Science* 38(3), 2008, p. 441-459. 중국 과학사와의 비교는 읽기 쉬운 책 Geoffrey Lloyd, Nathan Sivin, *The Way and the Word: Science and Medicine in Early China and Greece*, Yale University Press, New Haven, 2003을 보라.

116쪽 이러한 철학사에 쉽게 접근하는 책은 없다. Georges A. Reisch, *How the Cold War Transformed Philosophy of Science: To the Icy Slopes of Logic*, Cambridge University Press, Cambridge, 2005를 참조하라.

네 번째 편지

122쪽 Alexandre Koyré, *Du monde clos à l'univers infini*, Gallimard, Paris, 1962는 고전에 속하며 포켓판으로 구할 수 있다(collection "Tel"). 이 책과 더불어 토머스 쿤, 『과학혁명의 구조』, 까치글방, 2002[Thomas Kuhn, *The Structure of Scientific Revolutions*, University Of Chicago Press, 4th ed., 2012]는 과학인문학의 필수적인 토대를 이룬다. 비판적 견해와의 대조를 위해서 Paul Feyerabend, *Contre la méthode. Esquisse d'une théorie*, Seuil, Paris,

1979(aussi en poche Points Seuil)를 추가할 수 있겠다. 좀 더 역사적이고 접근하기 쉬운 책으로는 앞에서 인용했던 과학혁명에 대한 스티븐 샤핀의 책을 추천한다.

125쪽 이 이미지의 해석에 대해서는 오언 깅거리치, 『아무도 읽지 않은 책』, 지식의숲, 2008[Owen Gingerich, *The Book Nobody Read: Chasing the Revolution of Nicolaus Copernicus*, Penguin, New York, 2004]에서 코페르니쿠스의 책을 읽는 독자들이 오랜 세월에 걸쳐 달았던 주석들을 다룬 부분을 따랐다. 같은 일화에 대해서 매혹적인 책 Erwin Panofsky, *Galilée critique d'art*(traduit par Nathalie Heinich), suivi de *Attitude esthétique et pensée scientifique* par Alexandre Koyré, Impressions Nouvelles, Bruxelles, 2001을 추가할 수 있겠다.

129쪽 이러한 근대, 근대화, 근대성의 정의들에 대해서는 브뤼노 라투르, 『우리는 결코 근대인이었던 적이 없다』, 갈무리, 2009[Bruno Latour, *Nous n'avons jamais été modernes. Essai d'anthropologie symétrique*, La Découverte, Paris, 1991]를 보라.

131쪽 '혁명'이라는 단어에 대해서는 Alain Rey, *"Révolution" histoire d'un mot*, Gallimard, Paris, 1989. 근본적 단절의 예로는 Bernadette Bensaude-Vincent, "Lavoisier: une révolution scientifique", in Michel Serres(dir.), *Éléments d'histoire des sciences*, Bordas, Paris, 1989, p. 363-386. 또 다른 시대 구분으로는 스티븐 툴민, 『코스모폴리스』, 경남대학교출판부, 2008[Stephen Toulmin, *Cosmopolis. The Hidden Agenda of Modernity*, The University of Chicago Press, Chicago, 1990]을 보라. 이 시기에 대한 핵심 도서는 Elisabeth Eisenstein, *La révolution de l'imprimé dans l'Europe des premiers* *temps modernes*, La Découverte, Paris, 1991(Hachette "Poche", 1993).

133쪽 Peter Sloterdijk, *Ecumes. Sphères III*(traduit par Olivier Mannoni), Maren Sell, Paris, 2005에서는 인류의 출현과 생존을 가능케 하는 물질적 문화의 조건들을 찾아볼 수 있는데, 이를 통하여 과학인문학의 개념을 파악하는 또 다른 실마리들을 얻을 수 있다.

135쪽 이 용어에 대한 정의는 다음 논문에만 있다. John Tresch, "Cosmogram", in M. Ohanian, J. C. Royoux(dir.), *Cosmograms,* Lukas and Steinberg, New York, 2005. 하지만 이 책은 읽기가 쉽지는 않다.

138쪽 실험실의 역사를 종합적으로 개괄한 책은 없으며 전문적 저작들 중에서 다음 책들처럼 실험실의 민족학을 다룬 것이 있을 뿐이다. Bruno Latour, Steve Woolgar, *La vie de laboratoire*, La Découverte, Paris, 1988; Sophie Houdart, *La Cours des miracles. Ethnologie d'un laboratoire japonais*, CNRS Éditions, Paris, 2008. 혹은 학문분과 연구에 대한 민족학을 다룬 Adèle Clarke, Joan Fujimara(dir.), *La Matérialité des sciences. Savoir-faire et instruments dans les sciences de la vie,* Les Empêcheurs de penser en rond, Paris, 1996; 좀 더 전문적으로는 Karin Knorr-Cetina, *Epistemic cultures. How the sciences Make Knowledge*, Harvard University Press, Cambridge, Mass., 1999. 매우 훌륭한 저서이자 읽기도 쉬운 제임스 D. 왓슨, 『이중나선』, 궁리, 2006[James D. Watson, *The double helix: A Personal Account of the Discovery of the Structure of DNA*, Norton, New York, 1980]을 보는 것이 아마 더 나은 방법일 것이다. 이 책은 매우 중요한 발견이 이루어지는 기간 동안 실험실의 경험과 활동이 차지

하는 위치를 연구자의 일상적 삶 속에 완벽하게 배치한다.

139쪽 이 대목은 다음 글에서 자유롭게 영감을 받아서 썼다. James Ritter, "Chacun sa verité: les mathématiques en Égypte et en Mésopotamie", in Michel Serres(dir.), *Éléments d'histoire des sciences,* Bordas, Paris, 1989, p. 39-61.

142쪽 지적 기술의 역사에 대해서는 앞에서 인용한 앙드레 르루아 구랑의 책에서 수많은 전개들을 찾아볼 수 있지만 종합적으로 개관한 책은 없다. Mary Carruthiers, *Le Livre de la mémoire. La mémoire dans la culture médiévale*(traduit par Diane Meur), Macula, Paris, 2002는 매우 좋은 책이다. Claude Rosental, Bernard Lahire(dir.), *La Cognition au prisme des sciences sociales*, Éditions des archives contemporaines, Paris, 2008에서 또 다른 정보들을 찾아볼 수 있다. 전문적 독해가 필요하지만 방법론적 관점에서 가장 깊이 들어간 저서로는 Edwin Hutchins, *Cognition in the Wild*, MIT Press, Cambridge, Mass., 1995가 있다. 프랑스어로 번역된 같은 저자의 논문 "Comment le cockpit se souvient de ses vitesses", *Sociologie du travail*(4), 1994, p. 451-474를 통하여 '분배된' 인지 개념을 얻을 수 있다. 현재 이 문제들에 천착한 학술지로는 *Revue d'anthropoloigie des connaissances*가 있다. 좀 더 역사적인 접근으로는 매우 읽기 쉬운 책 Delphine Gardey, *Écrire, calculer, classer: comment une révolution de papier a transformé les sociétés contemporaines(1800-1940)*, La Découverte, Paris, 2008이 있다.

142쪽 이 두 전통들의 기원에 대해서는, 일단 갈릴레이의 전통으로는 Mario Biagioli, *Galileo Courtier. The Practice of Science in the Culture of Absolutism*, University of Chicago Press, Chicago, 1993

을 참조하고, 뛰어난 책인 Stillman Drake, *Galilée*, Actes Sud, Arles, 1980, 1986으로 보충할 수 있겠다. 두 번째 전통, 즉 실험의 전통은 기본이 되는 저작 Steven Shapin, Simon Shaffer, *Le Léviathan et la pompe à air. Hobbes et Boyle entre science et politique*(traduit par Thierry Piélat), La Découverte, Paris, 1993과 앞에서 인용한 Christian Licoppe의 책을 보라.

147쪽 이 복잡다단한 역사에 대해서는 두 권의 고전을 함께 읽어야 한다. 미셸 푸코, 『임상 의학의 탄생』, 이매진, 2006[Michel Foucault, *Naissance de la clinique, une archéologie du regard médical*, PUF, Paris, 1963]; 『감시와 처벌』, 나남출판, 2003[*Surveiller et Punir*, Gallimard, Paris, 1975]. 하지만 보완을 위하여 매우 학술적이면서도 흥미로운 이 책도 같이 읽어야 할 것이다. Horst Bredekamp, *La Nostalgie de l'Antique. Statues, machines et cabinets de curiosité*(traduit par Nicole Casanova), Diderot Editeurs, Paris, 1996.

150쪽 해상시계가 나오기까지의 이야기를 매우 읽기 쉽게 쓴 책으로서 데이바 소벨, 『해상시계 이야기』, 자작나무, 1996[Dava Sobel, *Longitude*, Walker and Company, New York, 1995]이 있다. 데이바 소벨, 윌리엄 앤드류스, 『해상시계』, 생각의나무, 2005[Dava Sobel, William J. H. Andrews, *The Illustrated Longitude*, Walker and Company, New York, 1998]를 함께 읽거나 찰스 스터리지 감독의 같은 제목의 드라마 DVD를 보면 유용한 보완이 되겠다. 시계의 역사에 대해서는 고전에 속하는 논문 Eviatar Zerubavel, "La standardisation du temps. Une perspective sociohistorique", *Politix*(10-11), 1990, p. 21-32를 보라.

154쪽 적용 개념에 대한 비판과 규모의 변화에 대해서는 이제 고전이 된 논문 Michel Callon, "Éléments pour une sociologie de la traduction. La domestication des coquilles Saint-Jacques et des marins pêcheurs en baie de Saint-Brieuc", *L'Année sociologique*, 36, 1986, p. 169-208. 유명한 예를 보고 싶다면 Bruno Latour, *Pasteur: guerre et paix des microbes*, La Découverte, Paris, 2001.

156쪽 공간의 물질적 역사는 당시의 도량형의 역사만큼 관심을 끌지 못했다. 아마도 예술사에서 중요한 두 권의 고전을 읽는 것이 가장 방향을 잡기 쉬운 방법일 것이다. Erwin Panofsky, *La Perspective comme forme symbolique et autres essais*, Minuit, Paris, 1975; Svetlana Alpers, *L'Art de dépeindre, La peinture Hollandaise au XVIIe siècle*, Gallimard, Paris, 1990.

161쪽 '자연의 분기'라는 용어는 비록 읽기는 어렵지만 천재적인 철학자의 책 Alfred North Whitehead, *Le Concept de nature*, Paris, Vrin, Paris, [1920], 1998에서 나왔다. 화이트헤드에 대한 가장 뛰어난 주석서는 읽기가 어렵지만 야심이 있는 독자라면 Isabelle Stengers, *Penser avec Whitehead: Une libre et sauvage création de concepts*, Gallimard, Paris, 2002를 보기 바란다.

다섯 번째 편지

171쪽 논쟁의 증식, 특히 환경 문제에 대한 논쟁의 증식을 다룬 다소 전문적인 문헌은 방대하다. 가장 종합적이면서 읽기 쉬운 책은 Michel Callon, Pierre Lascoumes, Yannick Barthe, *Agir dans* *un monde incertain. Essai sur la démocratie technique*, Seuil, Paris, 2001이다. 좀 더 전문적이지만 기본이 되는 책으로는 Francis Chateauraynaud, Didier Torny, *Les Sombres Précurseurs. Une sociologie pragmatique de l'alerte et du risque*, Éditions de l'École des hautes études en sciences sociales, Paris, 1999가 있다. 공개토론을 잘 이끌어나가는 데 따르는 어려움에 대한 연구들을 모아놓은 책도 있다. *Le Débat public en apprentissage: Aménagement et environnement*, L'Harmattan, Paris, 2006. 읽기는 어렵지만 일반적 개괄을 보고자 하는 독자는 Bruno Latour, *Politiques de la nature. Comment faire entrer les sciences en démocratie*, La Découverte, Paris, 1999를 보라. 주어진 문제와 완전히 다른 버전을 보고 싶다면 Dominique Raynaud, *Sociologie des controverses scientifiques*, PUF, Paris, 2003을 참조하라.

173쪽 과학과 비과학의 구획 문제는 인식론에서 중요한 주제다. 이미 인용한 차머스와 바슐라르의 저작들 외에도 위대한 고전에 해당하는 클로드 레비스트로스, 『야생의 사고』, 한길사, 1996[Claude Lévi-Strauss, *La Pensée sauvage*, Plon, Paris, 1962]은 구획의 어려움을 이해하는 길잡이가 될 수 있다. 읽기 쉬운 책 이언 해킹, 『표상하기와 개입하기』, 한울, 2005[Ian Hacking, *Representing and Intervening*, Cambridge University Press, 1983]는 과학의 역사가 구획의 문제를 더욱 복잡하게 만들었다는 점을 입증한다. 좀 더 전문적인 예를 보고 싶다면 Peter Galison, *Ainsi s'achèvent les expériences. La place des expériences dans la physique de XXe siècle*(traduit par Bertrand Nicquevert), La Découverte, Paris, 2002를 보라. 이 문제를 철학적 형태로 다시 취한 책으로는 Isabelle

Stengers, *L'Invention des sciences modernes*, La Découverte, Paris, 1993이 있고, 좀 더 나중에 나온 읽기 편한 책으로는 *La Vierge et le neutrino*, Les Empêcheurs de penser en rond, Paris, 2005가 있다. 그렇더라도 **구획**에 대한 다소 유감스러운 연구로의 회귀는 어쩔 수 없으며 때로는 감동적이기도 하다. Jean-Michel Berthelot, *L'Emprise du vrai: Connaissance scientifique et modernité*, PUF, Paris, 2008.

179쪽 전문성의 문제는 여전히 유효한 막스 베버, 『직업으로서의 학문, 정치』, 범우사, 2002[Max Weber, *Wissenschaft als Beruf. Politik als Beruf*, 1919]에서 제시된 모델에 따라 사유되고 있다. 하지만 이에 대한 해체 작업도 엄연히 존재한다. 의학에서의 예들을 보자면 Nicolas Dodier, *L'Expertise médicale. Essai de sociologie sur l'exercice du jugement*, A. -M. Métaillé, Paris, 1993; Marie-Angèle Hermitte, *Le Sang et le droit. Essai sur la transfusion sanguine*, Seuil, Paris, 1996. 분명히 전문적 저작들이지만 전문가 역할의 어려움을 이해하기 위해서는 필수적인 책들이기도 하다.

181쪽 위험과 예방이라는 용어들이 도입된 것은 특히 울리히 벡, 『위험사회』, 새물결, 2006[Ulrich Beck, *Risikogesellschaft. Auf dem Weg in eine andere Moderne*, Suhrkamp, 1986]에서이다.

184쪽 나는 여기서 내가 아주 중요하다고 보는 월터 리프먼, 『여론』, 까치글방, 2012[Walter Lippmann, *Public Opinion*, 1922]의 성과와 또 다른 고전 John Dewey, *The Public and Its Problems*, 1927을 요약했다.

184쪽 이 용어는 Isabelle Stengers, *Cosmopolitiques. Tome 1: la guerre des sciences*, La Découverte & Les Empêcheurs de penser en rond, Paris,

1996에서 빌려왔다. 또한 이 말은 Dominique Boullier가 편집하는 잡지의 용어이기도 하다. www.cosmopolitiques.com을 통해 볼 수 있다.

188쪽 최근의 종합적 저작으로는 프랑스어로 된 책 Dominique Cardon, *La Démocratie Internet*, Seuil, Paris, 2010, 영어로 된 책은 Richard Rogers, *Information Politic on the Web*, MIT Press, Cambridge Mass., 2005를 보라. 논쟁의 지도 작성에 대해서는 www.bruno-latour.fr 강의 페이지에 언급된 웹사이트들을 참조하라. 개관을 원하는 독자는 Tommaso Venturini, "Diving in the magma: How to explore controversies with actor-network theory", *Public Understanding of Science*, 19(3), 2010, p. 258-273.

194쪽 내가 여기서 근거로 삼은 것은 Noortje Marres, "Issues Spark a public into being: A key but forgotten point of the Lippmann-Dewey debate", in Bruno Latour, Peter Weibel(dir.), *Making Things Public. Atmospheres of Democracy*, MIT Press, Cambridge, Mass, 2005, p. 208-217. 게다가 이 카탈로그는 전체적으로 풍부한 도판이 들어가 있어서 이 다섯 번째 편지의 보충자료로 쓰일 만하다.

여섯 번째 편지

203쪽 이러한 정의들의 좀 더 확장된 버전을 보고 싶다면 Bruno Latour, "Pour un dialogue entre science politique et science studies", *Revue française de science politique*, 58(4), 2008, p. 657-678.

209쪽 레비스트로스가 말하는 일화는 Claude Lévi-Strauss, *Race et*

histoire, Plon, Paris, 1955에서 볼 수 있다. '관점주의'에 대해서는 다소 어렵지만 Eduardo Viveiros de Castro, *Métaphysiques cannibales*, PUF, Paris, 2009를 보라. '자연주의'의 정의에 대해서는 Philippe Descola, *Leçon inaugurale au Collège de France. Chaire d'anthropologie de la nature*, Collège de France, Paris, 2001과 같은 저자의 전문적이지만 매우 중요한 저작 *Par-delà nature et culture*, Gallimard, Paris, 2005를 보라.

214쪽 지금도 가장 좋은 방법은 다윈의 저서 중 한 권을 직접 읽는 것이다. 예를 들어 포켓판으로 나온『종의 기원』을 읽어도 좋겠다. 진화의 복합성을 단순화하는 못된 습관에 저항하기 위해서 고전적인 저작으로 꼽히는 스티븐 J. 굴드,『생명, 그 경이로움에 대하여』, 경문북스, 2004[Stephen Jay Gould, *Wonderful Life: The Burgess Shale and the Nature of History*, W. W. Norton & Company, 1990]를 읽는 것을 추천한다. 또한 각색이 뛰어난 영화 Denis Van Waerebehe, *Espèces d'espèces*(DVD), LCJ, 2009를 보아도 좋다. 공식적 환원주의와 실제 생물학 사이의 좀 더 일반적인 괴리에 대해서는 비교적 쉬운 다음 책들을 참조하면 좋을 것이다. Evelyne Fox-Keller, *Le Rôle des métaphores dans les progrès de la biologie*, Les Empêcheurs de penser en rond, Paris, 1999; *Le Siècle du gène*(traduit par Stéphane Schmitt), Gallimard, Paris, 2003.

216쪽 야콥 폰 윅스퀼,『동물들의 세계와 인간의 세계』, 도서출판b, 2012[Jakob von Uexküll, *Mondes animaux et monde humain. Théorie de la signification*, Gonthier, Paris, 1965]는 간략하면서도 결정적이다. 동물은 '연장된 실체'에서 벗어나면서부터 많이 변했다. 동물들의 새로운 가능성을 이해하기 쉽게 종합적으로 다룬 Vinciane Despret, *Quand le loup habitera avec l'agneau*, Les Empêcheurs de penser en rond, Paris, 2002와 전시회 도록 Vinciane Despret(dir.), *Bêtes et gens*, Gallimard, Paris, 2007을 보라.

221쪽 안타깝지만 기계들의 체험적 삶에 대해서는 폰 웍스퀼에 필적할 만한 다른 저작이 없다. 테크노필리아(기술애)와 테크노포비아(기술혐오)를 모두 참는 수밖에 없다. 기술의 역사를 참조하는 편이 나을 텐데, 이쪽으로는 Bruno Jacomy, *Une histoire des techniques*, Seuil, Paris, 1990이 여전히 유용하며, 파리에서 가장 아름다운 박물관 중 하나인 국립공예원을 방문하는 것도 좋겠다. 기술사회학에 대해서는 두 번째 편지에서 언급한 저작들을 보라. 전통적으로 생각되던 기술적 대상과 우발적으로 드러난 기술적 대상의 놀라운 대조에 대해서는 앞에서 이미 언급한 Diane Vaughan의 흥미로운 책을 보라. 이 책은 컬럼비아호의 비극에 앞서 발생했던 우주선 사고를 다루고 있다.

225쪽 아인슈타인을 이해하는 가장 좋은 방법은 늘 그렇듯이 그가 직접 상대성에 대해서 쓴 글을 읽는 것이다. 알베르트 아인슈타인, 『상대성의 특수이론과 일반이론』, 필맥, 2012[Albert Einstein, *Relativity: The Special and General Theory*, 1920]을 보라. 오히려 그편이 아인슈타인의 사상을 대중화하려는 노력보다 이해하기 편하다. 베르그송과 아인슈타인의 학술적인 논쟁에 대해서는 매우 유용한 결정적 판본을 참조할 수 있게 되었다. Henri Bergson, *Durée et simultanéité. À propos de la théorie d'Einstein*(avec un dossier critique de Elie During), PUF, Paris, 2009. 당시 물리학계에서의 아인슈타인의 깜짝 놀랄 만한 등장을 보려면 Peter Galison, *L'Empire du temps: Les horloges d'Einstein et les cartes de*

Poincaré(traduit par Bella Arman), Robert Laffont, Paris, 2005; 존 S. 릭던, 『1905 아인슈타인에게 무슨 일이 일어났나』, 랜덤하우스코리아, 2006[John S. Rigden, *Einstein 1905. The Standart of Greatness*, Cambridge University Press, Cambridge, Mass., 2005]을 참조.

228쪽 이 강연에 대해서는 Simon Schaffer, *The Information Order of Isaac Newton's Principia Mathematica*, Salvia Smaskrifter, Upsalla, 2008을 보라.

235쪽 뤼시엥 페브르, 『16세기의 무신앙 문제』, 문학과지성사, 1996 [Lucien Febvre, *Le Problème de l'incroyance au XVIe siècle. La religion de Rabelais*, Albin Michel, Paris, 2003]; 스티븐 툴민, 『코스모폴리스』, 앞의 책.

238쪽 이 유명한 벽화를 자세하게 분석한 글로는 Quentin Skinner, *L'Artiste en philisophie politique. Ambrogio Lorenzetti et le Bon Gouvernement*(traduit par Rosine Christin), Seuil, Paris, 2003이 있고, 좀 더 전에 나온 글로는 Anne-Marie Brenot, *Sienne au XIV siècle dans les fresques de Lorenzetti: la Cité parfaite*, L'Harmattan, Paris, 1999가 있다.

어떤 선생님이 브뤼노 라투르라는 학자의 저작을 번역할 사람을 찾는다고 했을 때, 나는 두 번 생각하지도 않고 '내가 할 책은 아니네'라고 단정 지었다. 그 후 무슨 인연인지 출판사에서 정식으로 의뢰를 받았을 때에도 나는 잠시 고민했다. 결국 이 학자의 저작 중에서는 독자에게 가장 친절한 책으로 보였기 때문에 덜컥 수락을 했지만(독자에게 친절한 책이 꼭 역자에게도 친절한 책이란 법은 없는데도!) 이쪽 분야에 대해서 아무것도 모르는 전문 번역가로서 모험이라면 모험이었음을(혹은 스스로 판 무덤이었음을) 고백한다.

내가 할 책은 아니라고 생각했지만 결과적으로 이 책은 나에게 유쾌한 자극이 되었고 좋은 기운을 불어넣었다. 실험실과 과학자들에게 민족지학적으로 접근한다는 발상은 나 같은 문외한에게도 신선하고 의미 있게 다가왔다. 과학이니 기술이니 하는 단어에 지레 겁부터 먹는 내가, 번역가가 되지 않았다면 이런 책을 스스로 찾아서 꼼꼼하게 읽을 일이 별로 없었을 것 같다.

이 책은 한 독일 여학생에게 브뤼노 라투르가 자신의 강의를 요약적으로 설명하는 편지의 형식을 취하고 있다. 나는 이 책이 브뤼노 라투르에 대해서 전혀 모르는 사람도 한 줄 한 줄 잘 따라가기만 하면 중요한 논지는 다 알아들을 수 있는 책이 되어야 한다고 생각했다. 라투르 선생도 말하고 있지 않은가. "사실 한 발짝 한 발짝 나아가기만 한다면 그리 어려운 얘기도 아닙니다." 첫 번째 편지를 읽으면서 그래도 역시 어렵다고 생각할 독자에게는 일단 끝까지 한번 읽어보라고 말하고 싶다. 라투르 선생 말마따나 그의 강의 주제는 처음부터 딱 정리해서 말할 수 없고 강의를 어느 정도 듣고 나서야 이해하게 되는 것이니까.

그래서 일반 독자들도 읽기 쉬운 번역에 초점을 맞추기는 했으나 그럼에도 학술적 성격이 분명한 책이기 때문에 애초의 결심만큼 과감해지지는 못했다. 그래서 아쉬움이 남기도 하고, 반대로 이것도 좀 과하다는 비판을 받지 않을까 하는 두려움도 없지 않다. 더욱이 이미 국내에 소개된 라투르의 대표작 『우리는 결코 근대인이었던 적이 없다』와 달리 번역자가 참고할 수 있는 영문판이나 그 밖의 외국 판본도 나오지 않은 상태였으므로 더욱더 조심스러웠다. 결과적으로는 조금 어중간한 번역이 되지 않았나 싶기도 하다.

책은 제목 따라 간다고 한다. 이 책은 여러 사람들이 주고받은 논의의 결과, 그야말로 '코기타무스'의 결과다. 번역 원고를 꼼꼼히 읽고 명쾌한 해제를 써주신 감수자 선생님, 번역자의 소소한 질문에 신속하게 답변해준 저자 브뤼노 라투르, 좋은 책을 가장 좋은 모습으로 우리나라에 소개하기 위해 여러모로 애쓰신 사월의책 편집부에 진심으로 감사를 드린다.

출간 후에도 많은 지적과 비판을 받아들이고 기회가 될 때마다 오류를 바로잡아 역자의 '의견'에 불과한 졸역이 언젠가 '이론의 여지가 거의 없는' 수준까지 나아가기를 꿈꾸어본다. 겸손히 가르침을 받아들일 각오만큼은 단단히 하고 있다.

사실 그동안 한 권의 번역서가 수많은 '옆걸음질'의 결과로 나온다는 것을 깊이 헤아리지 않고 살아왔다. 번역자로서는 여러 가지 생각의 단초를 얻은 것 자체가 가장 큰 수확이었다. 내일은 자괴감에 시달릴지라도 오늘은 이 기쁨만으로 이 책을 내놓고 싶다.

이세진